AF566018

Sozialkybernetik in *statu nascendi*

Die Entstehungsgeschichte
des chinesischen Sozialkreditsystems

Martin Woesler und Martin Warnke

Sozialkybernetik in *statu nascendi*

Die Entstehungsgeschichte des chinesischen Sozialkreditsystems

Inhalt

Einleitung

China fordert die Welt heraus. In vielerlei Hinsicht zeigt dieses Land, dass Angelegenheiten anders geregelt werden können als im Rest der Welt und das findet ebendieser Rest empörend, faszinierend oder bedrohlich, in jedem Falle aber aufregend genug, um aufzuhorchen. Das Thema dieses Buches, das chinesische Sozialkreditsystem, gehört zu diesen Aufregern, von denen bislang nur sehr wenig bekannt ist, sogar den Chinesen selbst. Dennoch haben es laut chinesischen Medienberichten[1] schon Millionen von Chinesen zu spüren bekommen, da ihnen Schnellzugtickets und Flugtickets verweigert wurden.

Wenn es so funktioniert wie geplant, dann wäre es die erste gelungene Kombination von Kapitalismus und Kommunismus auf Grundlage einer zentralen Steuerung: effizient genug, den Beweis zu erbringen, dass autokratische Systeme wirtschaftlich erfolgreicher sind als neoliberale.

Dieser Tabubruch ist eklatant genug, um unser Interesse zu entfachen, nach Ansicht von Moritz Rudolph markiert er gar das Ende der Geschichte selbst.[2]

Natürlich funktioniert nie irgendetwas perfekt, und schon gar nicht in China, dem Land mit der großen Lust am Ausprobieren und den spontanen, pragmatischen Lösungen auf wechselnde Herausforderungen. Dennoch, und gerade deswegen ist es höchst aufschlussreich, die Quellen zu die-

1 Das Sozialkreditsystem unter der Lupe: Die Kreditgesellschaft kommt, sind Sie bereit? 4. Juni 2018, *Volkszeitung.* http://www.xinhuanet.com/2018-06/04/c_1122931164.htm.

2 Moritz Rudolph, *Der Weltgeist als Lachs*, Berlin 2021, S. 34.

sem gesamtgesellschaftlichen Experiment zur Kenntnis zu nehmen, denn sie klären über die Langfristigkeit der Strategie auf, über die weit gesteckten Ziele, über Motivation und Problemlage. Um es vorwegzunehmen: Das chinesische Sozialkreditsystem (im Folgenden SCS abgekürzt) ist viel älter, viel umfassender, viel rationaler, als es bei uns im Westen üblicherweise skandalisierend dargestellt wird. Das SCS ist eine seit der Jahrtausendwende intensiv vorbereitete Adaption von Kredit-Sicherungsmechanismen aus Amerika, Japan und Europa. Es basiert auf Systemen wie der deutschen SCHUFA und hat dazu auch Wurzeln im eigenen Land, etwa den Personalakten aller Bürgerinnen und Bürger der Volksrepublik. Dabei zielt das SCS nicht nur auf die Besicherung von Finanzkrediten, sondern soll alle Arten von Verhalten beseitigen, die das wechselseitige Vertrauen von Staat und Bevölkerung beeinträchtigen; ja, selbst das Verhältnis des Staates VR China zu anderen Ökonomien des globalen Kapitalismus will das SCS mit aller Macht auf Vertrauen gründen, das im Italienischen bezeichnenderweise *credito* heißt.

Das Zaubermittel, durch dessen Einsatz das Unmögliche möglich werden soll, besteht aus den vernetzten Computern, die bei den großen Kreditgebern und Zahlungsabwicklern Chinas, bei Online-Shopping- und Social-Media-Plattformen betrieben werden, die sowohl durch das am 10.6.2021 in Kraft getretene Datensicherheitsgesetz als auch durch die Bestimmungen des Sozialkreditsystems verpflichtet sind, ihre Daten an die Zentralcomputer des Staates/der Kommunistischen Partei weiterzuleiten. Die Daten des Sozialkreditsystems werden im Wesentlichen bei der sogenannten »Kommission für Entwicklung und Reform«, kurz »Reformkommission« zusammengeführt; diese ist eine Regierungsinstitution, die früher die Planwirtschaft organisierte und jetzt gesellschaftliche Enwicklungen.

Zum Computernetz gehören auch die abgehorchten Kleinstcomputer, die das gesamte chinesische Volk ohne

Unterlass für wirklich alles benutzt, was Daten produziert: Neben smarten Haushaltsgeräten und Uhren sind dies vor allem die Smartphones. Wir können den Quellen entnehmen, dass die dazu notwendigen Maßnahmen von langer Hand geplant wurden. Beispiele sind Schritte wie die Vergabe eindeutiger ID-Nummern auch für Organisationen, das Begrenzen von Online-Gaming für Jugendliche, das flächendeckende Aufstellen von Überwachungskameras, die Ausstattung von Ampelanlagen mit Displays zur Anzeige von Personen, die bei Rot über die Ampel gehen.

Gesichter von Personen, die in Shanghai bei Rot über die Straße gehen, werden mit Foto auf einem öffentlichen Display angezeigt (Foto: Kimberly M. Song 2021).

Die ohnehin traditionell vorhandene Papierakte jeder Chinesin und jedes Chinesen wird auf diese Weise digitalisiert. Wer nun einwendet, dass so etwas doch viel zu aufwändig sei und zu lange dauere, sollte sich anschauen, in welch atemberaubender Geschwindigkeit alle Bürger so umerzogen wurden, dass sie nur mit grünem Gesundheitscode ihre Häuser verließen, Geschäfte betraten oder öffentliche Verkehrsmittel bestiegen.

Die Quellen zum SCS, die hier zum größten Teil erstmals in deutscher Übersetzung und Kommentierung sowie im chinesischen Original veröffentlicht werden, machen deutlich, dass es nicht nur darum geht, das Kreditausfallrisiko zu berechnen, es geht um umfassende Steuerung und Durchsetzung auch außerökonomischen Wohlverhaltens im Sinne der Partei. So, wie ja auch im liberalen Westen das beauftragte Scoring der Finanzdienstleister durch das verborgene Profiling der Datenkapitalisten à la Facebook, Google & Co. ergänzt wird, die sich nun einmal für wirklich alles interessieren, was sie über uns Einzelne herausbekommen können, um uns zu guten Konsumentinnen und Konsumenten zu machen, uns sogar gegen das jeweils höchste Gebot dazu zu bringen, frei und geheim den Brexit zu wählen, Trump oder eine bestimmte Partei. Der Westen trifft hier in gewisser Weise den Osten, in der Erfassung aller Aspekte menschlicher und institutioneller Existenz, die sich in Daten abbilden lassen, zwecks systemerhaltender Konformität: hier unter Aufsicht der Börse und politischer Interessengruppen, dort unter der der Kommunistischen Partei. Und auch die Ein- und Ausschluss-Figuren sind ähnlich: Ein schlechter Konsument bekommt keinen Kredit mehr im Westen, muss höhere Preise zahlen als andere oder hängt ewig in den Warteschleifen der Call-Center und weiß nicht einmal wieso. Eine schlechte Chinesin kann keine schnellen Züge mehr benutzen, darf nicht fliegen, darf nicht ins Ausland reisen, ihre Kinder dürfen nicht studieren, und wenn sie wissen will, woran das liegt, sollte sie einmal auf der Sozialkreditwebsite nachschauen, ob sie mit vollem Namen auf einer schwarzen Liste erscheint.

Es handelt sich in beiden Ausprägungen um Varianten des antiken Scherbengerichts, das den Bürger aus der Gemeinschaft verstößt, wenn er gegen die Regeln handelt. Oft, nicht immer, sind es in China eher Ordnungswidrigkeiten als Straftaten, die durch gesellschaftlichen Ausschluss geahndet werden, und das zeigt den Pragmatismus dieser sehr alten Kulturnation: Sie lässt vieles erst einmal ausprobieren, schafft parallele Gerichtsbarkeit, bevor sie es in Gesetze gießt (wenn überhaupt):

> Ein unterschätztes Unterscheidungsmerkmal [...] zwischen chinesischer und nichtchinesischer Perspektive betrifft die Bedeutung, die schriftlichen Regeln beigemessen wird. Ausländer neigen dazu, öffentlich erklärte Regeln wie zum Beispiel die Verfassung, die Gesetze oder sonstwie fixierte Normen beim Nennwert zu nehmen, selbst dann, wenn sie deren fortgesetzte Verletzung beklagen [...]. Chinesen sehen dagegen in allem, was offiziell proklamiert wird, schon von vornherein dessen Relativierung eingebaut. Von Kindesbeinen an rechnen sie damit, dass es noch eine zweite normative Ebene gibt, zu der sich niemand öffentlich bekennt, die aber niemand missachten darf, der etwas in der Wirklichkeit erreichen will.[3]

So wird die chinesische Kultur von Edward T. Hall[4] etwa als »high context culture« beschrieben, die weniger explizite Regeln als vielmehr sozialen Kontext benötigt, die amerikanische Kultur hingegen als »low context culture«, die vieler

3 Mark Siemons, *Die chinesische Verunsicherung*, München 2017, S. 44.

4 Edward T. Hall, *Beyond Culture*, New York 1976, S. 91.

expliziter Regeln bedarf. Das SCS war als Exportprodukt geplant: Da es weitaus detaillierter ist als etwa das amerikanische Firmen- (und Landes-)Ranking, haben sich schon Kambodscha, Sri Lanka, Polen und Chile dafür interessiert, und der Vater des SCS empfiehlt es auch Frankreich.[5] Den Reiz solcher Ansätze auch in hiesigen Breiten hat zuletzt eine Zukunftsstudie im Auftrag des deutschen Forschungsministeriums BMBF demonstriert, die sich 2030 die Einführung eines Bonussystems nach chinesischem Vorbild durchaus auch im liberal-marktwirtschaftlichen Deutschland vorstellen kann.[6]

Die hier vorgestellten Texte gehen bis vor das Jahr 2000 zurück. Sie zeigen die planerische Entschlossenheit und belegen, dass es der KP Chinas mit der »moralischen« und politischen Ausrichtung des Landes, seiner Bürgerinnen und Bürger und Unternehmen sehr ernst ist. Auch die Durchgriffe bei der TikTok- und Online-Spiele-Nutzung seiner Jugendlichen, bei Religionsausübung und auf chinesische Weltunternehmen werden sichtbar: Was sich in China abspielt, ist eben doch nicht nur einfach Turbokapitalismus mit rotem Farbanstrich. So weit auch hier wie dort der Datenabgriff und die Verhaltensbeeinflussung gehen mögen, geschehen beide aber auch unter sehr verschiedenen Machtverhältnissen: »Xis Reform steht für nichts Geringeres als eine wenn nicht kommunistische, dann doch leninistische Gegenreformation gegen den bis eben noch insgeheim

5 Sylvain Louvet, *Überwacht. Sieben Milliarden im Visier*, 2019 (Arte, Dokumentarfilm). Siehe auch den ersten Text dieser Quellensammlung.

6 Prognos AG. Europäisches Zentrum für Wirtschaftsforschung und Strategieberatung, Z_punkt GmbH The Foresight Coompany (Hg.), *Studie (Kurzfassung): Zukunft von Wertvorstellungen der Menschen in unserem Land. Die wichtigsten Ergebnisse und die Szenarien im Überblick*, Rostock 2020. Langfassung erhältlich via E-Mail: {publikationen@bundesregierung.de}.

für unumkehrbar gehaltenen Trend zu immer mehr Liberalismus, Demokratie und Gewaltenteilung.«[7]

Xi zitiert wie Lu Xun oft und gerne Mengzi, dass es auf der Welt gar keinen Weg gebe, erst wenn viele Menschen zusammen in eine Richtung gingen, entstünde ein Weg. Dies ist das Verständnis einer Diktatur des Proletariats, wie sie im Artikel 1 der chinesischen Verfassung definiert ist. Das SCS ist Xis Antwort darauf, die Gesellschaft ändert sich zu einem autokratischen Staatskapitalismus. Das macht alles, was in China passiert, durchaus nicht harmloser, und wir sollten vorsichtig sein und uns an die Fakten- und Quellenlage halten. Chinas Regierung will mit dem Land und in der Welt seinen eigenen Weg gehen, wie es auch eindrucksvoll mit der neuen Seidenstraße illustriert, und das muss durchaus nicht zwangsläufig der des Westens sein. In China wird seit Jahrhunderten in jeder Disziplin das Ziel verfolgt, den Meister zunächst zu kopieren, um ihn anschließend in seinen Fähigkeiten noch zu übertreffen. Auch die westliche Technik, Wissenschaft, Bildung und Medizin wurden in China unter dem Motto »Von den Barbaren lernen, um sie mit ihren eigenen Waffen zu schlagen« eingeführt. Im Jahr 2022 waren beliebte Diskussionen in den chinesischen sozialen Netzwerken, inwieweit »Modernisierung« eigentlich nie westlich war, sondern schon immer chinesisch.

*

Parallel zu Chinas wirtschaftlichem Aufstieg seit den 1980er-Jahren ließen sich auch Phänomene wie Raubkopien und Produktpiraterie, Patentverletzungen, Trickbetrug etc. feststellen. Auch um die Rückzahlung von Krediten war es schlecht bestellt:

[7] Siemons, *Die chinesische Verunsicherung*, S. 14.

> Die Mitte 1997 beginnende Finanzkrise in Asien traf die chinesische Wirtschaft und ihre schon schwächelnden Finanzinstitute hart. [...] Im gesamten Bankensystem waren 45 Prozent der vor 2000 ausgegebenen Kredite faul. Die Hypothek der jahrelangen schlechten und oftmals korrupten Leitung der Staatsbanken bedeutete jetzt nicht nur einen Aderlass für das Finanzministerium, sie stellte auch eine existenzielle Bedrohung für die gesamte Wirtschaft dar.[8]

Obwohl Chinas Wirtschaft die Finanzkrise wie viele andere Krisen beinahe unbeschadet überstand, werden Kredite bis heute nicht nur nach wirtschaftlichen Gesichtspunkten vergeben, und Staatsunternehmen werden bevorzugt behandelt.

Verschiedene Regierungsbehörden konstatierten ein Vertrauensdefizit in Bürger und Organisationen in China. Seit Anfang des 21. Jahrhunderts wurden nach US-Vorbild und nach gewonnenen Erfahrungen - es gab anfangs eine Menge Betrug beim Onlinehandel, und noch immer muss man sehr vorsichtig sein - in Bewertungen in Online-Marktplätzen regionale Testläufe mit Bewertungen für Bürger und Organisationen durchgeführt. 2007 beschloss der Staatsrat, ein punktebasiertes Bewertungssystem von Bürgern und juristischen Personen in China einzuführen, das »gesellschaftliches Vertrauenswürdigkeitssystem« genannt wurde. Im anglophonen Kontext wurde der Begriff »Social Credit System« (SCS) geprägt.

So konnte das Politbüro es wagen, entgegen dem Rat von Zentralbank, Aufsichtsbehörden und den Banken selbst, eine extrem lockere Geldpolitik zu fahren, um eine Rezession abzuwenden. Die Kreditmenge wuchs erheblich, meist profitierten Staatsunternehmen.[9]

8 Richard McGregor, *Der rote Apparat*, Berlin 2012, S. 76.

9 Ebd., S. 106 f.

2014 beschloss der Staatsrat, das SCS bis 2020 flächendeckend einzuführen. Schaut man heute auf die praktische Anwendung des SCS, so stechen dem westlichen Beobachter unmittelbar die Fälle ins Auge, in denen Investigativ-Journalisten mit Millionen Followern die Korruption bei hohen Kadern entlarvt hatten, mithilfe des SCS Hausarrest und Berufsverbot erhielten sowie ihre Blogs gelöscht wurden, wie im Fall von Liu Hu in Chongqing.[10] Was Organisationen angeht, so wird das SCS bewusst genutzt, um private Firmen, sobald diese politisch unliebsam geworden sind, zu diskreditieren (Schwarze-Listen-Einträge für Alibaba, Wanda etc.) und korrupte Staatsunternehmen (CCCC, PolyProperty) mit einer weißen Weste dastehen zu lassen.[11]

*

In China basiert Handel seit Jahrtausenden auf Vertrauen, das bisher durch menschliche Beziehungen aufgebaut werden musste. Im chinesischen Internethandel wurde diese fehlende soziale Dimension dann erfolgreich durch Ratings ersetzt, die im Anschluss wiederum auf die analoge Gesellschaft übertragen werden sollten.

Das SCS bezieht nicht nur – wie etwa die »credit history« in den USA und die SCHUFA in Deutschland – Kriterien mit Auswirkungen auf die Bonität in die Beurteilung mit ein, sondern auch Ergebnisse aus der beinahe totalen Überwachung: ob man seine Steuererklärung pünktlich abgibt, seine Handy- und Nebenkosten pünktlich zahlt, zivil- und

10 ABC 2018 ABC (2018). Exposing China's Digital Dystopian Dictatorship. *Foreign Correspondent* 27:14 min., https://www.youtube.com/watch?v=eViswN602_k. Besucht: 1.2.2022

11 Martin Woesler. Digitalisierung und Kybernetik in China. Das Sozialkredit-System. Klenk, T., Nullmeier, F., Wewer, G. (Hg.), *Handbuch Digitalisierung in Staat und Verwaltung*. Springer VS, Wiesbaden. https://doi.org/10.1007/978-3-658-23669-4_101-1, S. 8.

strafrechtliche Verstöße (Parkvergehen, bei Rot über die Ampel Gehen, Sitzen auf dem falschen Platz in der U-Bahn) und Verurteilungen sowie soziales Verhalten (Besuche bei den Eltern) und Regimetreue (Äußerungen in den sozialen Medien, Parteimitgliedschaft, Freundschaften). Die westliche Berichterstattung hat sich bislang auf die Phase 2014 bis 2020 konzentriert, auf Kritik an der Bewertungskategorie der Regimetreue, an der Totalüberwachung, der fehlenden Rechtsstaatlichkeit, an Missachtung von Datenschutz und Privatsphäre (die in China ohnehin zu Lasten der Bürger und zum Vorteil der Regierung geregelt sind) und auf eine Dramatisierung von Einzelschicksalen, etwa bei Systemfehlern oder drakonischen Strafen.

Bei der oft skandalisierenden Berichterstattung im Westen wird jedoch übersehen, welche Probleme das ehemalige Entwicklungsland China zu bewältigen hatte. Der beispiellose wirtschaftliche Aufschwung, der das Staatsziel, die Armut abzuschaffen, schon erheblich nähergebracht hat, geschah zunächst ohne ein entwickeltes Bankensystem, weshalb der vertrauensvolle Geldverleih unter Privatpersonen das einzige Mittel war, Geschäfte zu ermöglichen. Solcherart Rückständigkeit galt es schnellstmöglich zu beseitigen, wenn die Volksrepublik China im Binnen- und Außenverhältnis zu internationalen Standards aufschließen wollte. Der Beitritt zur 1994 gegründeten Welthandelsorganisation WTO im Jahr 2001 erhöhte die Dringlichkeit, globale Vertrauenswürdigkeit herzustellen. Dieses Moment fällt in die Anfangsphase des Aufbaus des SCS, die wir auf das Jahr 1999 datieren und mit dem Ökonomen Lin Junyue verbinden, der an amerikanischen Universitäten das US-Ratingsystem studiert und nach diesem Vorbild das chinesische SCS konzipiert hat und seine Einführung begleitet.

*

Das chinesische Sozialkreditsystem ist ein digitales Instrument der Beherrschung und Manipulation von Bevölkerung und Organisationen durch die Kommunistische Partei Chinas. Soziale Kontrolle hat in China eine lange Tradition, denn seit Jahrtausenden war und ist die chinesische Gesellschaft in Großfamilienverbünden organisiert, bevor die Einkindpolitik diese Tradition in Frage stellte. Schon immer gab es eine strenge Hierarchie, im Konfuzianismus verbunden mit Gehorsam und Fürsorge; im Neokonfuzianismus durchgesetzt mittels der Vorbildfunktion der Herrschenden, gegliedert in *in-* und *out-group* und vermittelt durch menschliche Beziehungsnetzwerke (*guanxi*) mit buchhalterisch geführten Gefälligkeitskonten (*renqing*). Fragt man in China, was Freundschaft ausmacht, so lautet die Antwort zunächst einmal, dass es ein Geben und Nehmen ist, während in Deutschland die Antwort vielleicht lautete, dass Freundschaften sich gerade dadurch auszeichnen, dass man keine Gegenleistung erwartet, wenn man dem Freund etwas Gutes tut. Im Sozialismus ab 1949 wollte die Staatsführung diese soziale Kontrolle durch eine Neueinteilung der Gesellschaft in autonome Einheiten (*danwei* / 单位) überführen, das Straßenkomitee erfasste die Kontakte und war auch für familiäre Entscheidungen wie Heirat und Familienplanung zuständig. Für jeden Chinesen legte die Partei Akten (*dang'an* / 档案) an. Darin wurden Verhalten, Persönlichkeit, Einstellung zur Partei und persönliche Netzwerke dokumentiert. Das SCS baut darauf auf, ist aber in vielerlei Hinsicht, wenn es einmal voll implementiert sein wird, effektiver, nicht zuletzt, da es digital und vernetzt funktioniert und mithilfe von Algorithmen verstärkt und erweitert wird.

Das chinesische Narrativ um das SCS arbeitet mit der These, dass die zentrale Planwirtschaft vor dem Zeitalter der Digitalisierung aufgrund menschlicher Schwächen gescheitert sei – konkret durch Erfüllungsmentalität und durch das Schönen nach oben gemeldeter Zahlen. Die Realisierung der Planwirtschaft müsse also eine zweite, anders organisierte Chance erhalten. Mit einer beinahe totalen Überwachung, einer automatisierten Auswertung durch Abgleich individueller Daten mit Big Data durch Algorithmen und aufgrund der Hoffnung auf künstliche Intelligenz, mit der sich menschliche Schwächen vermeiden ließen, sollen nun die digital erfassten und somit unverfälschten Zahlen ohne Zeitverzug für die Steuerung der Gesellschaft zur Verfügung stehen. Tatsächlich ist ja gerade das, was im Westen als Tabubruch gilt, nämlich das Zusammenführen von Daten aus unterschiedlichsten Quellen zu einer Person oder einer Organisation an einer zentralen Stelle, Programm des SCS. Für eine Gesamtsteuerung der Gesellschaft in Echtzeit muss die Allokation von Kapital blitzschnell erfolgen, sonst versagt sie.

In Chile und Japan gab es bereits kybernetische Versuche der Gesellschaftssteuerung, aber all diese Modelle menschlicher Hybris scheiterten, in Chile vorschnell durch Pinochets Maschinengewehre. Ob nun dieser neue Versuch gelingt, bleibt zunächst noch abzuwarten, und das macht die Sache interessant. Während das Kontrollzentrum in Chile eher Attrappe war, existieren Kontrollzentren, in denen die Überwachungsdaten ausgewertet werden, in den chinesischen Städten bereits. Und in der Tat: Es handelt sich beim SCS auch nicht mehr um ein rein zentral aufgebautes Modell, es folgt vielmehr der Idee des Netzwerks und der Steuerung durch Protokolle, wie es auch die Internet-Protokolle TCP und IP tun. Algorithmen erkennen, wenn Bürgerinnen und Bürger ihren Müll falsch sortieren oder Bauarbeiter auf der Baustelle keinen Helm tragen, und holen diese Verstöße auf wandfüllende Bildschirme, auf dass wie in traditionellen Disziplinargesellschaften Abweichler geahndet und andere abgeschreckt werden können. Die Anzahl dieser großen LED-Leinwände, auf denen solche Niedrigperformer mit Passbild, vollem Namen und oft sogar Adresse gebrandmarkt werden, hat in den 2010er- und 2020er-Jahren kontinuierlich zugenommen. Beliebt sind vor allem stark frequentierte öffentliche Plätze wie Einkaufszentren oder Bahnhöfe. Foucault hat mit der Beschreibung des Panopticons den Übergang zur Kontrollgesellschaft veranschaulicht.[12] Mit durchschnittlich einer Kamera je Einwohner hat die kommunistische Partei ganz China in ein Panopticon verwandelt. Wer nicht nach den Regeln des Systems spielt, dem wird zudem Teilhabe entzogen, ähnlich dem Internetprotokoll, das bei Fehleingabe die erwünschte Website nicht anzeigt. Natürlich ist es eine andere Dimension, aufgrund hochgehaltener weißer Zettel bei einer Demonstration gegen Coronamaßnahmen trotz Gesichtsmaske mit Gesichtserkennung ausfindig gemacht zu werden und zu »verschwinden« oder eine Website im Internet nicht abrufen zu können. Dennoch werden hier Subjekte, die den Regeln nicht folgen, von der Teilhabe ausgeschlossen, im Falle des Freiheitsentzugs natürlich existentiell. Deleuze nannte so etwas eine Kontrollgesellschaft[13], und Alexander Galloway[14] verknüpft damit den Gedanken einer Herrschaft durch Protokolle. China kombiniert mit dem SCS die klassische Disziplinargesellschaft mit den modernen Möglichkeiten der digitalen Kontrollgesellschaft. Dies scheint Chinas Version des Schritts in die (Post-)Moderne zu sein.

Komplexität lässt sich durchaus durch solche verteilten Anschlussregulierungen begleiten.[15] Aber ob nicht vom abso-

12 Michel Foucault, *Überwachen und Strafen*, Frankfurt a. M. 1994.

13 Gilles Deleuze, »Postskriptum über die Kontrollgesellschaften«, in: Ders., *Unterhandlungen. 1972–1990*, Frankfurt a. M. 1993.

14 Alexander R. Galloway, *Protocol. How Control Exists after Decentralization*, Cambridge (Massachusetts) 2004.

15 Vgl. ebd. und Martin Warnke, *Himmel und Erde. Das Territorium des Internets. In Internet und Staat*, Baden-Baden 2019, S. 231–244.

luten Willen, alles kontrollieren und steuern zu wollen, am Ende doch nur Hybris bleibt, wird sich erst noch herausstellen müssen.[16]

*

Jedenfalls kann man nicht gerade davon reden, dass die Werte und Normen, die mit dem SCS durchgesetzt werden wollen, bei den Bürgerinnen und Bürgern verinnerlicht sein müssen. Es ist eine extrinsische Motivation, aus der heraus gehandelt oder unterlassen wird: *Zuckerbrot und Peitsche*, wie einer der hier präsentierten Texte es übertitelt, sollen – in alter behavioristischer Tradition – zum Zuge kommen. Insbesondere der Online-Pranger creditchina.gov.cn entfaltet seine Wirkung: Wer macht schon Geschäfte mit Firmen, die hier öffentlich gebrandmarkt werden? Man kann diese Moral exoskelettal[17] nennen, doch allein ein auf *public shaming* beruhendes System wird nicht so ohne Weiteres auf Dauer funktionieren. Die Stadt Rongcheng, eine der Pionier-Regierungen, in denen das SCS getestet wurde, hat inzwischen aus der praktischen Anwendung des SCS gelernt und seine SCS-Variante von Bestrafung und Belohnung komplett auf »Belohnung« umgestellt. Unterm Strich bleibt die Ungleichbehandlung, denn wenn ein Teil der Bevölkerung belohnt wird, fühlt sich der andere Teil doch bestraft. Geradezu katastrophal ist die Entscheidung, die Steuerkategorien »A« für pünktliche Steuerzahler und »D« für säumige Steuerpflichtige nicht mehr nach dem tatsächlichen Verhal-

16 E. W. Udo Küppers, *Eine transdisziplinäre Einführung in die Welt der Kybernetik. Grundlagen, Modelle, Theorien und Praxisbeispiele*, Berlin 2019.

17 Martin Woesler, Martin Wanke, Matthias Kettner, Jens Lanfer, »The Chinese Social Credit System. Origin, political design, exoskeletal morality and comparisons to Western systems«, in: *European Journal of Chinese Studies 2* (2019), S. 7–35, kurz: Woesler et al. 2019.

ten zu vergeben, sondern pauschal an die besten 10 % das »A« und an die schlechtesten 10 % das »D«. A-Steuerzahler erhalten bevorzugte Behandlung in Steuerfragen, D-Steuerzahler erfahren die volle Härte unangemeldeter Sonderprüfungen und langer Wartezeiten für die Bearbeitung ihrer Steuererklärungen. Dies führt dazu, dass ein in Kategorie »D« Eingestufter wohl besser seine folgenden Steuererklärungen pünktlich und vollständig macht, um im Folgejahr wegen geringerer Ordnungswidrigkeiten, wie die Überschreitung von Fristen, nicht erneut in »D« eingestuft zu werden. Somit gibt es eine kalte Progression bei der Bestrafung.

Denjenigen, die sich konform und im Sinne des SCS verhalten, werden massive Vorteile versprochen: Wer würde denn nicht gern bei Behördengängen mit einem One-Stop-Service und persönlichem Ansprechpartner bevorzugt, schnell und zuvorkommend behandelt werden wollen? Welche Firma würde problemlos gewährte Kredite nicht annehmen? Und genau das verspricht die Staatspropaganda auf der Zuckerbrot-Seite: Von »Grünen Wellen« ist die Rede, auf denen Vertrauenswürdige surfen dürfen, im Gegensatz zu denen, deren Fortkommen durch einen niedrigen Punktestand überall erschwert wird.

*

> Der Weltgeist wandert tatsächlich von Europa nach Osten [...]. Er musste nach Westen ziehen, um in den Osten zu gelangen, machte Station in den USA und setzte anschließend zum transpazifischen Sprung an, [...] nach China. Dort verbinden sich alle drei endgeschichtlichen Ahnungen miteinander [...]: Kapitalismus (USA), Diktatur und Plan (Sowjetunion) und ökonomische Aufholjagd eines nichtwestlichen Landes (Japan) machen China zum Ankunftsort des Weltgeistes in Ostasien.[18]

[18] Rudolph, *Der Weltgeist als Lachs*, S. 45.

So beschreibt Moritz Rudolph die derzeitige globale Lage. Der Weltgeist startete, folgt man Hegel und Rudolph[19], in China, um dorthin – wie ein Lachs – zurückzukehren.

Man könnte einwenden, der Weltgeist sei wohl eher in Mesopotamien gestartet und habe sich gleichmäßig nach Europa und China ausgebreitet, doch scheint zumindest der Puls der Zeit den von Obama beschworenen »pivot« von den USA nach China genommen zu haben.

Zweifellos wird die Volksrepublik gerade deshalb so gefürchtet, kritisiert und scharf beobachtet, weil sie sich anschickt, die vorherige Weltmacht, die USA, als solche abzulösen.

> Chinas Ankunft an der Weltspitze schließt den Aufstand der Dritten Welt ab, den es im dritten Viertel des 20. Jahrhunderts angeführt hatte. Ende der 1970er-Jahre entschied es sich dann aber für einen langen Marsch durch die Flure des globalen Kapitalismus und arbeitete sich in der Produktionshierarchie nach oben. Sein Aufstieg geht jedoch über das sanfte Hineinwachsen in Erste oder Zweite Welt hinaus. Es hat beide in sich aufgenommen und damit eine Synthese neuer Art geschaffen, die alle bisherigen politischen Welten zusammenfasst.[20]

– Viele, die in ihrer Jugend noch für Mao glühten, fühlen sich von diesem Erfolg enttäuscht.

China bietet sich also für allerlei Endzeitprojektionen an, seien sie nun realistisch oder nicht:

> In den Prognosen zur künftigen KI-Supermacht China wird gern darüber orwellisiert, wie hier eine neue Phase

[19] Hegel nach Rudolph, *Der Weltgeist als Lachs*, S. 9.
[20] Ebd., S. 51.

staatlicher Überwachung eingeleitet wird, von der alle bislang da gewesenen Totalitarismen nur träumen konnten. China erscheint darin als erweitertes Stasi-Land. Doch vielleicht ist damit die Qualität des heranrasenden Neuen noch gar nicht richtig erfasst, und überdies ist es sehr unwahrscheinlich, dass sich geschichtlich identisch wiederholt, was schon einmal da war; es muss jedes Mal auch eine neue Qualität hinzukommen. Was, wenn hier nicht bloß ein neues menschheitsinternes Unterdrückungsmittel heranwächst, das die Hierarchien zwischen den Menschen festlegt, sondern das Verhältnis zwischen dem Menschen und seiner zweiten Umwelt, zwischen ihm und seinen Apparaten, umwälzt? Könnte es nicht sein, dass die Technologie, die zur Beherrschung eines Zeitalters eingesetzt wird, sich diesmal verselbstständigt und in China zwar ihren Ausgangspunkt, nicht aber ihr Kontrollzentrum hat, weil es irgendwann keine Kontrolle mehr gibt?[21]

Das jüngste Kapitel in Sachen SCS[22] haben EU und UN aufgeschlagen,[23] indem die EU einen AI Ethics Act verabschiedete, in dem künstliche Intelligenz aus Sozial-

21 Ebd. S. 25.

22 Für einen Ausblick siehe Martin Woesler. The Social Credit System in China. Sam B. Edwards, III. James R. Masterson, eds. *Government Response to Disruptive Innovation: Perspectives and Examinations.* IGI Global. March, 2023, 315 pp., DOI: 10.4018/978-1-6684-6429-8, ISBN13: 9781668464298, EISBN13: 9781668464304.

23 EU. 2021. The AI Act. https://artificialintelligenceact.eu/wp-content/uploads/2021/08/The-AIAct.pdf; UNESCO. 2021. Report of the Social and Human Sciences Commission (SHS) 41 C/73 22 November. Original: English. https://unesdoc.unesco.org/ark:/48223/pf0000379920.nameddest=page1/414. Erläuterungen: UNESCO Member States Adopt First-ever Global Agreement on the Ethics of Artificial Intelligence. https://

kreditsystemen verbannt wurde, und die UNESCO ein Agreement derselben Art beschloss, dem auch China zugestimmt hat. Schafft China also jetzt das SCS ab, das es offiziell selbst geächtet hat? China hat auch früheren Menschenrechts-Agreements zugestimmt.

Da graust es einem, und vielleicht ist unsere Situation als Europäerinnen und Europäer auch ganz kommod, abseits der Nervosität, die der Zug des Weltgeists nach Osten derzeit auslöst. Wir sind jedenfalls wohl alle gut damit beraten, uns die Faktenlage sehr genau anzuschauen. Ein wichtiger Teil davon sind die Debatten der letzten gut zwanzig Jahre in China selbst.

en.unesco.org/news/unesco-member-states-adopt-first-ever-global-agreement-ethicsartificial-intelligence.

Deutsche Übersetzung

Die Übersetzung der folgenden Texte stammt von Martin Woesler. Hilfsmittel: deepl.com, 新汉德词典 und *Dewenlin* in der bidirektionalen, erweiterten Smartphone-Fassung (Woesler/Zhang, pleco.com), siehe auch Fachtermini-Liste für das SCS am Ende dieses Bandes.

TEXT 1

Das Büro des Zentralkomitees über Lin Junyue (2015)

Quelle: {www.cac.gov.cn/2015-10/28/c_1116956896.htm}, letzter Zugriff: 14. Juni 2023.
Datiert mit 28.10.2015.

Den Auftakt unserer ansonsten chronologisch geordneten Textsammlung bildet eine Würdigung Professor Lin Junyues aus dem Jahr 2015, seinerseits Erfinder und Mentor des Sozialkreditsystems (SCS). Die Texte belegen, dass das SCS sehr viel früher als bislang bekannt nach westlichem Vorbild formuliert wurde. Professor Lin lernte sein Metier und Lebensthema in den USA, um dann in der Volksrepublik China (VR China) im Jahr 1999 der Chinesischen Akademie der Sozialwissenschaften seine Theorie des SCS in Form eines Forschungsberichts vorzulegen. Später präsentierte er ihn auch noch einmal persönlich der damaligen Bildungsministerin Chen Zhili. Die Zentralregierung beschloss bereits 2000 die Einführung des SCS, zunächst in ausgewählten Testregionen. Lin Junyue begleitete und analysierte die Umsetzung.
Mit einer Reihe von Monografien und Übersetzungen nordamerikanischer Gesetzgebungsvorhaben zur Kreditwirtschaft machte er China mit den Verfahren bekannt, mit denen der westliche entwickelte Kapitalismus Finanzkredite regelt. Diese Erkenntnisse übertrug er auf die chinesischen Verhältnisse, nahm als Vertreter des Wirtschaftsausschusses an der Politischen Konsultativkonferenz teil, engagierte sich bei Bildungsministerin Chen für die Einführung des SCS und war mindestens bis zur Veröffentlichung dieses Textes noch aktiv in einem Kreditmanagement-Unternehmen tätig. Lin Junyue hat Kreditmanagement an chinesischen Hochschulen als Fach etabliert und gelehrt.

Lin Junyue – Büro des Zentralkomitees der Kommunistischen Partei Chinas für Netzsicherheit und Informatisierung – (BNI)

Professor Lin Junyue ist ein berühmter Experte für Kreditsammeltechnik und Unternehmenskredit-Management im In- und Ausland und der Begründer der Theorie des Sozialkreditsystems.

Von 1987 bis 1991 studierte er in den Vereinigten Staaten, zunächst Information Retrieval Technology bei Professor John Hyde an der Penn State Clarion, dann Kredittechnologie, vertreten durch Dun & Bradstreet und TRW, und absolvierte einen Master of Science. Während dieses Auslandsstudiums erhielt er den »Outstanding Academic Contribution Award« der Pennsylvania State University, wurde außerdem in das »Who's Who of Foreign Students Studying in the U.S.« aufgenommen und erhielt ein Certificate of Merit. Seitdem hat er mehrere Jahre in den USA in der Kreditmanagement-Beratung für US-amerikanische und japanische Unternehmen gearbeitet. Er warb für Produkte und Dienstleistungen im Bereich Unternehmenskredite über den Kanal »Credit Manager's Home« sowie über Publikationen und Schulungsprogramme der National Association of Credit Management und der American Association of Commercial Debt Collectors.

1999 begründete Professor Lin die Theorie des Sozialkreditsystems und war der technische Berater und Hauptautor des Forschungsberichts der Chinesischen Akademie der Sozialwissenschaften. Nach der Veröffentlichung des Berichts »National Credit Management System« hatte dieses einen großen Einfluss, und die Zentralregierung akzeptierte die Theorie und begann mit dem Aufbau des Sozialkreditsystems. In seiner 2002 veröffentlichten Monografie *Principles of Social Credit System* vervollständigte er die Grundlagenarbeit der Theorie des Sozialkreditsystems weiter, entwarf den Rahmen und erläuterte die Funktionsprinzipien, insbesondere die Methoden der Kreditsammel-Infrastruktur, des Schwarze-Listen-Systems und verbesserte den Mechanismus zum gemeinsamen Schutz des Marktes, um einen Maßregelungsmechanismus für Vertrauensverlust zu bilden. Um die Anwendung der Theorie des sozialen Kreditsystems zu fördern, verfasste er 2007 gemeinsam mit Professor Wu Jingmei das Buch *Design of Urban Credit System*, das als Leitfaden für den Aufbau städtischer und regionaler Kreditsysteme in China dient. Seit 2011 ist er der technische Leiter der Vorbereitung des »CEI Blue Book on China's Urban Business Credit Environment Index«, das seitdem jährlich erstellt und veröffentlicht wird.

Lin Junyue arbeitet seit 16 Jahren unermüdlich in diesem Bereich und hat beachtliche Erfolge erzielt. Seit 1999 begann er mit der Übersetzung und Einführung von kreditbezogenen Gesetzen in den Vereinigten Staaten und Kanada, gab den Nordamerika-Band der Übersetzungsserie weltweiter kreditbezogener Gesetze heraus, war der erste Wissenschaftler, der sich auf die Kreditgesetzgebung und den Schutz der Privatsphäre konzentrierte, und war fast durchgehend an der Beratung zur Kreditgesetzgebung in China beteiligt. Seit 2012 fasst er die Erfahrungen beim Aufbau des chinesischen Sozialkreditsystems zusammen und analysiert sie. Darüber hinaus setzt er sich für die Förderung des »chinesischen

Sozialkreditsystem-Modells« in Übersee ein. Zu diesem Zweck gab er das Buch *Exploring the Chinese Social Credit System Model* heraus und scheute keine Mühen, Chinas Erfahrungen beim Aufbau von Kreditsystemen und -methoden im Ausland zu fördern. Im selben Jahr schien ihm Chinas Sozialkreditsystem bereit, eine neue Ebene zu erreichen, und so führte er Funktionsprinzip und das Systemdesign des »Market Joint Defense Mechanism« ein, machte es bekannt und spielt weiterhin eine führende Rolle in dessen Theorie und Technologie.

Lin Junyue ist nicht nur ein Pionier der Kreditmanagement-Technologie und -Methoden, sondern auch ein Meister der Kreditmanagement-Theorie für Unternehmen und Verbraucher. Bereits 1995 führte er die zweite Generation der Theorie des Unternehmenskredit-Managements in China ein und veröffentlichte 1999 seine Monografie *Corporate Credit Sales and Credit Management*, 2002 erschien sein Buch *Consumer Credit Management*. Diese beiden Werke füllten Lücken in der Theorie und bei technischen Methoden des Kreditmanagements in China. Seit mehr als zehn Jahren arbeitet er nun auf diesem Gebiet, und seine Veröffentlichungen und Diskurse sind vielfältig. Seit 2005 ist er außerdem Vorsitzender der Nationalen Kommission für die Berufsqualifizierung zum Kreditmanager und hat das erste »License to practice«-Prüfungsprogramm in China im Bereich Kreditmanagement und Kreditinkasso aufgebaut. Seit 2006 ist er Vorsitzender des Nationalen Komitees für die Zertifizierung beruflicher Fähigkeiten des Ministeriums für Humanressourcen und soziale Sicherheit und bietet umfassende technische Unterstützung für das nationale Qualifikationsprüfungs- und Schulungsprogramm für Kreditmanager, einschließlich der Entwicklung des nationalen Berufsstandards für Kreditmanager, Schulungsmaterialien, nationaler Fragen und einer Papierdatenbank etc. Er ist außerdem Chefredakteur der Tutorials »Intermediate« und

»Advanced Credit Manager« sowie Gutachter für das Tutorial »Credit Manager Fundamentals«. In den letzten zehn Jahren wurden die nationalen Berufsprüfungen und die lokalen Berufsprüfungen auf Provinzebene sowie die Ausbildung für Kreditmanager vollständig auf Zehntausende von Kreditmanagern ausgeweitet. In Bezug auf Theorie und Technologie hat er die Forschung weiter vorangetrieben, wobei er sich auf die theoretische Erforschung von Unternehmenskreditsystemen konzentrierte und daran arbeitete, eine dritte Generation der Theorie des Unternehmenskredit-Managements hervorzubringen.

Im Jahr 2000 besuchte Lin Junyue im Auftrag des Wirtschaftsausschusses des Nationalen Komitees der Politischen Konsultativkonferenz des Chinesischen Volkes das Bildungsministerium, und im Sommer desselben Jahres unterbreitete er der Bildungsministerin, Genossin Chen Zhili, einen schriftlichen Vorschlag für ein Pilotprogramm zum Kreditmanagement an chinesischen Universitäten. Im folgenden Jahr unterstützte er Professor Wang Jin aus den Vereinigten Staaten bei der Beratung des Bildungsministers, was schließlich von der Führung des Bildungsministeriums akzeptiert wurde und im Herbst 2002 zum ersten Kreditmanagement-Programm an zwei chinesischen Universitäten führte. Um das Kreditmanagement-Programm an der Shanghai University of Finance and Economics zu unterstützen, hat er das Lehrbuch *Credit Management for Business and Consumers* für die Universität verfasst und mehrere Masterstudenten herangezogen. Acht Jahre lang lehrte er in Teilzeit an der Renmin University of China, wo er einen Pflichtkurs über Kredittechnologie unterrichtete und 2007 ein Lehrbuch über *Fundamentals of Credit Technology* veröffentlichte. Heutzutage bieten fast dreißig Universitäten in China Kreditmanagement-Kurse an. Um die Aufgaben im Zusammenhang mit der Aufbauplanung für das Sozialkreditsystem umzusetzen, organisierte die Higher Education Press im Herbst 2014 die

Erstellung eines landesweit einheitlichen Lehrbuchs für die Studienrichtung Kreditmanagement, und er fungierte als Mitherausgeber von zwei Lehrbüchern, *Introduction to Credit Economics* und *Consumer Credit Management*.

Lin Junyue ist derzeit stellvertretender Direktor des akademischen Komitees der China Marketing Society, Direktor des akademischen Kreditkomitees der China Marketing Society, Direktor des Fachkomitees für Kreditmanager des Nationalen Fachkomitees für die Bewertung beruflicher Fähigkeiten des Ministeriums für Humanressourcen und soziale Sicherheit sowie Mitglied des Nationalen Fachkomitees für Kreditstandardisierung und stellvertretender Direktor des Kommerziellen Kreditstandardisierungskomitees. Er ist Senior Credit Manager (eine nationale Berufsqualifikation), Teilzeitprofessor an der Capital University of Economics and Business, Teilzeitprofessor an der Hunan University School of Finance, Betreuer von Masterstudenten der Renmin University of China, Betreuer von Masterstudenten der Shanghai University of Finance and Economics, Betreuer von Masterstudenten des Beijing National Accounting Institute, Teilzeitforscher am Center for Comparative Politics and Economics des Central Compilation and Research Bureau, Direktor der Chongqing International Exchange Promotion Association, Betreuer der Beijing Credit Association und stellvertretender Direktor der Beijing Credibility Association, Vorsitzender des Aufsichtsrats der Beijing Credit Association und Direktor des akademischen Ausschusses der Beijing Public Trust Construction Promotion Association. Er war Direktor des Expertenkomitees des »National Credit and Credit Vocational Training Program« des China Employment Training Technology Guidance Center des Ministeriums für Humanressourcen und soziale Sicherheit sowie Experte des Shanghai Credit Management Job Qualification Examination Office. Er hat mehrere Forschungsprojekte der Regierung geleitet oder daran teilgenommen und wurde zweimal mit dem zweiten Preis für Projekte auf Provinz- und Ministerebene ausgezeichnet. Außerdem hat er an der Erstellung oder Bewertung fast aller nationalen Kreditstandards mitgewirkt und war an der Entwicklung internationaler Kreditstandards beteiligt.

Lin Junyue ist derzeit der leitende technische Berater der Chinese University of Hong Kong Xinaneng Credit Management Co. Zuvor war er als Berater für so bekannte Organisationen der Branche wie Oriental Factoring Center und Xinhuaxin International Information Consulting Co. tätig.

TEXT 2
Rede des Präsidenten Jiang Zemin (2002)

{https://www.chinanews.com.cn/2002-11-17/26/244505.html.} Datiert mit 17.11.2002.

Der XVI. Parteitag der KP Chinas Ende 2002 war der erste im neuen Jahrtausend. Die Rede des Staatspräsidenten Jiang Zemin ist voller Aufbruch-Rhetorik um den Aufbau eines »gemäßigten Wohlstands« unter Bedingungen eines »Sozialismus mit chinesischen Besonderheiten«, also der Verbindung eines aus dem kapitalistischen Westen bekannten Marktsystems mit den Kontrollbedürfnissen einer zentral- oder planwirtschaftlich orientierten sozialistischen Gesellschaftsform: Den Menschen soll es besser gehen, sie sollen Wohlstand erlangen können, wenngleich erst einmal einen »gemäßigten«. Seine Ideen des »dreifachen Vertretens« (die Partei vertritt den Fortschritt der Produktivkräfte, der Kultur und das Volkswohl) wurden in die Leitlinien der Partei aufgenommen, ebenso wie vorher der Marxismus-Leninismus, die Ideen Mao Zedongs und die Theorien Deng Xiaopings. Die ideologische Grundlage für Jiangs Zielsetzung hat Letzterer gelegt, der wichtige Staatslenker nach Mao Zedong, dem ja bekannterweise egal war, ob die Katze schwarz oder weiß war, solange sie Mäuse fing.[24] Auf ihn nimmt Jiang Zemin Bezug, Dengs Theorie hält er in seiner Rede hoch, nicht etwa die Maos oder gar die Xi Jinpings, denn der eine war Vergangenheit und der andere wurde schließlich erst 2012, also zehn Jahre später, Generalsekretär der KP Chinas und 2013 zum Staatspräsidenten. Die öffentliche Wahr-

[24] Das Originalzitat äußerte Deng Xiaoping bereits in den 1960er-Jahren: »Es ist egal, ob eine Katze schwarz oder weiß ist, solange sie Mäuse fängt, ist sie eine gute Katze. (不管黑猫白猫，能捉老鼠的就是好猫。)«.

nehmung bringt derzeit allerdings Xi Jinping mit der Idee eines SCS in Verbindung, nicht zuletzt auch aufgrund seiner Selbstinszenierung und dem seit Mao erstmals wieder aufkommenden Führerkult, wird Xi doch offiziell »überragender Führer« genannt.

Den Anbruch des neuen Jahrtausends sah Präsident Jiang in seiner Rede unter den Bedingungen wirtschaftlicher Globalisierung, mit einer erheblichen Ausweitung der Zirkulation von Waren, Dienstleistungen und Kapital. Im Dezember 2001 wurde die VR China Mitglied in der Welthandelsorganisation WTO, und eine wirtschaftliche Öffnung nach außen war nach innen auch nach sozialistischen Standpunkten zu verkaufen.

Jiang Zeming spricht Probleme im Verlauf dieses Prozesses an, und er stellt in seiner Rede die Ordnung der sozialistischen Marktwirtschaft als defizitär und verbesserungsbedürftig dar, sie sei zu korrigieren und zu standardisieren. In diesem Zusammenhang fällt nun zum ersten Mal von Regierungsseite der Begriff des »Sozialkreditsystems« (社会信用体系).

4. Abschnitt der Rede von Präsident Jiang Zemin vor dem XVI. Parteitag der KPCh, hier: Punkt 4.5 Umfassend eine Gesellschaft des gemäßigten Wohlstands aufbauen, ein neues Kapitel im Streben nach einem Sozialismus mit chinesischen Besonderheiten aufschlagen

Rede Jiang Zemins vor dem XVI. Parteitag der KPCh

[...]

(5) Das moderne Marktsystem ist zu stärken, die makroökonomische Regulierung ist zu intensivieren und zu perfektionieren. In noch größerem Ausmaß ist der grundlegenden Funktion des Marktes bei der Verteilung der Ressourcen freies Spiel zu gewähren. Das moderne Marktsystem der Ein-

heit, Öffnung, des Wettbewerbs und der Ordnung ist weiter zu perfektionieren. Die Reform und Öffnung sowie die stabile Öffnung des Kapitalmarkts sind voranzutreiben. Die Märkte von Eigentumsrechten, Grundbesitz, Arbeitskraft und Technik sind zu entwickeln. Es ist eine Umgebung zu schaffen, in der allerlei Arten von Marktteilnehmern gleichberechtigt die Produktionsmittel nutzen. Die Reform der Distribution von Gütern ist zu vertiefen, moderne Zirkulationsformen sind zu entwickeln. Die marktwirtschaftliche Ordnung ist zu reorganisieren und zu standardisieren, ein modernes marktwirtschaftliches **Sozialkreditsystem** ist zu perfektionieren, Branchenmonopole und regionale Barrieren sind zu zerschlagen, ein landesweit freier Warenverkehr und freier Verkehr essentieller Produktionsmittel ist voranzutreiben.
[Hervorhebung durch die Autoren.]

Die Zeichenfolge 社会信用体系 (Sozialkreditsystem) ist folgenderweise zusammengesetzt: Der chinesische Begriff 社会 *shehui* kann mit »Gesellschaft« übersetzt werden, in Kombination mit anderen Begriffen oft mit »sozial«. Hängt man im Chinesischen ein »ismus« ans Ende, wird es wie im Deutschen zu »Sozialismus«. 信用 *xinyong* bedeutet »Glaubwürdigkeit«, »Zuverlässigkeit«, »Vertrauenswürdigkeit«, und die gängige Übersetzung von 体系 *tixi* lautet »System«. Die Übersetzung »Sozialkreditsystem« und die Abkürzung SCS sind mittlerweile eingebürgert und sollen deshalb auch hier verwendet werden. Die Übersetzung »gesellschaftliches Vertrauenssystem« wäre aber mindestens genauso richtig und noch wörtlicher.

TEXT 3

Das Generalsekretariat des Staatsrates zum Aufbau des SCS (2007)

Quelle: {www.gov.cn/zhengce/content/2008-03/28/content_1923.htm}, letzter Zugriff: 14. Juni 2023. Datiert mit 23.03.2007, veröffentlicht am 28.03.2008.

Dieser bisher weitgehend unbekannte Text beschreibt das Ausgangsdilemma: Die angestrebte Marktwirtschaft ist eine Kreditwirtschaft, sie müsste daher auf Vertrauen gründen, aber genau dieses ist sowohl innerhalb Chinas als auch international gegenüber chinesischen Unternehmen Mangelware. Man erinnere sich an das globale Image von »Made in China« als von schlechter Qualität, aber billig, oder etwa an den nur kurz nach Veröffentlichung dieses Textes 2008 öffentlich gewordenen Milchpulver-Skandal. An Vertrauen, das von jeher Grundlage aller Kredite war – die Vollender des Geldkredits in Oberitalien bezeichneten es mit *credito*: *Glaubwürdigkeit* – fehlte es allerdings in China, und daraus leitete sich die Notwendigkeit eines SCS ab, das bereits vom XVI. Parteitag 2002 und der 3. Plenarsitzung des XVI. Parteitags im Rahmen des 11. Fünfjahresplans nach Pilotprojekten in verschiedenen Regionen für die Jahre 2006–2010 beschlossen worden war, also mit ca. fünf Jahren Vorlauf (siehe vorheriges Dokument). Die Sache ist zügig und systematisch in Angriff genommen worden, und der Beginn von Grundlegung und planerischer Ausführung des SCS geht damit ganz offenkundig auf einen früher als allgemein angenommenen Zeitpunkt zurück, der sonst zumeist auf 2014 datiert wird: Nämlich spätestens auf das Jahr 2000 – in dem hier vorliegenden Dokument von 2007 ist so auch nicht etwa von einer Planung im Aufbau des SCS die Rede, sondern von einer notwendigen *Beschleunigung*. Schwerpunkte liegen auf landesweiten Auskunfteien, Koordination, Qualitätssicherung, Finanzkrediten, Marktaufsicht. Die Sanktionierungsmethode besteht in der Mobilitätseinschränkung für Niedrig-Performer bzw. Vertrauensbrecher. Aufgrund der Datenschutzbestimmungen der WTO wird der in den Daten enthaltene Bereich mit finanziellen Informationen nicht veröffentlicht. Um das System aufzubauen, wurde eine ministeriumsübergreifende Konferenz ins Leben gerufen. Aus der Richtlinie von ganz oben soll nun ein breit aufgestelltes Projekt werden, umzusetzen von den Abteilungen der Staatsführung. Eile scheint geboten.

Sperrfrist: Gemäß dem »Beschluss des Staatsrates über das Ablaufdatum einer Reihe von Staatsratsdokumenten« (Staatsrat [2015] Nr. 68) wurde die Geheimhaltung für dieses Dokument für abgelaufen erklärt.

Stellungnahmen des Generalsekretariats des Staatsrates zum Aufbau des Sozialkreditsystems
Generalsekretariat des Staatsrates [2007] Nr. 17

Volksregierungen aller Provinzen, autonomen Regionen und Kommunen, der regierungsunmittelbaren Städte, Ministerien und Kommissionen des Staatsrates sowie deren unterstellte Behörden:

Um den Aufbau des chinesischen Sozialkreditsystems zu beschleunigen, das sozialistische Marktwirtschaftssystem weiter zu verbessern und eine harmonische sozialistische Gesellschaft aufzubauen, werden mit der Zustimmung des Staatsrates folgende Stellungnahmen gemacht:

I. Die Bedeutung und Dringlichkeit der Beschleunigung des Aufbaus eines Sozialkreditsystems
Die Marktwirtschaft ist eine Kreditwirtschaft. Das Sozialkreditsystem ist ein wichtiger institutioneller Bestandteil des Marktwirtschaftssystem. Der Zentrale Ausschuss und

der Staatsrat messen dem Aufbau des Sozialkreditsystems große Bedeutung bei. Der XVI. Parteitag der Kommunistischen Partei Chinas (KPCh) und die 3. Plenarsitzung des XVI. Parteitags der KPCh haben die Richtung und die Ziele des Aufbaus des Sozialkreditsystems klar definiert. Chinas »11. Fünfjahresplan« schlägt vor, den Aufbau eines Sozialkreditsystems zu beschleunigen, indem man sich auf die Verbesserung der Kreditbilanz, der Steuer- und Vertragsleistungen sowie der Produktqualität konzentriert. Die im Jahr 2007 abgehaltene Nationale Konferenz des Finanzwesens schlug ferner vor, sich auf den Aufbau eines Bürgschafts-Kreditsystems zu konzentrieren, den Aufbau des Sozialkreditsystems umfassend zu fördern und die Schaffung eines grundlegenden Rahmens und der Betriebsmechanismen für das Sozialkreditsystem zu beschleunigen, entsprechend Chinas wirtschaftlichen und sozialen Entwicklungsniveaus.

Dieser Abschnitt ist interessant, wenn man ihn vor dem Hintergrund der chinesischen Kultur des Geldverleihs zu dieser Zeit liest. Kredite wurden traditionell privat vergeben, was kulturell kodifizierte Maßnahmen der Vertrauensbildung voraussetzte: persönliche Bekanntschaft, geschäftliche Geselligkeit, die Begründung einer Erwartung, das Geliehene auch wieder zurückzuerhalten. Ein auf langfristigen Bekanntschaften und persönlichen Beziehungen (*guanxi*) basierendes System des Gebens und Nehmens (*renqing*), das in China durchaus zum Teil auch Freundschaft definieren kann: Je mehr man gibt und nimmt, desto enger die Freundschaft. Mit solchen langwierigen Entscheidungsprozessen lässt sich jedoch weder im Inland noch mit dem Ausland ein Kapitalfluss ins Werk setzen, der sich dazu noch ständig beschleunigen soll. Tatsächlich durchbrachen die Onlinehändler wie Alibaba diese Tradition nach dem Muster von Amazon Marketplace, indem Kunden Zufriedenheitspunkte verleihen durften. Diese Bewertung wurde von der Bevölkerung auch angenommen: In kurzer Zeit wandelte sich der stark segmentierte, auf persönlichen Bekanntschaften beruhende Binnenhandel zum größten Online-Binnenhandel der Welt. Noch heute ist die Bewertung nach verschiedenen Kategorien in China die wichtigste Sicherheit, die Kunden (und Geschäftspartnern) beim Kauf z. B. auf Taobao (ein Pendant zu eBay oder Amazon Marketplace) oder B2B-Plattformen wie Alibaba geboten wird.

Der Aufbau eines Sozialkreditsystems ist eine objektive Notwendigkeit, um das sozialistische Marktwirtschaftssystem Chinas zu verbessern, und es ist die grundlegende Lösung, die marktwirtschaftliche Ordnung zu korrigieren und zu regulieren. Aktuell werden böswillige Zahlungsrückstände und die Hinterziehung von Bankschulden, Steuerhinterziehung, Handelsbetrug, Fälschung und Nachahmung sowie illegale Geldbeschaffung und weitere solcher Vergehen verboten. Dies beschleunigt den Aufbau des Sozialkreditsystems. Es fördert die Bekämpfung von Betrug und finanziellen Risiken sowie die finanzielle Stabilität und Entwicklung. Außerdem hat es auch eine große praktische Bedeutung für die Aufrechterhaltung einer normalen sozialen und wirtschaftlichen Ordnung, den Schutz der Rechte und Interessen der Menschen, die Förderung der Leistungserfüllung der Regierung in Bezug auf Wirtschaftsregulierung, Marktaufsicht, Sozial-Management und öffentliche Dienstleistungen.

In den letzten Jahren haben einige Abteilungen und Regionen unterschiedliche Pilotprojekte zum Aufbau des Sozialkreditsystems durchgeführt. Insgesamt hat Chinas Sozialkreditsystem einige Fortschritte gemacht, aber es sind noch viele Probleme zu lösen. Angesichts der neuen Situation ist der Aufbau eines Sozialkreditsystems eine schwierige und dringliche Aufgabe. Wir müssen unser Denken weiter vereinheitlichen, Aufgaben klären, die Koordination stärken, um die reibungslose Entwicklung des Sozialkreditsystems zu gewährleisten.

> Auch hier konnte schon von »Fortschritten« beim Aufbau des SCS berichtet werden. Zur Erinnerung: Wir schreiben das Jahr 2007!

II. Leitideologie, Ziele und Grundprinzipien des Aufbaus eines Sozialkreditsystems
Der Aufbau eines Sozialkreditsystems sollte sich an den Deng-Xiaoping-Theorien und der wichtigen Ideologie des »Dreifachen Vertretens« [die Partei vertritt den Fortschritt der Produktivkräfte, der Kultur und das Volkswohl] orientieren, das wissenschaftliche Entwicklungskonzept fest etablieren und vollständig umsetzen, auf dem Rechtssystem fußen und das Kreditsystem als Kernstück nehmen, den Schwerpunkt auf Bonitätsnachweise für solide Kredite, Steuerzahlungen, Vertragserfüllung und Kreditaufzeichnung der Produktqualität legen sowie die Prinzipien der »umfassenden Planung, Klassifizierung, staatlichen Förderung, Markterweiterung, Verbesserung der Vorschriften, strengen Überwachung, ordnungsgemäßen Öffnung und Aufrechterhaltung der Sicherheit« einhalten.

Die landesweiten Kreditauskunfteien koexistieren mit Sozialkreditagenturen und bieten unterschiedliche Dienstleistungen an. Sie bilden schließlich den grundlegenden Rahmen und einen operativen Mechanismus für die Vervollständigung des Sozialkreditsystems mit klarer Arbeitseinteilung, effizienter Arbeitsweise und strenger Aufsicht.

> Kreditauskunfteien sind Einrichtungen wie die deutsche *SCHUFA* oder die international tätigen Dienstleister *Experian, Equifax* oder *TransUnion*. Ihr Aufgabenfeld ist die Absicherung von Geldkrediten durch das Sammeln und Bewerten von Informationen über Kreditnehmer. Die chinesischen

Finanzkredit-Auskunfteien erfüllen andere Aufgaben als die erwähnten Sozialkredit-Agenturen, so der obige Absatz. Ihr operativer *Zusammenschluss* soll das Sozialkreditsystem, wie es hier ausgestaltet und beschleunigt aufgebaut werden soll, erst noch vervollständigen. Es kann kein Zweifel bestehen: Bereits 2007 und früher hatte die chinesische Staatsführung die präzise Vorstellung davon, ein im Westen ursprünglich nur für das Finanzwesen gedachtes Bewertungsschema auf die gesamte Gesellschaft auszudehnen, von den Produktivkräften auf die Kultur und das Volkswohl – und auf weitere soziale Segmente, wie wir bald sehen werden.

In Anbetracht der tatsächlichen Verhältnisse in China werden langfristige Ziele, Meilensteine und Prioritäten geklärt. Es werden verschiedene Situationen unterschieden und unterschiedliche politische Strategien verabschiedet. Der Aufbau des Sozialkreditsystems wird auf geplante und schrittweise Weise vorangetrieben. Es ist notwendig, die organisatorische Koordination zu verstärken, den Austausch von Kreditinformationen zu fördern, die Ressourcen für die Kreditdienstleistungen zu integrieren und den Aufbau von Kreditdienstsystemen für Unternehmen und Privatpersonen zu beschleunigen. An der Marktnachfrage ist festzuhalten, der Kreditdienstleistungsmarkt ist aktiv zu pflegen und weiterzuentwickeln, das externe Umfeld ist zu verbessern, ebenso sind Wettbewerb und Innovation zu fördern. Es ist notwendig, Gesetze und Vorschriften zu verbessern, das Regulierungssystem zu rationalisieren, die Zuständigkeiten der Regierungsbehörden zu klären, das Vorgehen der Kreditdienstleistungen und der Marktordnung gemäß Gesetz zu regeln sowie die legitimen Rechte und Interessen der Betroffenen zu schützen. Die Öffnung nach außen ist gemäß dem Grundsatz des schrittweisen und geordneten Übergangs zu erweitern. Moderne Managementerfahrung und Technologie sind aktiv einzubringen.

Die Entwicklung der Kreditdienstleistungsbranche ist zu fördern. Die Marktanforderungen sind zu erfüllen und die nationale Informationssicherheit ist zu gewährleisten.

Hier ist von »Öffnung nach außen« die Rede. Es deutet sich an, dass das SCS nicht nur Innenverhältnisse zu regeln hat, sondern, ganz im Sinne globaler Wirtschaftszusammenhänge, auch als Schnittstelle zum Ausland fungieren soll. Die weitere Entwicklung wird erweisen, wie ernst dieser Absatz gemeint war. Während weltweit die Rolle der WTO vor allem durch die USA geschwächt wurde, werden Freihandelsabkommen immer wichtiger. Vor allem bei bilateralen Abkommen sind Wirtschaftsmächte wie die USA und China im Vorteil. Bei den Verhandlungen um Freihandelsabkommen und -zonen zwischen China und mindestens einem anderen Land, teils auch mit ganzen Gruppen von Anrainerstaaten, hat sich herausgestellt, dass ein Kernunterschied von Freihandelsabkommen mit und ohne Beteiligung Chinas darin besteht, dass China international geltende Verbote der Staatssubvention und Korruptionsbekämpfung in diesen Abkommen aufgehoben sehen möchte, um seine Unternehmen zu protegieren. So sind viele chinesische Unternehmen in Freihandelsabkommen mit US-amerikanischer Beteiligung von internationalen Ausschreibungen ausgeschlossen, nicht aber bei Freihandelsabkommen mit Beteiligung Chinas ohne die USA. Das fehlende Vertrauen wird also parallel zum vor allem im Inland wirkenden Sozialkreditsystem von einer internationalen Handelspolitik begleitet, die auch hier das Misstrauen systemisch reduzieren will.

III. Verbesserung der Kreditaufzeichnungen und Förderung des Kreditaufbaus im industriellen Sektor

Der Aufbau des Sozialkreditsystems umfasst alle Aspekte des wirtschaftlichen und sozialen Lebens. Die Produktion, der Austausch, die Verteilung und der Konsum von Waren bilden die Grundlage für die Entwicklung der Sozialkredit-Beziehungen. Die Entwicklung des Sozialkreditsystems sollte dem Niveau der Produktivitätsentwicklung und der Vermarktung entsprechen. Unter Berücksichtigung der nationalen Gegebenheiten Chinas, der gegenwärtigen wirtschaftlichen und sozialen Entwicklung und als Antwort auf die noch ungeklärten Widersprüche und Probleme der chinesischen Marktwirtschaftsordnung sowie unter Rückgriff auf internationale Erfahrungen werden Kreditbilanz, Besteuerung, Vertragserfüllung und Produktqualität weiter verbessert und der Aufbau von Industriekrediten gefördert.

Der Aufbau von Industriekrediten ist ein wichtiger Bestandteil der Errichtung des Sozialkreditsystems und spielt eine große Rolle bei der Förderung unternehmerischer und individueller Selbstdisziplin und der Schaffung wirksamer Marktbeschränkungen. Es ist notwendig, sich dabei auf die Grundlage der »Goldenen Steuern« und »Goldenen Zölle« und weiterer Managementsysteme zu verlassen, um die Kreditdatenbank für Steuerzahler zu verbessern und eine solide Aufzeichnung des Steuerbetrugs durch Unternehmen und Personen zu erstellen. Es ist erforderlich, ein System für die Erfassung und Überprüfung der Vertragserfüllung und Identifizierung von Großverträgen einzuführen, die Einrichtung von Aufzeichnungen über die Vertragserfüllung zu untersuchen und Vertragsbetrug gemäß gesetzlicher Bestimmungen zu bekämpfen.

Deng Xiaoping hatte Ende der 1970er-Jahre erkannt, dass der entscheidende Wettbewerbsnachteil der Planwirtschaft gegenüber der Marktwirtschaft die fehlenden Anreize zur Innovation waren. Er führte einen Reform- und Öffnungsprozess ein, durch den Bauern wieder für sich selbst etwas anbauen und auf Privatmärkten verkaufen durften. Statt des Gleichheitsgrundsatzes war es nunmehr erlaubt, dass »einige zuerst reich werden durften«. Neben solchen auf

Ungleichheit basierenden Anreizen wurden auch Privilegien eingeführt, etwa bevorzugte Behandlung bei Steuern, Zöllen etc., aber auch die Umgehung der Zensur im Internet, in Anlehnung an den westlichen Begriff des »Goldstandards« wurden diese Anreizsysteme »Gold-Steuern«, »Gold-Zölle«, »Goldener Schutzschirm« etc. genannt.

Es ist notwendig, sich auf das Managementsystem »Goldqualität« zu verlassen, um die elektronische Qualität der Produktaufzeichnungen von Unternehmen zu fördern, regelmäßig Informationen zur Produktqualität zu veröffentlichen und das Management der Produktqualität sowie das Kreditklassifizierungsmanagement zu stärken. Der Aufbau des Kreditsystems für kleine und mittlere Unternehmen und der Aufbau von Bepreisungskontrolle muss weiter vorangetrieben werden. Es ist notwendig, die Rolle von Handelskammern und Verbänden zu nutzen, um den Aufbau von Industriekrediten und der Selbstregulierung der Industrie zu fördern. Die zuständigen Abteilungen des Staatsrats haben gemäß der Zuständigkeitsaufteilung und des tatsächlichen Arbeitsbedarfs unverzüglich die Kreditaufzeichnungen der Marktteilnehmer zu untersuchen, ein internes Kreditklassifizierungsmanagement einzuführen und negative Informationen offenzulegen. Sie haben das vertrauenswürdige Anreizsystem, das Niveau der öffentlichen Dienstleistungen und die Marktaufsicht zu verbessern. Alle Abteilungen sollten aktiv zusammenarbeiten, die Situation rechtzeitig kommunizieren, ein System für den Austausch von Kreditinformationen einrichten und schrittweise ein auf Firmen-Identnummern und Personalausweisnummern basierendes System für den Austausch von Informationen mit echten Namen aufbauen und verbessern. Ein gemeinsamer Disziplinarmechanismus für nicht vertrauenswürdiges Verhalten muss gebildet werden, um wirklich nicht vertrauenswürdige Personen gemäß dem Motto festzustellen: »Sobald das Vertrauen verloren ist, kommt es zu Einschränkungen auf allen Ebenen.«

Die Grundlage aller gesamtgesellschaftlichen Datensammlungen, ein eindeutiger Schlüssel für alle Personen, natürliche oder juristische, Individuen oder Firmen, ist aufzubauen. Dieser Schlüssel, die Identifikationsnummer, wird es erlauben, die Datenverarbeitung auf Computernetzwerken vorzunehmen.

> Man hört hier nicht nur die Sachkenntnis von Strafverfolgern, sondern auch die Expertise von Datenbankspezialisten heraus: Ohne Identifier keine Datensätze. Die über Personen und Organisationen gesammelten Daten können so behördenübergreifend unter denselben Identnummern abgelegt werden und sind damit zentral verfügbar. Für die Sanktionen gibt es eine weitgehende Vorstellung: Bürger, die Vertrauen eingebüßt haben (also unabhängig davon, ob dies zu Recht geschah), also sowohl Niedrig-Performer im Kreditsystem als auch Vertrauensbrecher, sollen umfassend eingeschränkt werden. Hier haben wir also statt einer in einem Rechtssystem klar definierten Geld- oder Haftstrafe (bzw. Sozialstunden) eine umfassende, weder zeitlich noch in ihren Maßnahmen befristete Bestrafung (z. B. der Bewegungsfreiheit) im Alltagsleben, die einer gesellschaftlichen Ächtung nahekommt.

IV. Beschleunigung des Bürgschafts-Kreditsystemaufbaus und Schaffung einer einheitlichen Kreditinformationsplattform für die Finanzbranche

Die Finanzbranche ist das Herzstück der modernen Wirtschaft. Die Finanzbranche, insbesondere der Bankensektor, ist zugleich Hauptanbieter als auch -nutzer von Sozialkreditinformationen. Es ist notwendig, den Aufbau des Krediteinsichtsystems als Ausgangspunkt zu nehmen, das Kreditmanagementsystem der Wertpapierbranche, der Versicherungsbranche und des Devisenmanagements weiter zu verbessern. Die Koordination und Zusammenarbeit im Finanzsektor ist zu stärken. Schrittweise ist eine einheitliche Kreditinformationsplattform für die Finanzbranche einzurichten. Die Integration und der Austausch von Kreditinformationen in der Finanzbranche sind zu fördern. Stetig ist der Aufbau des Kreditwesens in China voranzutreiben. Alle Regionen und Abteilungen haben den Aufbau und die Entwicklung des Kreditinformationssystems aktiv zu unterstützen, ihre Kreditinformations-Ressourcen voll auszuschöpfen und den Kreditaufbau und die Verwaltung zu stärken. Kreditauskunfteien haben individuelle und unternehmerische Informationen gemäß den gesetzlichen Bestimmungen zu sammeln und Regierungsabteilungen, Finanzaufsichtsbehörden, Finanzinstituten, Unternehmen und Einzelpersonen bequeme, schnelle und effiziente Kredit-Auskunftsdienste anzubieten.

> Die Finanzdienstleister sollten also dem Staat Daten liefern, die auch bei der Einschätzung der gesellschaftlichen Vertrauenswürdigkeit hilfreich sind. So kam es dann auch: Die Finanzkreditbewertungen von Alibaba, WeChat und anderen bildeten die Datenbasis für ein umfassendes SCS, nunmehr angereichert um zahlreiche weitere Daten des Persönlichkeitsprofils, wie dem Einkaufsverhalten im Internet (so wird etwa der Kauf von Computerspielen negativ beurteilt).

V. Kultivierung des Kreditdienstleistungsmarktes und seine geordnete und stabile Öffnung

Die Propaganda und Erziehung zu Ehrlichkeit und Vertrauenswürdigkeit muss erhöht, das Kreditbewusstsein der gesamten Gesellschaft kultiviert und eine gute soziale Kreditkultur etabliert werden. Es ist notwendig, die Ausweitung der Nutzung von Kreditprodukten zu fördern, die Marktnachfrage nach Kreditdienstleistungen zu steigern und die

Entwicklung des Kreditdienstleistungsmarktes zu unterstützen. Dabei ist dem marktorientierten Ansatz zu folgen. Kreditinstitute sind mit einer Reihe von komplementären Funktionen auszustatten, die nach den Gesetzen arbeiten und Marktglaubwürdigkeit kultivieren. Nach dem Gesetz sammeln sie unabhängig Kreditinformationen, sortieren sie, verarbeiten sie und stellen sie bereit, um die Entwicklung und Innovation von Kreditprodukten durch mehrstufige, diversifizierte und professionelle Kreditdienstleistungen zu fördern und die gesamte Gesellschaft zufriedenzustellen.

Die Offenlegung staatlicher Informationen ist die Grundlage für die Marktentwicklung der Kreditdienstleistungen. Unter der Prämisse des Schutzes von Staatsgeheimnissen, Geschäftsgeheimnissen und der persönlichen Privatsphäre müssen alle Abteilungen und Regionen die Kreditinformationen gesetzmäßig offenlegen, die sie im Rahmen der gesetzlichen Verwaltungsarbeiten erlangt haben. Die lokalen Volksregierungen haben den Aufbau des Sozialkreditsystems in den Regionen weiter voranzutreiben, die Bonitätsnachweise in Bezug auf Kredit, Steuern, Vertragsleistung und Produktqualität in vollem Umfang zu nutzen, das lokale Kreditumfeld zu verbessern sowie mehrfach erledigte Arbeit und die Verschwendung von Ressourcen zu verringern. Gebiete, in denen diese Voraussetzungen gegeben sind, können aktiv nach effektiven Wegen und Mitteln suchen, um ein Sozialkreditsystem im Einklang mit den Prinzipien der Wirtschaftlichkeit, Effizienz und Leistungsfähigkeit aufzubauen.

Unter der Voraussetzung einer strengen Überwachung, Verbesserung der Systeme und Aufrechterhaltung der Informationssicherheit wird der Markt für Kreditdienstleistungen schrittweise und stetig geöffnet, und es werden ausländische moderne Managementerfahrungen und Technologien eingeführt. Nach den Grundsätzen der Welthandelsorganisation für allgemeine und sicherheitsrelevante Ausnahmen sind der Aufbau grundlegender Kreditinformationsdatenbanken und die Bereiche von Kreditdienstleistungen, die einen hohen Informationsschutz erfordern, nicht öffentlich.

> Der Hinweis auf die WTO unterstreicht, dass das SCS von Anfang an auch zur Verbesserung des Außenverhältnisses der VR China zur globalen Wirtschaft geplant war. Die staatsmännische Weitsicht ist beachtlich.

VI. Verbesserung der Gesetze und Vorschriften, Stärkung der Organisationsführung

Ein vollständiges System von Gesetzen, Vorschriften und Normen auf nationaler Ebene ist die Garantie für eine gesunde Entwicklung der Kreditwirtschaft. Einschlägige Gesetze und Vorschriften sind in Übereinstimmung mit den Erfordernissen des Informationsaustauschs, des fairen Wettbewerbs, der Förderung der öffentlichen Dienstleistungen und der Regulierung sowie der Aufrechterhaltung der nationalen Informationssicherheit zu formulieren.

Es ist notwendig, den Grundsatz der gleichen Wichtigkeiten von Standardisierung und Entwicklung einzuhalten, um die gesunde Entwicklung der Kreditdienstleistungsbranche zu fördern. Es ist notwendig, öffentliche Informationen und Kreditinformationen von Unternehmen und Privatpersonen strikt voneinander zu trennen, das Verhältnis zwischen Offenlegung von Informationen und rechtlichem Schutz der Privatsphäre, Geschäftsgeheimnissen und nationaler Informationssicherheit ordnungsgemäß zu handhaben und die legitimen Rechte und Interessen der Parteien wirksam zu schützen. Es ist notwendig, den Aufbau der nationalen Standardisierung in der Kreditwirtschaft zu beschleunigen und ein vollständiges und wissenschaftliches Kreditstandard-System zu schaffen.

Ein transparentes und effizientes Regulierungssystem ist ein wichtiger Garant für die gesunde Entwicklung der Kreditwirtschaft. Um die Koordination zu stärken, wird das Generalsekretariat des Staatsrates die Führung bei der Einrichtung eines gemeinsamen ministeriumsübergreifenden Konferenzsystems für den Aufbau des Sozialkreditsystems übernehmen, um die entsprechende Arbeit zu leiten und zu fördern. Entsprechend dem Prinzip der einheitlichen Führung und umfassenden Überwachung sowie dem spezifischen Geschäftsumfang und der Zuteilung der verschiedenen Zuständigkeiten der Abteilungen sind die betreffenden Abteilungen speziell für die tägliche Überwachung und Umsetzung ihrer Aufsichtspflichten verantwortlich. Relevante Abteilungen haben den Marktzugang gesetzesgemäß strikt umzusetzen, haben Kreditdienstleister zu überwachen und diese zu managen; Verstöße gegen Gesetze und Vorschriften sind zu untersuchen und zu behandeln, Marktaustrittsmechanismen zu verbessern, die Marktordnung aufrechtzuerhalten; die illegale Erhebung und der Missbrauch von Kreditinformationen sind zu verhindern, und die gesunde Entwicklung des Marktes für das Sozialkreditsystem und für die Kreditdienstleistungen gilt es zu fördern.

> Die Botschaft lautet: Der Staatsapparat soll nun anlaufen. Alle Ministerien sind aufgefordert, Folge zu leisten und die Richtlinie eigenverantwortlich umzusetzen.

Generalsekretariat des Staatsrates
23. März 2007

TEXT 4

Bekanntmachung des Generalsekretariats zum Aufbau des SCS (2007)

Quelle: {www.gov.cn/zhengce/content/2008-03/28/content_1907.htm}, letzter Zugriff: 14. Juni 2023. Verfasst am 18.04.2007, veröffentlicht am 28.03.2008.

Einen Monat später läuft der Apparat dann wirklich an. Bei der Realisierung des SCS wird vor allem ein Kernbereich derjenigen Regierungsinstanzen einbezogen, die der Zentralregierung unterstellt sind. Dafür wird ein eigens aufgesetztes Konferenzsystem, also eine Kommunikationsinfrastruktur, ins Leben gerufen, die etwaige Schwierigkeiten durch wechselseitige Information und Rückmeldung an die Staatsspitze aus dem Weg räumen soll. Man mag das eine *Task Force* nennen. Es ist ein politisches Gremium, das Maßnahmen für die Umsetzung und die Kontrolle des SCS zu formulieren hat. Unnötig zu erwähnen, dass die meisten Vertreter der Institutionen in Personalunion auch die Partei vertreten. An vorenthaltener Information oder mangelnder Zuständigkeit soll die Sache jedenfalls nicht scheitern.

Die Liste der Zuständigkeiten zeigt, dass in dieser Phase vor allem die ökonomisch-rechtlich-administrative Seite wichtig ist. In die Pflicht genommen werden die Instanzen Staatsrat, Entwicklungs- und Reformkommission, öffentliche Sicherheit, Handel, Volksbank, Zoll, Finanzen, Industrie und Handel, Qualitätskontrolle, Justiz, Bankenaufsicht, Wertpapiere, Versicherungen, Devisen und, zu guter Letzt: die Datenverarbeitung.

Schreiben des Generalsekretariats des Staatsrates [2007] Nr. 43

Für alle Instanzen der Volksregierung auf Ebene der Provinzen, der autonomen Regionen und regierungsunmittelbaren Städte sowie alle Ministerien und Kommissionen des Staatsrates und die Einrichtungen, die direkt der Zentralregierung unterstehen, gilt:

Um die organisatorische Führung und die Gesamtkoordination zu stärken und den Aufbau des Sozialkreditsystems kontinuierlich voranzutreiben, ist mit Zustimmung des Staatsrates ein ministeriumsübergreifendes gemeinsames Konferenzsystem (im Folgenden vereinfacht als Konferenzsystem bezeichnet) zum Thema des geplanten Kreditsystems für das soziale und politische Leben eingerichtet worden. Dafür gelten die folgenden Grundsätze:

I. Zentrale Aufgaben

Das Konferenzsystem trägt die Verantwortung für Koordinierung und Abstimmung der Arbeitsabläufe beim Aufbau des Sozialkreditsystems und die Untersuchung und Formulierung wichtiger Politik und wichtiger Maßnahmen; für die Koordinierung und Lösung wichtiger Probleme, die sich bei der Förderung des Aufbaus des Sozialkreditsystems ergeben; für die Anleitung, Überwachung und Kontrolle der Umsetzung der geltenden Politik und Maßnahmen sowie für die Erfüllung anderer ihm vom Staatsrat zugewiesener Aufgaben.

II. Zusammensetzung

Einladender:	Hua Jianmin	Ausschussmitglied und Generalsekretär des Staatsrates
Mitglieder:	Zhang Ping	Stellvertretender Generalsekretär des Staatsrates
	Zhu Zhixin	Stellvertretender Direktor der Entwicklungs- und Reformkommission
	Zheng Shaodong	Stellvertretender Minister für öffentliche Sicherheit
	Jiang Zengwei	Direktor des nationalen Regulierungsbüros, Stellvertretender Handelsminister
	Su Ning	Vizepräsident der Volksbank
	Sun Songpu	Stellvertretender Generaldirektor des Zolls
	Song Lan	Stellvertretende Direktorin des Finanzamts
	Liu Yuting	Stellvertretender Generaldirektor für Industrie und Handel
	Pu Changcheng	Stellvertretender Generaldirektor für Qualitätskontrolle
	Song Dahan	Stellvertretender Direktor des Justizministeriums
	Tang Shuangning	Stellvertretender Vorsitzender der Bankenaufsichtsbehörde

Tu Guangshao	Stellvertretender Vorsitzender der Aufsichtskommission für Wertpapiere
Yuan Li	Stellvertretender Vorsitzender der Versicherungsaufsichtskommission
Deng Xianhong	Stellvertretender Direktor des Devisenbüros
Chen Dawei	Stellvertretender Direktor des Ministeriums für Datenverarbeitung

III. Beteiligte Institutionen und Aufgabenverteilung

Das Büro des Konferenzsystems befindet sich im Generalsekretariat des Staatsrates und ist hauptsächlich für die Organisation, Vernetzung und Koordinierung gemeinsamer Sitzungen zuständig. Auf Grundlage der Vorschläge des Verantwortlichen für die Einberufung oder der Teilnehmer recherchiert und empfiehlt es gemeinsame Sitzungsthemen; zudem fasst es den jeweiligen Arbeitsstand in der Sache zusammen und informiert die Teilnehmer; weiterhin koordiniert und überwacht es die Erfüllung der Arbeitsaufgaben der Teilnehmer und die Umsetzung der Beschlüsse des Konferenzsystems. Es nimmt auch andere ihm vom Konferenzsystem zugewiesene Aufgaben wahr.

IV. Arbeitsvorschriften

Die Konferenz wird vom Einladenden oder von einem von diesem beauftragten Genossen geleitet, und die in der Sitzung zu besprechenden Angelegenheiten werden in Form eines Sitzungsprotokolls festgehalten. Wenn die Konferenzteilnehmer aufgrund von Änderungen im Arbeitsprozess neu bestimmt werden müssen, werden sie von der jeweiligen

Institution vorgeschlagen und dann von den Teilnehmern bestätigt. Je nach den Erfordernissen der Aufgabe kann die Konferenz andere Institutionen einladen, an der Sitzung teilzunehmen und für den Arbeitsprozess relevante Forschung durchzuführen.

V. Arbeitsanforderungen

Jeder Teilnehmer untersucht entsprechend der Aufgabenverteilung selbstständig Fragen im Zusammenhang mit dem Aufbau des Sozialkreditsystems, nimmt aktiv an den gemeinsamen Sitzungen teil und setzt die von der Konferenz angeordneten Aufgaben gewissenhaft um. Alle Teilnehmer müssen sich miteinander abstimmen, sich gegenseitig unterstützen, ihre Kraft gemeinsam zielführend einsetzen und sich ernsthaft bemühen, den Aufbau des Sozialkreditsystems zu einem zufriedenstellenden Abschluss zu bringen.

Generalsekretariat des Staatsrates
18.04.2007

TEXT 5
Genehmigung des Staatsrates für den Aufbau eines Sozialkreditsystems (2012)

Quelle: {www.gov.cn/zhengce/content/2012-07/26/content_1809.htm}, letzter Zugriff: 14. Juni 2023. Verfasst am 17.07.2012, veröffentlicht am 26.07.2012.

Fünf Jahre später werden die Verantwortlichkeiten der Aufbaukommission für das SCS geregelt: die Entwicklungs- und Reformkommission und die Volksbank übernehmen die Leitung. Tatsächlich laufen die gemeldeten Sozialkredit-Daten in diesen beiden Institutionen zusammen und werden hier ausgewertet und veröffentlicht. Bemerkenswert ist aber auch, welche Behörden neu hinzugezogen werden: Propaganda, Recht, Kultur, Bildung, Industrialisierung und Informatisierung, öffentliche Sicherheit und Ordnung, zivile Angelegenheiten, Sozialangelegenheiten, Umwelt, Bau, Landwirtschaft, Gesundheit, Quarantäne, Patente, Antikorruption, öffentlicher Dienst, Lebens- und Arzneimittel-Aufsicht, Gerichtsbarkeit und Generalstaatsanwaltschaft. Zur Basis gesellt sich nun auch der Überbau!
Und dann kommt die Liste dessen, was zu fördern sei und woran es offenbar wohl noch hapert – an Glaubwürdigkeit und Integrität praktisch überall: bei der Regierung, der Wirtschaft, der Gesellschaft ganz allgemein, auch der Rechtsprechung. Und obwohl weiterhin die Finanzkredite noch eine zentrale Rolle spielen, soll ein »Bewertungssystem für die gesamte Gesellschaft« geschaffen werden. Dazu werden Pilotprojekte angeregt, und ein Generalplan ist zu entwickeln. Nicht zuletzt wird hier erkannt, wie wichtig die Hebung und Auswertung von Datenquellen ist!

Genehmigung des Staatsrates zur Regelung der Verantwortlichkeiten und der Arbeitsgruppen in der Ministerkonferenz für den Aufbau eines Sozialkreditsystems
Staatserlass [2012] Nr. 88

An die Entwicklungs- und Reformkommission und die Chinesische Volksbank:
Es wird bestätigt, dass Ihre Anfrage zur Regelung der Ministerkonferenz für den Aufbau eines Sozialkreditsystems (Entwicklungs- und Reformbudget Nr. 1014, 2012) hier eingegangen ist. Die Dienstanweisung lautet wie folgt:

Die Genehmigung zu den Arbeitsgruppen und den Hauptverantwortlichkeiten der Ministerkonferenz (nachfolgend kurz »Konferenz«) zum Aufbau eines Sozialkreditsystems wird erteilt.

1. Die führenden Abteilungen der Konferenz sind die Entwicklungs- und Reformkommission und die chinesische Volksbank. Die Konferenz wird vom Direktor der Entwicklungs- und Reformkommission und vom Präsidenten der chinesischen Volksbank einberufen.

2. Die Konferenz wird durch die Zentrale Disziplinar-Kontrollkommission, die zentrale Propagandaabteilung, die zentrale Kommission für politische und rechtliche Angelegenheiten, das zentrale Kulturbüro, das Hohe Kontrollgericht, das Bildungsministerium, das Kontrollministerium, das Ministerium für zivile Angelegenheiten, das Justizministerium, das Finanzministerium, das Landwirtschaftsministerium, das Kultusministerium, das Gesundheitsministerium, die Antikorruptionsbehörde, die Behörde für den öffentlichen Dienst, das Patentamt und die Lebens- und Arzneimittelaufsichtsbehörde ergänzt.

3. Die Hauptaufgaben der Konferenz werden um folgende Inhalte erweitert: Förderung der Glaubwürdigkeit und Integrität von Regierung, Wirtschaft und Gesellschaft sowie des Vertrauens in die Rechtsprechung; die Förderung von

Kreditstandards und des Aufbaus von Technologien für eine umfassende Finanzauskunft; die Förderung der Integration und des Austausches von Regierungsinformationen auf harmonischer Basis, die Einrichtung und Verbesserung eines Bewertungssystems für die gesamte Gesellschaft, die Förderung der Öffnung und Anwendung von Informationen; die Leitung der Einrichtung von lokalen und industriellen Bewertungssystemen, die Förderung von Pilotprojekten in den relevanten Gebieten sowie von Schlüsselgebieten; die Koordination der Förderung einer Glaubwürdigkeitskultur und der Integrität der Öffentlichkeitsarbeit; sowie die Durchführung anderer Angelegenheiten, welche vom Staatsrat vorgegeben werden.

Die Arbeit ist im Sinne der relevanten Dokumente konzentriert und gewissenhaft zu organisieren.

Die Anweisung des Staatsrates bezüglich der Ministerkonferenz und deren Mitglieder zur Einrichtung eines Sozialkreditsystems (Staatserlass Nr. 101, 2008) wird mit dem Datum der Veröffentlichung dieses Erlasses aufgehoben.

Anlage: Regelung für die Ministerkonferenz zur Einrichtung eines Sozialkreditsystems.

Der Staatsrat
17.07.2012

Anlagen
Regelung für die Ministerkonferenz zur Einrichtung eines Sozialkreditsystems

Um den Aufbau und die Förderung eines Sozialkreditsystems im Sinne der 6. Plenarsitzung des XVII. Zentralkomitees und der 176. Exekutivversammlung des Staatsrates umzusetzen, sollen die Entwicklungs- und Reformkommission und die Chinesische Volksbank mit Zustimmung des Staatsrates die Leitung im Einrichtungsprozess der Ministerkonferenz übernehmen.

1. Hauptverantwortlichkeiten
Die Verantwortlichkeiten der Ministerkonferenz unter der Leitung des Staatsrates sind die folgenden:

(1) Die Koordination des Generalplans zum Aufbau des Sozialkreditsystems und die umfassende Förderung der Integrität von Staatsangelegenheiten, Wirtschaft und Gesellschaft und der Glaubwürdigkeit der Justiz.

(2) Die Beratung und Ausarbeitung von mittel- und langfristigen Planungen zum Aufbau eines Sozialkreditsystems.

(3) Die Untersuchung schwerwiegender Probleme beim Aufbau eines Sozialkreditsystems.

(4) Das Vorantreiben und die Beteiligung bei der Formulierung der relevanten Gesetze und Verordnungen zum Aufbau eines Sozialkreditsystems und die Förderung der Einführung von Kreditstandards sowie von technischen Spezifikationen der gemeinsamen Kreditnormen.

(5) Die Koordination von Integration und Austausch der Quellen von Kreditinformationen der Regierung, die Einführung und Verbesserung des Kreditsystems für die gesamte Gesellschaft, die Förderung der Glaubwürdigkeit offengelegter und verwendeter Kreditinformationen.

(6) Die Stärkung der Verständigung und der Koordinierung mit den lokalen Volksregierungen, die Leitung des Aufbaus von lokalen und Industrie-Kreditsystemen sowie die Förderung von Pilotprojekten in relevanten und Schlüsselbereichen.

(7) Die Leitung, Beaufsichtigung und Kontrolle der Umsetzung der entsprechenden politischen Maßnahmen.

(8) Die Koordination der Förderung einer Kreditkultur und öffentlicher Integrität.

(9) Die Durchführung anderer vom Staatsrat vorgegebener Maßnahmen.

2. Mitgliedseinheiten

Die gemeinsame Konferenz setzt sich, unter der Leitung der Entwicklungs- und Reformkommission und der Chinesischen Volksbank, aus insgesamt 35 Abteilungen und Einheiten zusammen: der Zentralen Disziplinar-Kontrollkommission, der zentralen Propagandaabteilung, dem zentralen Rechtsausschuss, dem zentralen Kulturbüro, der Entwicklungs- und Reformkommission, dem Bildungsministerium, dem Ministerium für Industrialisierung und Informatisierung, dem Ministerium für öffentliche Sicherheit und Ordnung, dem Kontrollministerium, dem Ministerium für zivile Angelegenheiten, dem Justizministerium, dem Finanzministerium, dem Ministerium für Sozialangelegenheiten, dem Umweltministerium, dem Bauministerium, dem Landwirtschaftsministerium, dem Handelsministerium, dem Kultusministerium, dem Gesundheitsministerium, der Chinesischen Volksbank, dem Hauptzollamt, der Direktion für Steuern, der Direktion für Industrie und Handel, der Direktion für Quarantäne, dem Patentamt, der Antikorruptionsbehörde, dem Judikativamt, der Bankenaufsichtskommission, der Wertpapieraufsichtskommission, der Versicherungsaufsichtskommission, der Behörde für den öffentlichen Dienst, der Lebens- und Arzneimittelaufsichtsbehörde, der Währungskontrollbehörde, dem obersten Gerichtshof sowie der Generalstaatsanwaltschaft.

Die gemeinsame Konferenz wird vom Direktor der Entwicklungs- und Reformkommission und vom Präsidenten der Chinesischen Volksbank einberufen. Ein Vizedirektor der Entwicklungs- und Reformkommission und ein Vizepräsident der Chinesischen Volksbank sollen diesen assistieren, die Einheiten sind für die Genossen verantwortlich. Falls durch Änderung der Aufgaben Mitglieder der gemeinsamen Konferenz ausgewechselt werden müssen, sollen diese durch ihre Einheiten vorgeschlagen und von der Ministerkonferenz bestätigt werden.

3. Arbeitsregeln

Den Vorsitz über die gemeinsame Konferenz hat der Einladende oder sein Assistent, und die Konferenz soll in Form von Protokollen klar dokumentiert werden, welche den teilnehmenden Einheiten und in Kopie dem Staatsrat mit Zustimmung der teilnehmenden Einheiten zugestellt werden. Falls die Arbeiten es erfordern, kann die gemeinsame Konferenz auch andere Abteilungen zur Arbeitsberatung einladen.

4. Arbeitsorganisation und Verantwortlichkeiten

Das Büro der gemeinsamen Konferenz ist bei der Entwicklungs- und Reformkommission und der Chinesischen Volksbank eingerichtet, welche hauptsächlich für die Organisation, die Verbindung und Koordination der gemeinsamen Konferenz verantwortlich sind. Basierend auf den Empfehlungen des Einladenden oder der Mitgliedseinheiten beraten und empfehlen diese die Themen, fassen sie zusammen und kommunizieren die relevanten Arbeiten mit den Mitgliedseinheiten, koordinieren und veranlassen die Aufgaben oder andere Angelegenheiten der Mitgliedseinheiten und setzen die Entscheidungen der gemeinsamen Konferenz um. Die gemeinsame Konferenz hat eine Verbindungsperson, und die entsprechenden Abteilungen der Mitgliedseinheiten sind für die Genossen verantwortlich.

5. Arbeitsanforderungen

Alle Mitgliedseinheiten sollen ein einheitliches Verständnis von den Zuständigkeiten besitzen, die Initiative ergreifen, die Angelegenheiten zum Aufbau des Sozialkreditsystems zu untersuchen, aktiv an der gemeinsamen Konferenz teilnehmen und die von der gemeinsamen Konferenz erteilten Aufgaben gewissenhaft ausführen. Die Kommunikation, die Zusammenarbeit, der Informationsaustausch und die gegenseitige Unterstützung sollen gestärkt werden, sodass gute Arbeit beim Aufbau des Sozialkreditsystems geleistet werden kann.

Die Volksregierungen aller Provinzen, aller autonomen Regionen und aller kreisfreien Städte haben entsprechende und wirksame Koordinationsmechanismen für den Informationsaustausch mit der gemeinsamen Konferenz einzurichten.

Namensliste der Ministerkonferenz zur Einrichtung eines Sozialkreditsystems
Einladende:
Zhang Ping, Direktor der Entwicklungs- und Reformkommission
Zhou Xiaochuan, Direktor der Chinesischen Volksbank
Assistenten der Einladenden:
Lian Weiliang, Vizedirektor der Entwicklungs- und Reformkommission
Pan Gongsheng, Vizedirektor der Chinesischen Volksbank
Mitglieder:
Wang Wei, Zentrale Disziplinkontrollkommission, Mitglied des ständigen Ausschusses, Vizeminister des Kontrollministeriums
Shen Weichen, Vizeminister der Zentralen Propagandaabteilung
Wang Qijiang, Vizesekretär des Zentralen Rechtsausschusses
Wang Shiming, Vizedirektor des Zentralen Kulturbüros
Lin Huiqing, Assistent des Bildungsministers
Yang Xueshan, Vizeminister für Industrialisierung und Informatisierung
Zhang Xinfeng, Vizeminister für öffentliche Sicherheit und Ordnung
Jiang Li, Vizeminister für zivile Angelegenheiten
Hao Chiyong, Stellvertretender Justizminister
Li Yong, Stellvertretender Finanzminister

Hu Xiaoyi, Vizeminister für Sozialangelegenheiten
Pan Yue, Stellvertretender Umweltminister
Guo Yunchong, Stellvertretender Bauminister
Chen Xiaohua, Stellvertretender Landwirtschaftsminister
Jiang Zenwei, Stellvertretender Handelsminister
Zhao Shaohua, Stellvertretender Kultusminister
Yin Li, Stellvertretender Gesundheitsminister
Lü Peijun, Stellvertretender Leiter des Hauptzollamtes
Song Lan, Stellvertretender Leiter des nationalen Finanzamtes
Liu Yuting, Stellvertretender Leiter des Zentralamts für Industrie und Handel
Liu Pingjun, Stellvertretender Leiter des Zentralamts für Quarantäne
He Hua, Stellvertretender Leiter des Patentamtes
Cui Hairong, Stellvertretender Leiter der Antikorruptionsbehörde
An Jian, Stellvertretender Direktor des Judikativamtes
Cai Esheng, Stellvertretender Vorsitzender der Bankenaufsichtskommission
Yao Gang, Stellvertretender Vorsitzender der Wertpapieraufsichtskommission
Zhou Yanli, Stellvertretender Vorsitzender der Versicherungsaufsichtskommission
Yang Chunguang, Stellvertretender Leiter der Behörde für den öffentlichen Dienst
Bian Zhenjia, Stellvertretender Leiter der Lebens- und Arzneimittelaufsichtsbehörde
Deng Xianhong, Stellvertretender Leiter der Währungskontrollbehörde
Jiang Bixin, Stellvertretender Leiter des Obersten Gerichtshofes
Yang Zhenjiang, Vollmitglied der Generalstaatsanwaltschaft

TEXT 6

Grundriss des Aufbauplans für ein SCS 2014–2020 (2014)

Quelle: {www.gov.cn/zhengce/content/2014-06/27/content_8913.htm}, letzter Zugriff: 14. Juni 2023. Verfasst am 14.06.2014, veröffentlicht am 27.06.2015.

Dieses ist der Text, der bislang am häufigsten im Westen rezipiert wurde. Er ist im Web in einer wahrscheinlich maschinell angefertigten Übersetzung aus dem Chinesischen ins Englische einsehbar. Aufgrund der Prominenz dieses Textes wird daher der Anfang des SCS auch meist auf das Jahr 2014 datiert, offenbar 14 Jahre zu spät.

Die Bekanntmachung richtet sich nun an eine breitere Öffentlichkeit, während die älteren Texte regierungsinterne Adressaten hatten. Offenbar ist der Klärungsstand jetzt so weit fortgeschritten, dass das ganze Land mobilisiert werden kann.

Der Text ist lang und voller ermüdender Wiederholungen. Alle Bereiche des Staatswesens werden adressiert, einer nach dem anderen. Das ist aber gerade die entscheidende Rhetorik: die umfassende Geltung, die flächendeckende Bedeutung, die Generalmobilmachung für die Vollendung des SCS, die für das Jahr 2020 in Aussicht genommen wird. Ganz so kam es nun doch nicht, eine Pandemie kam dazwischen, die jedoch die Notwendigkeit staatlicher Überwachung nur noch deutlicher gemacht hat. Zudem mag die zwischenzeitlich aufkeimende Kritik am SCS in China dafür gesorgt haben, dass das System zwar schlicht intern geräuschlos implementiert, jedoch nicht mehr an die große Glocke gehängt wurde.

Bekanntmachung des Staatsrats: Grundriss des Aufbauplans für ein Sozialkreditsystem (2014–2020)
Generalsekretariat des Staatsrates [2014] Nr. 21

Das Sozialkreditsystem ist eine wichtige Komponente in den Systemen der sozialistischen Marktwirtschaft und der Administration der Gesellschaft. Es basiert auf Gesetzen, Verordnungen, Standards und Verträgen. Es hat die Stärkung von Krediteinträgen, die sämtliche Mitglieder der Gesellschaft abdecken, sowie des Kredit-Infrastruktur-Netzwerks als Grundlage. Es unterstützt die Praxis der Regelkonformität der Kreditinformationen und des Kredit-Service-Systems. Es erhebt den internen Anspruch, die Idee einer Kultur der Integrität zu etablieren und die traditionelle Tugend der Integrität weiterzugeben. Der (maschinelle) Mechanismus von Belohnung und Bestrafung beruht auf dem Ansporen von Verlässlichkeit und der Beschränkung von Wortbrüchen. Das Ziel ist es, das Bewusstsein für Verlässlichkeit und das Niveau der Integrität der gesamten Gesellschaft anzuheben.

> Der allgemeine Erziehungsauftrag mit zugehörigen Maßnahmen kommt deutlich zum Ausdruck: Für eine noch unterentwickelte Tugend der Integrität sind auch maschinelle Verfahren von Anreizen und Strafen vorgesehen. Zwei Jahre später, im direkt an die Öffentlichkeit gerichteten Leitfaden des Staatsrats (Text 8), wird plastischer von »Zuckerbrot und Peitsche« die Rede sein.

Der beschleunigte Aufbau des Sozialkreditsystems stellt eine wichtige Grundlage in der umfassenden Umsetzung der wissenschaftlichen Entwicklungsperspektive und der Errichtung der sozialistischen harmonischen Gesellschaft dar. Er ist ein wichtiges Mittel für die Perfektionierung des sozialistischen Marktwirtschaftsystems und für die Stärkung und Innovation des Regierens der Gesellschaft. Der Aufbau besitzt eine wichtige Bedeutung, um das Bewusstsein der Mitglieder der Gesellschaft für Verlässlichkeit zu stärken, eine höchst vertrauenswürdige Umgebung zu schaffen, um die Wettbewerbskraft des Landes als Ganzes zu fördern und die gesellschaftliche Entwicklung und den zivilisatorischen Fortschritt anzuspornen.

Innovative Staatskunst auf wissenschaftlicher Basis mithilfe des SCS für eine (früher als Widerspruch in sich gesehene) sozialistische Marktwirtschaft im globalen Rahmen, so könnte die Zusammenfassung lauten. Anklänge an ein kybernetisches Regierungshandeln sind nicht zu übersehen, negatives und positives Feedback der Zentralmacht an alle Beteiligten inklusive.

Basierend auf den allgemeinen Anforderungen zur »Stärkung des Aufbaus der Regierungs- und Geschäftsintegrität, der gesellschaftlichen Integrität sowie der öffentlichen Glaubwürdigkeit der Justiz«, die auf dem XVIII. Parteitag aufgestellt wurden, der Richtlinie von »Aufbau und Perfektionierung eines Sozialkreditsystems, Belohnung von Integrität und Maßregelung von Vertrauensverlust«, wie sie auf dem 3. Plenum des XVIII. Parteitags (der KPCh) ausformuliert wurde, sowie basierend auf »Aufbau und Festigung des Systems der sozialen Integrität«, formuliert in der »Stellungnahme des Zentralkomitees der KPCh und des Staatsrates zur Stärkung und Innovation des Sozialmanagements« und »Beschleunigter Aufbau des Sozialkreditsystems«, wie im »Grundriss des 12. Fünfjahresplans zur volkswirtschaftlichen und gesellschaftlichen Entwicklung der Volksrepublik China« (Abk.: Grundriss »12. Fünfjahresplan«) dokumentiert, wird der Umriss des vorliegenden Plans formuliert.

Der XVIII. Parteitag der KPCh fand 2012 statt und brachte Xi Jinping an die Macht. Daran mag es liegen, dass das SCS meist mit ihm in Zusammenhang gebracht wird. Doch wie wir gesehen haben, liegen dem SCS unter anderem auch Maximen Deng Xiaopings zugrunde, und Xi Jinping will sie nun endgültig durchsetzen.

1. Allgemeine Idee des Aufbaus eines Sozialkreditsystems
(1) Entwicklungsstatus (Gegenwärtige Situation der Entwicklung)
Das Zentralkommitee der KPCh und der Staatsrat legen großen Wert auf die Errichtung eines Sozialkreditsystems. Die betroffenen Regionen, Abteilungen und Einheiten haben die Lage untersucht und eine Umsetzung vorangetrieben. Die Errichtung des Sozialkreditsystems hat positive Fortschritte gemacht. Um das Vorantreiben des Aufbaus des Sozialkreditsystems zu koordinieren, richtete der Staatsrat ein ministeriumsübergreifendes Konferenzsystem für die Errichtung des Sozialkreditsystems ein. Die Umsetzung der »Bestimmungen zur Verwaltung von Kreditauskünften« wurde bekannt gegeben und eine Reihe von Verordnungen und Standards für den Aufbau des Kreditsystems wurden nacheinander freigegeben. Es wurden eine landesweite, einheitliche Zentraldatenbank für Finanzkreditinformationen erstellt und der Aufbau des Kreditsystems für Klein- und Kleinstunternehmen und der Dörfer aktiv gefördert. Sämtliche Ministerien fördern die Offenlegung von Kreditinformationen, führen eine Prüfung der Branchenbonität durch und setzen die Aufsicht über die Kreditklassifizierung um. Sämtliche Branchen betreiben aktiv die Verbreitung von und Erziehung zu Integrität und führen Aktivitäten zur Förderung von Integrität und Selbstdisziplin durch. Sämtliche Regionen erproben die Errichtung von umfassenden Plattformen für den Austausch von Kreditinformationen. Sie fördern die integrierte Anwendung von Kreditinforma-

tionen verschiedener Abteilungen und Einheiten der jeweiligen Regionen. Die Nachfrage der Gesellschaft nach Produkten und Dienstleistungen des Kreditsektors nimmt täglich zu, und die Größe des Marktes für Kreditdienstleistungen wächst unentwegt.

> Es kann keine Rede davon sein, dass das SCS 2014 erfunden wurde. Hier wird schon darauf hingewiesen, dass dessen Errichtung bereits Fortschritte gemacht hat, nachdem umfängliche Maßnahmen dafür ergriffen wurden, die die Texte weiter oben auch näher ausführen. Die Zentraldatenbank steht, und alle Ministerien machen mit, regional wird der Datenaustausch geprobt, um den Kreditsektor zu stärken.

Obwohl die Errichtung des Sozialkreditsystems unseres Landes eindeutige Fortschritte gemacht hat, sind die Widersprüche, die aus mangelnder Abstimmung, Koordination und Anpassung mit der wirtschaftlichen Entwicklung und der gesellschaftlichen Entwicklungsphase resultieren, noch immer offensichtlich. Zu den wichtigsten Problemen zählen: Das die gesamte Gesellschaft umfassende System für Kreditauskünfte ist noch nicht aufgebaut. Es bestehen schwerwiegende Lücken in den Krediteinträgen der Gesellschaftsmitglieder. Die Mechanismen, um Anreize für Integrität auf der einen Seite und Maßregelung von Vertrauensverlust auf der anderen zu gewährleisten, sind noch unzureichend, sodass die Anreize für aufrichtiges Verhalten unzureichend und die Kosten für vertrauenbrecherisches Verhalten zu niedrig sind. Der Markt für Kreditdienstleistungen ist unterentwickelt und das Servicesystem ist nicht ausgereift. Das Serviceverhalten ist nicht einheitlich, die Vertrauenswürdigkeit der Serviceorganisationen ist unzureichend und es fehlt ein Schutzmechanismus für die grundlegenden Rechte und Interessen der Eigentümer von Kreditinformationen. Außerdem sind das Bewusstsein für Integrität und das Kreditniveau der Gesellschaft niedrig. Eine gesellschaftliche Atmosphäre, in der Vereinbarungen eingehalten und das eigene Wort gehalten wird, hat sich noch nicht herausgebildet. Große und schwere Unfälle in der Produktionssicherheit und Vorfälle im Zusammenhang mit der Lebensmittel- und Arzneimittelsicherheit sind aufgetreten. Kommerzieller Betrug, Herstellung und Verkauf gefälschter Waren, Steuerbetrug, falsche Berichte und Selbstbereicherung sowie Fehlverhalten in der Wissenschaft und ähnliche Phänomene wiederholen sich trotz Anstrengungen, die zu deren Unterbindung unternommen werden. Noch immer besteht eine gewisse Diskrepanz zwischen den Erwartungen der Bevölkerung und dem Grad der Glaubwürdigkeit der Regierung sowie der Justiz.

Dennoch: Der Aufbau eines gesamtgesellschaftlichen SCS ist mitnichten vollendet. Die Datenlage über seine Elemente – die gesellschaftlichen Akteure – ist lückenhaft; das Feedback in Form von Anreizen und Strafen befriedigt nicht. Und der Katalog der Missstände folgt: Betriebsunfälle, Panschereien bei Lebensmitteln und Medikamenten, Betrügereien aller Art, Produktpiraterie und Steuerhinterziehung, und sogar wissenschaftliches Fehlverhalten findet statt und sollte es doch aber nicht. Selbst Staatslenkung und Justiz müssen eingestehen, dass es eine »gewisse Diskrepanz« zwischen Erwartungen der Bevölkerung und Regierungshandeln sowie Praxis der Rechtsprechung gibt.

(2) Situation und Anforderungen

Unser Land befindet sich gerade in der entscheidenden Phase der Vertiefung von Reformen des Wirtschaftssystems und der Perfektionierung des Systems der sozialistischen Marktwirtschaft. Die moderne Marktwirtschaft ist eine Kreditwirtschaft. Der Aufbau eines robusten Sozialkreditsystems ist eine wichtige Maßnahme zur Korrektur und Vereinheitlichung der marktwirtschaftlichen Ordnung, zur Verbesserung des Kreditumfeldes des Marktes, zur Reduzierung von Transaktionskosten und zur Vermeidung wirtschaftlicher Risiken. So wird dem dringenden Bedarf entsprochen, die administrativen Interventionen seitens der Regierung gegenüber dem Markt zu verringern und das System der sozialistischen Marktwirtschaft zu verbessern.

Unser Land befindet sich momentan in einer Phase der strategischen Möglichkeiten, in welcher die Veränderung des Entwicklungsmodus beschleunigt und wissenschaftliche Entwicklung verwirklicht werden können. Den Aufbau des Sozialkreditsystems zu beschleunigen und voranzutreiben stellt eine wichtige Voraussetzung für die Förderung optimierter Ressourcenallokation, für die Ausweitung der Binnennachfrage sowie für die Förderung der Optimierung und des Ausbaus der Industriestruktur dar. So werden die dringenden Anforderungen an die wissenschaftlichen Entwicklungsmechanismen erfüllt.

> Ein Kredit muss in einer Marktwirtschaft schnell erteilt oder verweigert werden, sei sie auch chinesischer Prägung und »sozialistisch«. Woran die Planwirtschaften bisher gescheitert waren – an der Trägheit bürokratischer Entscheidungsprozesse (und der falschen Datenlage durch Schönung nach oben gemeldeter Zahlen) –, daran soll die chinesische sozialistische Marktwirtschaft (auch »Staatskapitalismus«) nicht zugrunde gehen! Das lässt sich in den Begriff der zu senkenden Transaktionskosten hineinlesen, und ganz explizit ist davon die Rede, dass sich die Regierung aus dem Markt heraushalten möge.

Unser Land befindet sich gerade in einer kritischen Periode des wirtschaftlichen und sozialen Wandels. Die Interessengruppen werden vielfältiger und diverse gesellschaftliche Widersprüche treten zutage. Die Formen sozialer Organisation und die Managementmethoden erfahren ebenfalls tiefgreifende Veränderungen. Die umfassende Förderung des Aufbaus des Sozialkreditsystems stärkt die soziale Integrität, fördert das gegenseitige Vertrauen in der Gesellschaft und bietet ein wirksames Mittel zur Verminderung sozialer Widersprüche. Dem dringenden Bedarf zur Stärkung und Innovation der sozialen Administration und der Errichtung einer sozialistischen harmonischen Gesellschaft wird dadurch nachgegangen.

> Hier taucht der Begriff des Vertrauens auf, der im Weiteren noch sehr häufig anzutreffen sein wird. Wo Niklas Luhmann im Vertrauen noch die Möglichkeit zur Reduktion gesellschaftlicher Komplexität ganz allgemein sah (»Vertrauen«, 1968), sollen in der chinesischen sozialistischen Marktwirtschaft soziale Widersprüche reduziert werden.

Unser Land befindet sich gerade in einer Expansionsphase, in der das Niveau der offenen Wirtschaft in größerem Umfang, auf breiterem Gebiet und auf tiefgreifenderen Ebenen erhöht wird. Die Globalisierung der Wirtschaft trägt zu einer ununterbrochenen Öffnung Chinas bei, und der wirtschaftliche wie gesellschaftliche Austausch mit anderen Ländern und Regionen wird enger. Durch die Perfektionierung des Sozialkreditsystems werden die notwendigen Voraussetzungen geschaffen, um die internationale Zusammenarbeit und Kommunikation zu vertiefen, internationale Marken und Reputation zu etablieren, die Kosten des internationalen Handels zu senken und Chinas Soft Power sowie seinen internationalen Einfluss zu erhöhen. Es ist eine dringende Notwendigkeit, um die Errichtung eines objektiven, fairen, angemessenen und ausgewogenen internationalen Kredit-Rating-Systems voranzutreiben, um sich an die neue Situation der Globalisierung anzupassen und um die dringende Nachfrage der globalisierten Welt zu lenken.

Das SCS hat zwei Seiten: eine, die sich nach innen wendet, und eine andere, die das Außenverhältnis ordnen soll. Das SCS soll mitnichten nur die Bürger und Unternehmen der VR China maßregeln und zu Wohlverhalten anhalten, es greift auch nach außen. Und die Entwicklung gibt dieser Zielsetzung Recht: Wer heutzutage mit China Geschäfte machen oder Wissenschaft betreiben will, bekommt es mit dem SCS zu tun. Die »dringende Nachfrage der globalisierten Welt« ist »zu lenken«. Im Lenkungsgedanken ist ein Kernelement des SCS erkennbar: Ziel ist die digitalkulturelle Fremdsteuerung aller Individuen und Organisationen.

(3) Leitidee und Zielsetzungen
Die umfassende Förderung des Aufbaus des Sozialkreditsystems verlangt ein Festhalten an den richtungsweisenden Anleitungen durch die Theorien Deng Xiaopings, an den wichtigen Ideen des »Dreifachen Vertretens« [die Partei vertritt die Produktivkräfte, die Kultur und das Volkswohl] und an der wissenschaftlichen Entwicklungsperspektive. Dies geschieht in Übereinstimmung mit dem Geiste sowohl des XVIII. Parteitags wie auch des 3. Plenums des XVIII. Parteitags der KPCh und des Grundrisses des »12. Fünfjahresplans«. Die Grundlage bilden die Verbesserung der Systeme der Kreditgesetze, -bestimmungen und -standards und die Herausbildung eines die gesamte Gesellschaft umfassenden Systems für Kreditauskünfte. Hauptinhalt ist das Voranbringen des Aufbaus der Regierungs- und Geschäftsintegrität, der gesellschaftlichen Integrität sowie der öffentlichen Glaubwürdigkeit der Justiz. Schwerpunkte bilden die Förderung des Aufbaus einer Kultur der Integrität und die Bereitstellung von Mechanismen, die Anreize für Integrität schaffen und Maßregelung bei Vertrauensverlust gewährleisten. Unterstützung bieten die Förderung der Errichtung von Branchenbonität sowie von lokalen Krediten und die Entwicklung des Marktes für Kreditdienstleis-

tungen. Ziel sind die Erhöhung des gesamtgesellschaftlichen Bewusstseins für Integrität und des gesellschaftlichen Niveaus der Kreditwürdigkeit sowie die Verbesserung des wirtschaftlichen und sozialen Arbeitsumfeldes. Mit dem Menschen im Mittelpunkt, in einer tiefgreifenden Atmosphäre, welche sich in der gesamten Gesellschaft ausbreitet und welche Vertrauenswürdigkeit rühmt und Wortbruch ablehnt, sollen Ehrlichkeit und Integrität die Werte eines bewussten Verhaltenskodex für die gesamte Bevölkerung werden.

> Die Entwicklungsrichtung ist klar: In materialistischer Manier soll auf der Grundlage eines gesamtgesellschaftlichen Auskunftssystems die Integrität der Basis, bestehend aus Regierung, Wirtschaft und Justiz, verbessert werden. Daraus möge sich ein von allen akzeptierter Verhaltenskodex entwickeln, der zu tiefgreifender Vertrauenswürdigkeit führt.

Die Hauptziele des Aufbaus des Sozialkreditsystems sind: bis zum Jahr 2020 die grundlegenden Systeme für Gesetze, Bestimmungen und Standards der Sozialkredite im Wesentlichen festzulegen sowie grundsätzlich ein die gesamte Gesellschaft umfassendes, auf gemeinsamer Nutzung von Kreditinformationsquellen basierendes System für Kreditauskünfte aufzubauen. Das Kreditüberwachungssystem soll grundsätzlich gestärkt und das Marktsystem für Kreditdienstleistungen weitgehend perfektioniert werden. Die Mechanismen zur Belohnung von Integrität und Maßregelung von Vertrauensverlust sollen vollständig in Kraft treten. Der Aufbau der Regierungs- und Geschäftsintegrität, der gesellschaftlichen Integrität sowie der öffentlichen Glaubwürdigkeit der Justiz soll deutliche Fortschritte machen und die Zufriedenheitswerte von Markt und Gesellschaft sollen sich in großem Maße erhöhen. Außerdem soll das gesamtgesellschaftliche Bewusstsein für Integrität allgemein gestärkt, die Entwicklung des Kreditumfeldes durch Wirtschaft und Gesellschaft deutlich perfektioniert sowie die wirtschaftliche und soziale Ordnung erheblich verbessert werden.

> 2020 soll das SCS im Wesentlichen fertig sein. Das war das Jahr, als die Pandemie die ganze Welt im Griff hatte. Die Feedback-Mechanismen auf Effektoren-Seite sollten schon funktionieren, und wie wir später sehen werden, sind auf dieser Seite chinesischer Staatskybernetik auch durchaus schon Resultate vorzuweisen, von denen die Öffentlichkeit auch erfahren soll!

Die Grundprinzipien des Aufbaus des Sozialkreditsystems sind:

Vorantreiben durch die Regierung, gemeinsame Umsetzung mit der Gesellschaft: Die Funktionen der Regierung in Organisation, Anleitung, Förderung und Veranschaulichung sollen in vollem Umfang zum Tragen kommen. Die Regierung ist verantwortlich für die Ausarbeitung und Implementierung des Entwicklungsplans, die Stärkung gesetzlicher Bestimmungen und Standards sowie für die Kultivierung und Überwachung des Marktes für Kreditdienstleistungen. Die Rolle, die Marktmechanismen spielen, wird unterstrichen, wobei die Ressourcenallokation koordiniert und optimiert sowie soziale Kräfte bestärkt und mobilisiert werden. Eine umfassende Beteiligung und ein gemeinsames Vorantreiben sollen zustande kommen und eine gebündelte Kraft für den Aufbau des Sozialkreditsystems herausgebildet werden.

Stärkung des Rechtssystems und Entwicklung anhand einheitlicher Standards: Ein starkes System von Kreditgesetzen und -bestimmungen und Kreditstandards wird schrittweise etabliert, die Verwaltung von Kreditinformationen gestärkt und die Entwicklung des Systems der Kreditdienstleistungen vereinheitlicht. Darüber hinaus werden die Sicherheit von Kreditinformationen gewährleistet und die Rechte und Interessen der Eigentümer dieser Informationen geschützt.

Gesamtplanung und schrittweise Implementierung: Bezugnehmend auf den langfristigen, systematischen und komplexen Charakter des Aufbaus des Sozialkreditsystems werden die Pläne der oberen Ebene gefestigt und von der Gegenwart ausgehend die Zukunft ins Auge gefasst. Die Gesamtsituation wird bei der Planung entsprechend berücksichtigt und die Pläne systematisch formuliert. Die Umsetzung wird planmäßig und schrittweise organisiert.

Zentrale Durchbrüche und Intensivierung der Anwendung: Schlüsselbereiche und Modellregionen werden zur Demonstration des Aufbaus von Kreditwürdigkeit ausgewählt. Die gesellschaftliche Anwendung von Kreditprodukten wird aktiv verbreitet. Die Verknüpfung und gemeinsame Nutzung der Kreditinformationen wird gefördert. Die Verknüpfung der Mechanismen von Belohnung und Bestrafung für Sozialkredit wird verbessert, und es wird ein Umfeld der Ehrlichkeit, Selbstdisziplin, Integrität und des gegenseitigen Vertrauens für Sozialkredite geschaffen.

2. Die Förderung des Aufbaus von Integrität in Schlüsselbereichen

(1) Die beschleunigte Förderung des Aufbaus der Integrität in Regierungsangelegenheiten

> Meist wird übersehen, dass nicht nur die breite Bevölkerung Gegenstand der Steuerung und Regelung sein möge. Ganz im Sinne der Bedeutung eines hoch effektiven zentralen Staatsapparats, des Systemkerns, wird dieser als erster Schlüsselbereich abgehandelt.

Die Integrität der Regierung ist der Angelpunkt im Aufbau des Sozialkreditsystems. Der Grad der Integrität verschiedener Akteure im Regierungsapparat hat als Vorbild- und Orientierungsfunktion eine wichtige Rolle beim Aufbau der Integrität anderer Akteure der Gesellschaft.

Die gesetzeskonforme Administration aufrechterhalten: Gesetzkonforme Administration durchzieht den gesamten Prozess der Entscheidungsfindung, Implementierung, Überwachung und Betreuung. Die Offenlegung von Regierungsangelegenheiten ist – unter der Voraussetzung, dass die staatliche Informationssicherheit, die Betriebsgeheimnisse sowie die persönliche Privatsphäre geschützt werden – umfassend voranzutreiben. Die Kreditinformationen, die in der Verwaltung erfasst sind, sind in Übereinstimmung mit geltendem Recht offenzulegen, und ein wirksamer Mechanismus für Informationsaustausch ist zu errichten. Die Effizienz der Regierungsarbeit und das Niveau der Serviceleistungen sind effektiv zu erhöhen, und die Regierungsfunktionen sind zu transformieren. Die Systeme zur Restriktion und Kontrolle der Machtausübung sind zu verbessern, und die gegenseitige Einschränkung und Koordination der Entscheidungs-, Exekutiv- und Aufsichtsbefugnisse sind sicherzustellen. Die Mechanismen und Prozeduren der Entscheidungsfindung der Regierung sind zu verbessern, wobei die Transparenz der Entscheidungsfindung erhöht wird. Das System der Anhörung und des Veröffentlichens wichtiger Entscheidungen und Angelegenheiten ist weiter zu verbreiten, und die Kanäle zur Beteiligung der Öffentlichkeit an Regierungsentscheidungen sind zu erweitern. Aufsicht und Beschränkung der Machtausübung durch die Gesellschaft sind zu verstärken. Die öffentliche Glaubwürdigkeit der Regierung ist zu bestärken, und ein vertrauensvolles Image einer offenen, fairen und aufrichtigen Regierung ist zu etablieren.

Die Betonung der Vorbildfunktion des Aufbaus von Regierungsintegrität: Die Volksregierungen aller Ebenen haben zunächst den Aufbau ihrer eigenen Integrität zu verstärken. Durch ein vertrauenswürdiges Lenken durch die Regierung werden die Etablierung des gesamtgesellschaftlichen Bewusstseins für Vertrauenswürdigkeit sowie die Erhöhung des Niveaus der Integrität angetrieben. In solchen Bereichen, die mit der Aufsicht und Beantragung staatlicher Fördermittel zusammenhängen – wie behördliche Genehmigungen, öffentliche Auftragsvergabe, Ausschreibungen und Gebote, Arbeit und Beschäftigung, soziale Sicherheit und Verwaltung in Wissenschaft und Forschung sowie Auswahl, Anstellung und Verwaltung von Kadern –, sind die Führungsposition durch Verwendung von Kreditinformationen und Kreditprodukten zu übernehmen und eine Entwicklung des Marktes für Kreditdienstleistungen herbeizuführen.

> Transparenz und Glaubwürdigkeit des Regierungshandelns sind offenbar noch nicht auf dem Level, das die Staatsführung anstrebt. Wissenschafts- und Personalverwaltung und -lenkung sollen mehr Integrität gewinnen.

Der beschleunigte Aufbau von Mechanismen für eine aufrichtige, vertrauenswürdige Regierung: Die Verpflichtungen der Regierung gegenüber der Gesellschaft sind strikt zu erfüllen. Dabei ist die Erfüllung und Einhaltung von Dienstleistungsversprechen in Regierungsangelegenheiten in das Leistungsbewertungssystem der Regierung zu integrieren. Der Entwicklungsplan sowie der Arbeitsbericht der Regierung über den Implementierungsstatus der wirtschaftlichen und sozialen Entwicklungsziele einerseits und die tatsächlichen Umstände für die Menschen, praktische Angelegenheiten zu bearbeiten, andererseits, sind zum entscheidenden Inhalt der Beurteilung des Niveaus der Regierungsintegrität zu machen. Die schrittweise Errichtung eines soliden Systems zur Überprüfung des Engagements in Regierungsangelegenheiten und in der Verwaltung ist in sämtlichen Regionen und Abteilungen voranzutreiben. Die Volksregierungen auf allen Ebenen haben die nach dem Gesetz festgelegten politischen Verpflichtungen und jegliche Art unterzeichneter Verträge ernsthaft zu erfüllen und einzuhalten. Ein durch fairen Wettbewerb gekennzeichnetes, einheitliches und effektives Marktumfeld ist aktiv zu schaffen. Die Umsetzung von Maßnahmen im Zuge eines regionalen Protektionismus ist untersagt; dies beinhaltet unter anderem den Missbrauch der Exekutivgewalt, um den Markt zu blockieren, oder die Verhüllung oder Nachgiebigkeit gegenüber Handlungsweisen sozialer Subjekte im Verwaltungsbereich, die gegen geltendes Recht und Regulierungen verstoßen und das Vertrauen missbrauchen. Es ist notwendig, die gesetzeskonformen, wahrheitsgetreuen statistischen Erhebungen der Statistikabteilungen zu unterstützen. Wird von Seiten der Regierungen ein Darlehen aufgenommen, hat dies in Konformität mit dem Gesetz und geltenden Regulierungen, in angemessenem Ausmaß, mit kontrollierbarem Risiko und anhand transparenter Prozeduren zu geschehen. Bei den Einnahmen und Ausgaben der Regierungen sind die Budgetbeschränkungen zu verschärfen und die Transparenz zu erhöhen. Die Mechanismen zur Überwachung der Massen und der öffentlichen Meinung sind zu verstärken und zu perfektionieren. Die Mechanismen zur Beschränkung und Zuweisung von Verantwortung im Bereich der Regierungsintegrität sind zu verbessern. Die Volksregierungen aller Ebenen haben die rechtliche Kontrolle durch den Volkskongress der jeweiligen Ebene und die demokratische Aufsicht durch das Politische Konsultativkomitee bewusst zu akzeptieren. Die dynamischen Kräfte der Aufsicht und Kontrolle über Verwaltungsakte durch die entsprechenden, mit Supervision und Revision betrauten Abteilungen sind zu vergrößern.

Die Stärkung der Integrität in Management und Ausbildung von Beamten: Personalakten über die Integrität der Beamten sind anzulegen. In Übereinstimmung mit geltendem Recht und geltenden Regulierungen sind Kreditinformationen der Beamten wie unter anderem Berichte zu relevanten Angelegenheiten, Aufzeichnungen über ehrliche und saubere Regierungsarbeit, die Ergebnisse der jährlichen Überprüfung sowie Handlungen, die Gesetze, die Disziplin und Verträge verletzen, in die Akten aufzunehmen. Die Aufzeichnungen über die Integrität der Beamten haben als wichtige Basis für die Evaluierung und Ernennung von Kadern sowie deren Belohnung wie Bestrafung zu dienen. Die Erziehung der Beamten in den Bereichen der Integrität, Gesetzestreue und Moral ist eingehend durchzuführen, und das Aneignen von Kenntnissen in den Bereichen des Rechts und des Kreditwesens ist zu stärken. Es ist ein Handbuch über die Integrität der Beamtenschaft zusammenzustellen und so das Wissen der Beamten über Gesetze und Integrität zu verbessern. So ist ein gesetzestreuer, redlicher, in hohem Maße effizienter und unbestechlicher Beamtenstab zu schaffen.

Man lese das noch einmal: Mechanismen für eine aufrichtige, vertrauenswürdige Regierung sind *aufzubauen*. Es gibt solche Mechanismen also noch nicht. Man kann hier eine Ethik erkennen, die nicht auf verinnerlichte Werte mit intrinsischer Motivation aufbaut, sondern vielmehr an Verfahren glaubt, die gleichsam von außen eine extrinsisch motivierte Geltung ethischer Grundsätze ins Werk setzen. Woran genau es noch mangelt, wird aufgezählt: Engagement, Ernsthaftigkeit, Gerechtigkeit, Objektivität, transparentes Geschäftsgebaren der Exekutive. Etwas erratisch steht dann der Satz zur Massenüberwachung zwischen dicht gestreuter, verkappter Selbstkritik der Regierung. Sollen die Massen perfekt überwacht werden, um deren Meinung genauer zu kennen und um so die in diesem Zuge vordergründig bekannt gewordenen Missstände der Massen abzuschaffen? Die

Überwachung der Massen wird in einem Atemzug mit der Überwachung der öffentlichen Meinung genannt. Während Letzteres noch als passive Datensammlung verstanden werden kann, ist eine Überwachung der öffentlichen Meinung ein aktiver Eingriff, eine Manipulation.
Die moralische Innenrevision soll deutlich verbessert werden – und offenbar enthielten die Personalakten bislang noch keine Angaben zur Integrität der Beamten, was sich nun aber ändern soll (zwar wurden zuvor Verfehlungen bereits von der parteiinternen Diziplinarkommission geahndet, und ein Weiterkommen war immer nur durch positive Bewertungen oder Empfehlungen möglich). Effizient möge die chinesische Beamtenschaft werden, und: unbestechlich.

(2) Die tiefgreifende Förderung des Aufbaus der Geschäftsintegrität
Die Erhöhung der Integrität eines Unternehmens ist ein Schwerpunkt des Aufbaus des Sozialkreditsystems, und sie stellt eine grundlegende Voraussetzung für die effektive Aufrechterhaltung von Geschäftsbeziehungen, für die effektive Senkung von Betriebskosten sowie für die effektive Verbesserung des Geschäftsumfeldes dar. Sie ist die Quelle der Existenz nachhaltiger Entwicklung für geschäftliche Akteure jeglicher Art und auch die Grundlage, welche die effektive Durchführung wirtschaftlicher Aktivitäten jeglicher Art sicherstellt.

Als zweiter Schlüsselbereich werden die Wirtschaftsunternehmen benannt. Materialismus hin oder her: Der Produktion wird zwar eine hohe Bedeutung beigemessen, aber die Produktion ist der Regierung eben doch eindeutig nachgeordnet. Xi Jinping hat vor allem seit 2013 propagiert, dass die Partei (und damit in Personalunion die Regierung) in allen Bereichen die Führung innehaben muss. (Steht sie damit auch über dem Gesetz?)

Der Aufbau von Integrität im Bereich der Produktion: Es ist ein System zur Bekanntmachung von Vertrauenswürdigkeit durch sichere Produktion zu errichten. Dabei sind die Einträge zur Vertrauenswürdigkeit bei engagierter und bei schlechter Produktionssicherheit und das Disziplinarsystem für unzuverlässiges Verhalten in der Produktionssicherheit auszuweiten. Schwerpunkte bilden Kohlebergwerke, Bergwerke fern des Kohleabbaus, Produktionsstätten aus dem Bereich der Erzeugung gefährlicher Chemikalien, Feuerwerkskörper und Spezialausrüstung sowie Betriebe und Arbeitseinheiten, die Sprengstoffe für die zivile Branche herstellen und verkaufen, und Abrissunternehmen. Die Überprüfungsmechanismen der Vertrauenswürdigkeit durch die Produktionssicherheit bei Beginn und Beendigung von Produktion sind zu verbessern, und die Übernahme von Verantwortung in der Produktionssicherheit durch die Unternehmen ist zu fördern. Während der Fokus auf Lebens- und Arzneimittel, Konsumgüter sowie landwirtschaftliche Erzeugnisse und Nutzmittel gelegt wird, ist das Management der Integrität in Produktions- und Verarbeitungsketten jeglicher Art von Produktions- und Betriebseinheiten zu verstärken. Ein institutionelles System zum Austausch von Kreditinformationen bezüglich der Produktqualität zwischen verschiedenen Orten und Abteilungen ist zu etablieren und der Aufbau eines Systems für Kreditauskünfte über die Produktqualität zu fördern. Die Perfektionierung der Beschwerde-Hotline 12365 bezüglich der Produktqualität ist zu beschleunigen. Ein institutioneller Rahmen für Berichte über vertrauenswürdige Produktqualität, zur Bekanntgabe von schwarzen Listen bei Vertrauensverlust und Ausschluss sowie Ausstieg aus dem Markt ist einzurichten.

Den allergrößten Bedarf an Vertrauenswürdigkeit haben offenbar Bergwerke, die Chemie, insbesondere die Sprengstoffproduktion, und: Abrissunternehmen. Wir können vermuten, dass in diesen Branchen besonders viele Arbeitsunfälle geschehen. Der größte Arbeitsunfall dieser Art ereignete sich trotz der Anstrengungen erst nach Veröffentlichung dieses Textes 2015 im Hafen in Tianjin und der bisher größte Arzneimittelskandal 2018. Mängel bei der Lebens- und Arzneimittelproduktion sollen sich unmittelbar auf die Kreditwürdigkeit auswirken, möglicherweise ein Nachhall des Milchpulver-Skandals 2008.

Es geht also nicht nur um ökonomische Effizienz, wie üblicherweise bei einer Kreditzuteilung, sondern ebendarum, die soziale Kreditwürdigkeit als Hebel einzusetzen, um den sozialistischen Markt von nicht vertrauenswürdigen Subjekten zu »reinigen«.

Der Aufbau von Kreditwürdigkeit im Bereich der Logistik: Systeme zur Erfassung und gemeinsamen Nutzung von Kreditinformationen von Unternehmen aus den Bereichen des Handels und der Logistik sind zu erforschen und zu erstellen. Die grundlegenden Bestimmungen der Kreditbewertung von Handels- und Logistikunternehmen sowie ein Normsystem sind zu verbessern, und der Aufbau der Kreditwürdigkeit in den Branchen des Groß- und Einzelhandels, der Handelslogistik, des Gastgewerbes und der Gastronomie sowie der Serviceleistungen für Einwohner ist zu fördern. Die in Kategorien unterteilte Verwaltung der Kreditwürdigkeit von Unternehmen ist zu entwickeln, und Kooperationsmodelle für die Kreditwürdigkeit von Einzelhändlern und Zulieferern sind zu perfektionieren. Die Strafverfolgung von Monopolisierung und unlauterem Wettbewerb ist zu stärken, und die Kräfte zur Untersuchung und Bestrafung illegaler Handlungen, wie unter anderem Marktverwirrung, Verbreitung von Falschinformationen, kommerzieller Betrug und kommerzielle Diffamierung sowie kommerzielle Bestechung sind aufzustocken. Repräsentative und entscheidende Fälle sind offenzulegen, die Kosten für Vertrauensverlust von Seiten der Unternehmen sind zu erhöhen, und aufrichtige Betriebsorganisation und fairer Wettbewerb sind zu fördern. Ein nationales System zur Rückverfolgung in der Warenzirkulation, welches auf Produktbarcodes und ähnlichen Identifikationsmerkmalen beruht, ist schrittweise zu implementieren. Der Aufbau von Systemen für Kontrolle und Überprüfung der ehrlichen Produktqualität und -sicherheit ist zu stärken. Die Kreditfinanzierung von Handels- und Dienstleistungsunternehmen ist zu unterstützen und kommerzielles Factoring ist zu entwickeln, wobei Vorauszahlungsprozesse im Konsum standardisiert werden. Unternehmen sind zu ermutigen, Verkäufe auf Kredit zu erweitern, und individueller Konsum auf Kredit ist zu fördern. Der Aufbau von Kreditwürdigkeit in Außenwirtschaft und -handel ist voranzutreiben. Gleichzeitig ist ein weiterer Schritt zur Verstärkung des Kreditinformationsmanagements, Kreditrisiken zu überwachen und frühzeitig vor ihnen zu warnen sowie die Unternehmensbonität in den Kategorien des Außenhandels, der Auslandshilfe und der Investitionskooperation mit dem Ausland verwaltungsmäßig einzustufen. Unter Zuhilfenahme von Plattformen der elektronischen Hafenverwaltung sind Systeme zur Bewertung der Kreditwürdigkeit, zur kategorisierten Administration der Kreditwürdigkeit sowie ein vereintes Regulierungssystem von Im- und Exportunternehmen einzurichten und zu vervollkommnen.

Der Aufbau von Kreditwürdigkeit im Bereich des Finanzwesens: Beim Hervorbringen neuer Kreditprodukte im Finanzsektor sind die Finanzdienstleistungen zu verbessern, die Sicherheit persönlicher Informationen von Konsumenten im Finanzwesen zu schützen sowie deren legitime Rechte und Interessen zu behüten. Die Kräfte zur Maßregelung von Vertrauensbrüchen im Finanzwesen – wie unter anderem Finanzbetrug, böswillige Umgehung von Bankschulden,

Insiderhandel, Erstellung und Vertrieb gefälschter Policen, Versicherungs- und Entschädigungsbetrug, Bekanntgabe von Falschinformationen, illegales Fundraising sowie Devisenbetrug und -flucht – sind zu intensivieren. Die Ordnung des Finanzmarktes ist zu standardisieren. Der Infrastrukturaufbau der Kreditinformationen im Finanzwesen ist zu verstärken, die Abdeckung der Einträge zur Kreditwürdigkeit zu erweitern; die motivierende Funktion des Finanzsektors für aufrichtige Akteure sowie die einschränkende Funktion desselben Sektors für jene, die Vertrauen brechen, sind zu verstärken.

Hier geht es um ganz klassische Finanzkreditwürdigkeit, allerdings nicht an erster Stelle. Die Kreditvergabe soll vom Privaten auf das Bankensystem umgestellt werden, auch im alltäglichen Konsum. Tatsächlich basiert nur die amerikanische Konsumwirtschaft auf Kredit, der chinesische Konsument ist Sparweltmeister und kauft lieber bei ausreichendem Guthaben. Fast jede finanzielle Transaktion läuft mittlerweile über die Finanzportale, zu denen in China der Zugang per QR-Code auf Smartphones hergestellt wird.

Der Aufbau von Kreditwürdigkeit im Bereich des Steuerwesens: Behördenübergreifende Mechanismen zur gemeinsamen Nutzung von Kreditinformationen sind zu errichten. Arbeiten zum Austausch, zum Vergleich und zur Anwendung solcher Einträge zu Steuerabgaben sowie solcher steuerlichen Informationen sind durchzuführen, die beispielsweise die Stammdaten der Steuerzahler, verschiedene Arten gewerblicher Informationen und Informationen zu Besitz und Übertragung von Eigentum beinhalten. Institutionelle Systeme zur Begutachtung und Bekanntmachung der steuerlichen Bonität sind weiter zu vervollständigen, und die kategorisierte Administration der Kreditwürdigkeit im Bereich des Steuerwesens ist zu verstärken, während

Belohnungen und Bestrafungen der Steuerzahler für unterschiedliche Evaluierungen ihrer Kreditwürdigkeit angesetzt werden. Schwarze-Listen-Systeme für Steuerdelikte sind zu etablieren, eine die steuerliche Kreditwürdigkeit und andere soziale Kreditwürdigkeiten verknüpfende Administration ist zu fördern, und der Grad der Einhaltung der Steuergesetze durch den Steuerzahler ist zu erhöhen.

> Ein Alptraum für Datenschützerinnen und Datenschützer, ein feuchter Traum für Finanzamtsleiterinnen und Finanzamtsleiter. Säumige oder unehrliche Steuerzahlende werden kurzerhand bestraft, vertrauenswürdige Steuerzahlende mit verkürzter und bevorzugter Bearbeitung belohnt!

Der Aufbau von Integrität im Bereich der Bepreisung: Unternehmen und Betriebswirte werden angeleitet, die Selbstkontrolle in der Bepreisung zu verstärken und ihren Umgang mit Preisen zu standardisieren. Während Systeme zur Offenlegung deutlich auszuweisender Preise und Gebühren eingeführt werden, sind Anstrengungen zu unternehmen, »Klare Nettopreise« zu implementieren. Betriebswirte werden angehalten, das interne Preismanagement zu stärken und gemäß ihrer jeweiligen Bedingungen ein starkes System des internen Preismanagements zu etablieren. Das System der Integrität, was die Bepreisung durch Betriebswirte betrifft, ist zu verbessern und gute Arbeit bei der Offenlegung von Informationen zu leisten, wobei die Implementierung eines institutionellen Systems zur Belohnung und Bestrafung voranzutreiben ist. Die Kontrolle der Gesetzesanwendung im Bereich der Bepreisung sowie die Gesetzesanwendung im Bereich der Monopolbekämpfung sind zu verstärken. Unaufrichtiges Verhalten im Zuge der Bepreisung, darunter Konstruktion und Verbreitung von Informationen über Preiserhöhung, Preisbetrug oder auch Preismonopole, ist nach den Gesetzen zu untersuchen.

Repräsentative Fälle sind öffentlich zu beleuchten und die Ordnung von Marktpreisen zu regulieren.

> Bei der Unterscheidung zwischen Brutto und Netto scheint es noch zu hapern. Bei allen Vorbehalten gegen die Gängelung der Bevölkerung: Dass die Betriebswirtschaft hier sauber arbeitet, das kann doch eigentlich alle erfreuen! Außerdem wird hier in guter planwirtschaftlicher Tradition am Dogma des gleichen Preises für alle festgehalten, obwohl die Onlineshoppingportale den Nutzern schon längst individuell für sie maßgeschneiderte Preise anzeigen (also der, der etwas nötiger braucht oder gerade mehr auf dem Konto hat, entsprechend mehr zahlen muss – eine weltweite Entwicklung).

Der Aufbau von Integrität in den Bereichen des Ingenieur- und Bauwesens: Der Aufbau eines Kreditsystems auf dem Markt für Ingenieur- und Bauwesen ist zu fördern. Die Etablierung institutioneller Systeme, welche Gesetze und Verordnungen bezüglich der Vertrauenswürdigkeit auf dem Markt für Ingenieur- und Bauwesen bereitstellen, ist zu beschleunigen, während Kreditstandards für jegliche Akteure und Beschäftigte des Marktes für Ingenieur- und Bauwesen zu formulieren sind. Der Aufbau von Systemen der Offenlegung und der Integrität von Projektinformationen im Bereich des Ingenieur- und Bauwesens ist voranzutreiben. Auf Regierungswebseiten sind umfassend spezielle Rubriken zur Offenlegung und gemeinsamen Nutzung von Projekt- und Kreditinformationen einzurichten, wonach die konzentrierte Offenlegung von Projekt- und Kreditinformationen des Ingenieur- und Bauwesens zu erfolgen hat. Die Errichtung einer landesweiten umfassenden Suchplattform ist zu fördern, und ein umfassender Suchdienst, welcher die Offenlegung und gemeinsame Nutzung von Projekt- und Kreditinformationen des Ingenieur- und Bauwesens »aus einer Hand« bereitstellt, ist zu realisieren. Der Aufbau von Qualität und Integrität im Bauwesen ist gründlich durchzuführen. Institutionelle Systeme für Eintritt in und Ausstieg aus dem Markt für Ingenieur- und Bauwesen sind zu verbessern. Dabei sind die Kräfte zur Maßregelung von Verhalten vonseiten der Unternehmen und der verantwortlichen Beschäftigten, durch die schwerwiegende Unfälle aufgrund von Bauqualität und Sicherheitsverantwortung entstehen oder durch die auf andere Weise das Vertrauen schwerwiegend beschädigt wird, zu verstärken. Es werden Verwaltungsmechanismen geschaffen, die die Ergebnisse der Kreditbewertungen von Unternehmen und Beschäftigten mit Angelegenheiten der Prüfung und Genehmigung zu verbinden haben, wie der Qualifikationsgenehmigung, Lizenzregistrierung oder der Aberkennung von Qualifikationen. Wissenschaftlich fundierte und effiziente Mechanismen für Kreditbewertungen sowie Systeme zur Rückverfolgung von Vertrauensverlust im Verantwortlichkeitsbereich von Beschäftigten im Bereich des Bauwesens sind einzurichten. In den Umfang der Untersuchungen von Vertrauensverlust im Verantwortlichkeitsbereich sind, unter anderem, die Zerlegung von Aufträgen, Vergabe von Unteraufträgen, illegale Aufteilung von Aufträgen sowie Zahlungsrückstände sowohl bei der Projektfinanzierung als auch bei den Gehältern für Wanderarbeiter miteinzubeziehen.

Hier werden die Plagen des Bauens benannt: Arbeitsunfälle, einstürzende Neubauten, Verschleierung der Verantwortlichkeit über Subunternehmer. Was im Westen eigentlich alleinig Sache der Strafverfolgungsbehörden ist, soll in das SCS integriert werden. Nicht Strafbarkeit, sondern Vertrauensverlust wird als Code für Anschluss oder Ausschluss an gesellschaftlicher, hier: wirtschaftlicher Teilhabe etabliert. Und aufpassen sollen alle!

Der Aufbau von Integrität im Bereich der öffentlichen Auftragsvergabe: Das Kreditmanagement der öffentlichen Auftragsvergabe ist zu verbessern und gemeinsame Disziplinarmaßnahmen sind zu stärken. Die legitimen Interessen und Rechte von Parteien, die in der öffentlichen Auftragsvergabe agieren, sind zu schützen, während die Standards für Krediteinträge von Zulieferern, fachlichen Gutachtern und Institutionen der öffentlichen Vergabe sowie damit in Verbindung stehenden Beschäftigten zu formulieren sind. Namenslisten, die Einträge über schlechtes Verhalten von Zulieferern der öffentlichen Vergabe enthalten, sind nach dem Gesetz anzufertigen, sodass Zulieferern, die aufgrund von schlechtem Verhalten mit negativen Einträgen in den Namenlisten erscheinen, die Teilnahme an Aktivitäten der öffentlichen Vergabe innerhalb einer festgelegten Frist zu verbieten ist. Mechanismen für den Zugang zum und Ausstieg aus dem Markt der öffentlichen Vergabe sind zu verbessern. Unter vollständiger Nutzung der Kreditinformationen, die Industrie und Handel, Steuer- und Finanzwesen sowie die Inspektion und andere Abteilungen zur Verfügung stellen, ist das Kreditmanagement der Parteien der öffentlichen Vergabe und mit diesen in Verbindung stehenden Beschäftigten auszubauen. Der Aufbau eines nationalen, einheitlichen Verwaltungs- und Transaktionssystems in der öffentlichen Vergabe ist zu beschleunigen, wobei der Grad an Transparenz in Bezug auf Aktivitäten der öffentlichen Vergabe zu erhöhen und eine einheitliche Veröffentlichung und Nutzung der Kreditinformationen zu realisieren ist.

Der Aufbau von Integrität in den Bereichen Ausschreibungen und Gebote: Der Umfang von Offenlegung und gemeinsamer Nutzung von Kreditinformationen im Zusammenhang mit Ausschreibungen und Geboten ist auszudehnen. Ausschreibungen und Gebote abdeckende Systeme von Normen und Standards der Kreditbewertung sind zu errichten, und ein institutioneller Rahmen zur Offenlegung und gemeinsamen Nutzung der Kreditinformationen aus dem Bereich der Ausschreibungen und Gebote ist zu stärken. Im Hinblick auf institutionelle Systeme, die Einträge über rechtswidriges Verhalten im Bereich der Ausschreibungen und Gebote öffentlich bekanntgeben, sind weitere Schritte zur Implementierung und Ausführung zu unternehmen, wobei die Kopplungsmechanismen von Belohnung und Bestrafung anzukurbeln und zu verbessern sind. Unter Zuhilfenahme des elektronischen Systems für Ausschreibungen, Gebote und öffentliche Dienstleistungsplattformen sind die Verknüpfung, der Austausch in Echtzeit sowie die integrierte, gemeinsame Nutzung von Kreditinformationen zu realisieren. Dies betrifft nicht nur Ausschreibungen und Gebote, sondern auch die Einhaltung von Verträgen. Marktakteure werden ermutigt, grundlegende Kreditinformationen sowie Ergebnisse aus Kreditbewertungen durch Dritte zu verwenden und darüber hinaus diese zu einer wichtigen Grundlage für die Qualifikationsprüfung von Bietern, für die Einschätzung von Geboten und für die Kalibrierung sowie Unterzeichnung von Verträgen zu machen.

Wenn wir schon einmal dabei sind: Auch Unterschlagungen bei der öffentlichen Verwaltung, inklusive Korruption, soll (wie bei zahlreichen Kampagnen zuvor) von der Bildfläche verschwinden. Ein »elektronische[s] System [...] für Ausschreibung und Gebote und öffentliche [...] Dienstleistungsplattformen [...] in Echtzeit« wäre in der Tat ein großer Sprung nach vorn, auch für den Westen. Allerdings wurden in der Praxis bei internationalen Ausschreibungen chinesische Unternehmen oft aufgrund staatlicher Subventionierung oder Korruption ausgeschlossen, was sich auch durch genauere Daten nicht beheben lässt. Schlimmer noch: Bei unserer Stichprobe 2021 stellte sich heraus, dass in Ungnade gefallene Privatunternehmen wie Alibaba und Wanda rückwirkend Schwarzlisteneinträge auf der SCS-Plattform creditchina.gov.cn erhielten, während in Korruption verwickelte Staatsunternehmen wie CCCC und PolyProperty vom SCS weiße Westen bescheinigt wurden. Abgesehen von politisch motivierter Manipulation verfügt das SCS über wesentlich genauere Firmendaten als etwa die ungenauen und störanfälligen Ratingagenturen in den USA: Hier könnte sich das SCS zu einer echten Konkurrenz entwickeln.

Der Aufbau von Integrität in den Bereichen Verkehr und Transport: Ein Regulierungssystem für die Vertrauenswürdigkeit in Verkehr und Transport, welches die behördlichen Regeln und Verordnungen mit den lokalen Verordnungen und den gesetzlichen Vorschriften der Lokalregierungen in Verbindung setzt, ist zu bilden. Die Beurteilungskriterien der Integrität sind zu verbessern und kategorisierte Beurteilung und Überwachung sind umzusetzen. Bezogen auf verschiedene Betriebskategorien des Transportsektors wie Fernstraßen, Schienenwege, Wasserwege, Zivilluftfahrt und Pipelines sind Maßstäbe zur Bewertung separat zu formulieren, wobei die Bewertung, Beurteilung, Überwachung und Administration von Vertrauenswürdigkeit zu verstärken ist. Organisationen von Drittanbietern sind aktiv anzuleiten, an der Überprüfung und Beurteilung von Vertrauenswürdigkeit teilzunehmen. Schrittweise ist ein umfassendes Überprüfungs- und Beurteilungssystem zu etablieren, das administrative Institutionen aus Verkehr und Transport mit gesellschaftlichen Institutionen der Kreditbeurteilung verbindet und welches Mechanismen für Überwachung, Beschwerde und Neuprüfung beinhaltet. Im Verkehrs- und Transportsektor hat jegliches Verhalten, das gegen Gesetze verstößt, zu einer Aufnahme in die Kartei für unaufrichtiges Verhalten zu führen. Sämtliche Arbeitseinheiten werden ermutigt und darin unterstützt, im Zuge des Erwerbs von Dienstleistungen des Transportsektors, bei Ausschreibungen und Geboten sowie der Rekrutierung neuen Personals und bei weiteren Aspekten jene Unternehmen und Beschäftigten des Verkehrs- und Transportsektors mit Vorzug auszuwählen, die aus der Kreditbewertung mit einer hohen Punktzahl hervorgetreten sind. Unterdessen ist die Überwachung und Bestrafung jener Unternehmen und Beschäftigten, die das Vertrauen missbraucht haben, zu verschärfen und sind allmählich gekoppelte Mechanismen der Belohnung und Bestrafung der Bonität, die überregional und branchenübergreifend agieren, zu errichten.

> Es sollen diejenigen Anbieter von Dienstleistungen im Transportsektor bevorzugt werden, die eine hohe Punktzahl bei der Kreditbewertung haben, und Betriebe mit einer niedrigen sollen keine Aufträge mehr bekommen. Politisch motivierte Kampagnen gegen einzelne Unternehmen wurden, wie das oben genannte Beispiel von Alibaba 2021 zeigt, unmittelbar in Form von Vertrauensentzug auf der Website www.creditchina.org umgesetzt. Hier geht es nicht um die Bewilligung von Finanzkrediten, sondern um soziales Vertrauen, das gewährt oder entzogen wird. An diesem Beispiel wird deutlich, dass es sich beim SCS um eine allgemeine Bewertung von Wohlverhalten handelt, die ihren Niederschlag in einer Zentralkartei findet. Die dort vermerkte SCS-Bonität mündet in Sanktionen, in Belohnungen und Bestrafungen, in Vergabe oder Entzug öffentlicher Aufträge.

Der Aufbau von Kreditwürdigkeit im Bereich des elektronischen Handels: Es ist ein starkes institutionelles System des Kreditmanagements von Unternehmen und Kunden des elektronischen Handels sowie der Beurteilung von Kreditwürdigkeit bei Transaktionen zu etablieren. Die Selbstentwicklung von Unternehmen des elektronischen Handels und die Qualitätsüberwachung beim Verkauf von Kreditprodukten sind zu stärken. Das System zur Bestimmung der Identität von Akteuren des elektronischen Handels ist einzurichten, und das System zur Verwendung von Klarnamen in Onlineshops ist zu verbessern. Die Qualitätsprüfungen von Produkten aus Onlineshops sind zu verbessern, und betrügerische Handlungen im Bereich des elektronischen Handels, zu denen die Fälschung von Waren und deren Verkauf, Schneeballsysteme, falsche Werbung, der Verkauf von minderwertigen Produkten als Qualitätsware sowie Vertragsverletzungen im Servicebereich zählen, sind ernsthaft zu untersuchen und strikt zu ahnden. Handlungen, die Kollusion zwischen In- und Ausland, gefälschten Datenverkehr oder gefälschte Geschäftsreputation beinhalten, sind zu bekämpfen, und ein institutioneller Rahmen, der nicht vertrauenswürdigen Akteuren den Brancheneintritt unter Setzung einer Frist verbietet, ist zu errichten. Der Austausch und die gemeinsame Nutzung von Kreditinformationen aus dem elektronischen Handel und damit in Beziehung stehenden Informationen aus anderen gesellschaftlichen Bereichen sind voranzutreiben, und die Kreditbewertung elektronischen Handels und von Offline-Transaktionen ist zu fördern. Das System zur Gewährleistung von Kreditdienstleistungen im elektronischen Handel ist zu verbessern. Die ausgeweitete Anwendung von Kreditprüfung, Kreditbeurteilung, Kreditgarantie, Kreditversicherung, Kreditzahlung sowie der Verwaltung von Geschäftskonten und andere Aspekte der Kreditdienstleistungen und -produkte von Drittanbietern im elektronischen Handel sind voranzutreiben. Es sind Serviceleistungen für glaubwürdige und zertifizierte Websites im elektronischen Handel durchzuführen, und die Umsetzung glaubwürdiger Identifikationskennzeichen auf Websites ist zu verbreiten, wobei Maßnahmen zur Verfügung zu stellen sind, die es Benutzern des elektronischen Handels erlauben, gefälschte Websites und Phishing-Websites zu erkennen.

Im Onlinehandel ist das Vertrauensproblem am schärfsten. Jede Transaktion ist an einen Finanzkredit gekoppelt, denn Bargeld kann hier nicht eingesetzt werden. Und diese Geschäfte erfordern Vertrauen, denn das Produkt kann nicht unmittelbar durch Augenschein geprüft werden, man muss zunächst Vertrauen fassen: deshalb Klarnamen, fälschungssichere Kennzeichnung des Anbieters auf Websites. Dennoch können 2021 chinesische Kunden, die auf der chinesischen Plattform Taobao kaufen, ein Lied davon singen, dass sie ein Produkt gekauft und später nie erhalten haben. Zudem wird die Suche nach dem günstigsten Produkt dort erschwert, indem ein Produkt mit einem Foto günstig angeboten wird, sich bei genauerem Hinsehen aber herausstellt, dass der Preis für ein ebenfalls unter dieser Produktüberschrift angebotenes anderes Billigprodukt gilt. Zur Vorbeugung solcher Vorkommnisse wird in diesem Zusammenhang genau auf die drei Bewertungen geachtet (Faustregel: Nur die besten 2% sind vertrauenswürdig), und in jedem Fall wird der Chat-Kontakt zum Verkäufer gesucht mit den Standardfragen: »Sind Sie da?« und »Ist das Produkt vorrätig?«. Viele Shops sind nämlich reine Geldmaschinen, also ehemals florierende Shops, die aber nur noch Geld kassieren, sonst aber nicht mehr gewartet werden und schon gar keine Waren ausliefern. Der wesentliche Unterschied zur westlichen Taobao-Version »AliExpress« ist, dass in letzterer nur Produkte gelistet sind, die auch wirklich auf Lager sind.

Der Aufbau von Integrität im Bereich der Statistik: Aktivitäten sind durchzuführen, die Unternehmen dazu verpflichten, ehrliche Statistiken zu führen. Eine gute Atmosphäre ist zu schaffen, in der ehrliche Berichte gerühmt und Unehrlichkeit und Betrug abgelehnt werden. Das System von Normen und Standards für eine Integritätsbewertung im Bereich der Statistik ist zu verbessern. Ein starker institutioneller Rahmen zur Integritätsbewertung der Unternehmensstatistiken ist zu errichten, und Personalakten über die Integrität der im Bereich der Statistik tätigen Beschäftigten sind anzulegen. Die Anwendung von Gesetzen und Untersuchungen ist zu intensivieren, wobei Betrug und Täuschung im Bereich der Statistik ernsthaft zu untersuchen und strikt zu ahnden sind sowie Institutionen zur Nennung und Offenlegung unehrlichen Verhaltens im Bereich der Statistik zu etablieren sind. Die vereinten Anstrengungen zur Ahndung unehrlicher Statistiken von Unternehmen sind zu verstärken. In die Kreditinformationssysteme der Branchen und Behörden aus Finanzen, Industrie und Handel sind Namensverweise über unehrliche Unternehmen aus dem Bereich der Statistik sowie Informationen über deren Gesetzesverletzungen und Regelverstöße aufzunehmen. Die Einträge zur Vertrauenswürdigkeit aus dem Bereich der Statistik sind direkt mit Unternehmensfinanzierung, staatlichen Subventionen sowie Gewerbe- und Handelsanmeldungen und anderen Aspekten zu verknüpfen. Die Maßregelung und Beschränkung von Vertrauensbrüchen im Bereich der Statistik ist ernsthaft zu verschärfen.

> Offenbar wird bei Statistiken dermaßen viel geschummelt, dass Statistikerinnen und Statistiker besondere Eintragungen in der Personalakte bekommen, so, als wären sie Beamtinnen oder Beamte. Bewertungen der Vertrauenswürdigkeit sollen bestimmen, ob die Unternehmen noch Finanzkredite oder öffentliche Aufträge und Subventionen bekommen.

Der Aufbau von Integrität im intermediären Sektor: Für Organisationen des intermediären Sektors und ihre Beschäftigten ist ein institutioneller Rahmen für die Einträge über Vertrauenswürdigkeit und deren Offenlegung zu etablieren und zu perfektionieren. Dieser ist eine wichtige Grundlage für die marktverwaltenden Strafverfolgungsbehörden, um die kategorisierte Sozialkreditadministration umzusetzen. In der kategorisierten Sozialkreditadministration von Organisationen ist der Schwerpunkt auf die Stärkung folgender Institutionen zu legen: die Beglaubigung und Schiedsgerichtsbarkeit, Anwaltschaft und Buchhalter, Bürgschaften, Prüfung von Zertifikaten, Inspektion und Kontrolle, Beurteilung, Authentifizierung, Vertretung, Vermittlung, Arbeitsvermittlung, Konsultation sowie Transaktion und ähnliche Aspekte. Ein angemessenes, wissenschaftlich fundiertes Indexsystem zur Beurteilung, ein institutionelles Bewertungssystem und Arbeitsmechanismen sind zu erproben und zu etablieren.

Der Aufbau von Integrität in den Bereichen Ausstellung und Werbung: Ausstellungsveranstalter und -organisationen werden dazu angehalten, ihre Ausstellungen aufrichtig durchzuführen, wobei die Servicekonventionen ehrlich auszuführen sind. Ein Ordnungssystem für die Offenlegung von Aufzeichnungen über die Vertrauenswürdigkeit sowie Informationen über illegal agierende, gegen Regeln verstoßende Arbeitseinheiten ist zu errichten, und die Anwendung von Kreditdienstleistungen und -produkten ist zu verbreiten. Der Aufbau von Integrität innerhalb der Werbebranche ist zu intensivieren und ein starkes Ordnungssystem zur kategorisierten Sozialkreditadministration in der Werbebranche zu schaffen. Jegliche Art falscher Werbung ist zu bekämpfen und die Verantwortung der Teilnehmer aus sämtlichen Teilbereichen der Werbeproduktion und -verbreitung hervorzuheben. Die Mechanismen zur Bestrafung von Akteuren und Werbekampagnen, die nicht vertrauenswürdig sind, sowie jene zur Beseitigung von Akteuren und Werbekampagnen, die in hohem Maße unaufrichtig sind, sind zu verbessern.

Der Aufbau eines Systems zur Administration der Unternehmensintegrität: Es sind Aktivitäten, die Unternehmen sämtlicher Branchen zu Integrität verpflichten, durchzuführen. Es ist sowohl jene Kraft, die eine Bekanntgabe und Verbreitung aufrichtiger Unternehmen aussendet, zu verstärken, als auch jene, die eine Publikmachung repräsentativer Fälle unaufrichtigen Verhaltens aussendet. Unternehmen werden angeleitet, ein stärkeres Verantwortungsgefühl für die Gesellschaft zu entwickeln und in sämtlichen Teilbereichen, wie Produktions-, Finanz- und Arbeitsmanagement, ihre Selbstdisziplin für Integrität zu stärken. Das ökologische Umfeld der Handelskredite ist zu verbessern und Unternehmen werden ermutigt, Kundendaten zu erheben und Integritätsbeurteilungen der Kunden durchzuführen. Aufzeichnungen über die Kundenintegrität im Kaufverhalten sind in die Verwaltung von Forderungen sowie in die Messung der Kreditlinie im Zuge von Kreditverkäufen zu integrieren. Wissenschaftlich fundierte Verfahren der Administration der Kreditwürdigkeit von Unternehmen sind zu etablieren, während Kreditrisiken zu verhindern und die umfassende Wettbewerbsstärke von Unternehmen zu erhöhen sind. Die ehrlichen Leistungen der Unternehmen in Produktions- und Betriebstätigkeiten im Zusammenhang mit Forderungen und Verbindlichkeiten sowie Kredittransaktionen, darunter Anleihen, Darlehen oder Bürgschaften, sind zu stärken. Unter gewissen Voraussetzungen sind Unternehmen darin zu stärken und zu unterstützen, Administratoren für die Vertrauenswürdigkeit zu bestimmen. Weiter werden Unternehmen dazu ermutigt, interne Ordnungssysteme zur Prüfung und Beurteilung der Integrität von Angestellten aufzubauen. Der selbstregulierte Aufbau von Integrität in jenen Unternehmen, die in Branchen tätig sind, die das Alltagsleben der breiten Bevölkerung beeinflussen, ist zu verstärken. Hierzu zählen unter anderem die Wasser- und Stromversorgung, Heizung, Gas, Telekommunikation sowie Schienen- und Luftverkehr.

Kurz gesagt: Alle sollen vertrauenswürdig handeln. Und eines ist wirklich besonders bemerkenswert: Sogar die Werbung soll nicht mehr lügen.

(3) Die allumfassende Förderung des Aufbaus sozialer Integrität

Soziale Integrität bildet die Grundlage beim Aufbau des Sozialkreditsystems. Nur unter der Voraussetzung, dass sich die Mitglieder der Gesellschaft mit höchster Vertrauenswürdigkeit begegnen und Vertrauen ihre Basis ist, können sich harmonische und freundschaftliche zwischenmenschliche Beziehungen entwickeln. Nur dann können der zivilisatorische Fortschritt der Gesellschaft gefördert und die Harmonie und Stabilität der Gesellschaft sowie eine langanhaltende friedvolle Regierungszeit verwirklicht werden.

Die Ziele könnten hehrer nicht sein. Das SCS erzwingt systematisch gesellschaftliche Lauterkeit und fördert dadurch die Gesittung des ganzen Staates und seiner Subjekte. Vor dem geistigen Auge erscheint Ambrogio Lorenzettis Sieneser Allegorie von der Guten und der Schlechten Regierung aus dem vierzehnten Jahrhundert – samt der Gerichte, die strafen und belohnen, den herrschenden Tugenden und einer weiß gekleideten Gestalt des Friedens. Doch natürlich ist das Eurozentrismus, wir müssen im Neokonfuzianismus nachschauen und werden fündig: Der Herrscher strahlt durch seine eigene Tugendhaftigkeit (德) auf alle Bürger aus, und sie werden automatisch tugendhaft! Eine ähnliche Verklärung erfährt der derzeitige Staatslenker seit 2017 als »Wegweiser im neuen Zeitalter« (新时代的领路人) und seit 2022 als »das Vertrauen der Massen genießender Führer des Volkes« (众望所归的人民领袖) mit der Wiedererweckung des Führerkults aus Maos Zeiten (Großer Vorsitzender (主席), Großer Führer (伟大领袖)), der unter Deng Xiaoping schon explizit abgeschafft worden war.

Der Aufbau von Integrität in den Bereichen Medizin, Hygiene und Geburtenplanung: Die Administration von Vertrauenswürdigkeit in Einrichtungen der Gesundheitsversorgung und Hygiene und die Etablierung eines aufrichtigen Arbeitsstils in diesen Arbeitsbereichen sind zu verstärken. Die Wertvorstellung fähiger Ärzte von größter Integrität ist zu schaffen, an professioneller Berufsausübung und persönlicher Integrität ist festzuhalten. Es ist Menschlichkeit in Denken und Handeln. Konzepte der aufrichtigen Ausübung, des aufrichtigen Einkaufs, der aufrichtigen Behandlung, der aufrichtigen Gebühren und der aufrichtigen Krankenversicherungen sind herauszubilden. Die Grundsätze ehrlicher medizinischer Versorgungsleistungen sind zu befolgen; diese verlangen unter anderem eine Untersuchung, Medikation, Therapie und Gebührenberechnung in angemessenem Rahmen. Institutionelle Systeme zur öffentlichen Bekanntgabe von Arzneimittelpreisen und Preisen medizinischer Versorgungsleistungen sind umfassend einzurichten. Dabei sind Aktivitäten zur Schaffung aufrichtig arbeitender Krankenhäuser und Apotheken durchzuführen. Es sind Standards und Vorgaben zur Beurteilung der Vertrauenswürdigkeit medizinischer Einrichtungen und professionellen medizinischen Personals wie Ärzten, Apothekern und Krankenschwestern zu formulieren. Bewertungen der Krankenhäuser und regelmäßige Beurteilungen von Ärzten sind zu fördern und umfassende Bewertungen der medizinischen Ethik des medizinischen Personals durchzuführen. Gesetzeswidrige und das Vertrauen schädigende Verhaltensweisen, beispielsweise Bestechlichkeit und Übertherapierung, sind zu bestrafen. Es ist ein System der Integrität im Bereich medizinischer Dienstleistungen zu etablieren. Im Bereich der Arzneimittelsicherheit ist die Verbesserung des Kreditsystems zu beschleunigen und Akten über die Vertrauenswürdigkeit der mit der Erforschung, Produktion und Verteilung von Arzneimitteln betrauten Unternehmen sind anzulegen. Aktivitäten zur Gewährleistung vertrauenswürdiger Arzneimittelsicherheit sind unter dem Motto »Integrität ist das höchste Gut, mit hoher Qualität zum Sieg« aktiv durchzuführen.

Das Niveau der Aufsicht über die Vertrauenswürdigkeit durch Arzneimittelsicherheit ist effektiv zu erhöhen. Es ist energisch gegen Fälschung und Nachmachung vorzugehen. Den Menschen gegenüber ist eine sichere und erfolgversprechende Anwendung von Arzneimitteln zu garantieren. Der Aufbau von Integrität im Bereich der Bevölkerungs- und Geburtenplanung ist zu intensivieren und gemeinsame Arbeit mit Kreditinformationen aus der Bevölkerungs- und Geburtenplanung ist durchzuführen.

> Hier taucht das erste Mal der Begriff der Ethik auf. Umfassend sei sie zu bewerten auf allen Ebenen der medizinischen Versorgung.

Der Aufbau von Integrität im Bereich sozialer Absicherung: Ein umfassendes institutionelles System der Integrität, welches die Katastrophenhilfe, Nothilfe, Altersversorgung, soziale Absicherung, Wohltätigkeit und Lotterie sowie andere Aspekte betrifft, ist zu errichten. Dies dient dazu, alle Arten von unaufrichtigen Handlungen wie Spendenbetrug und Schwindel zu unterbinden. In allen Teilbereichen der sozialen Sicherungsleistungen wie Beantragung, Prüfung und Beendigung von Sozialhilfe und Wohngeld ist ein System der Vertrauenswürdigkeit zu etablieren und auszubauen. Die Voraussetzungsprüfungen von mit der Politik der Lebenssicherung in Verbindung stehenden Anträgen sind zu verbessern, und die dynamische Administration sozialer Unterstützung und Prüfung gesicherter Wohnraumnutzung ist zu verstärken. Dabei sind Einzelpersonen, die mit Vertrauens- und Regelbruch in Verbindung gebracht werden, auf eine schwarze Liste der Vertrauensbonität zu setzen. Informationssysteme zur Nachprüfung der hauswirtschaftlichen Situation der Einwohner sind zu errichten, und Mechanismen zur Identifizierung von Familien mit niedrigem Einkommen sind zu etablieren und auszubauen. Der faire, genaue und gesunde Betrieb der Politik der Lebenssicherung, wie unter anderem die soziale Unterstützung und soziales Wohnen, ist sicherzustellen. Ein ehrliches Verwaltungssystem sozialer Absicherung ist zu errichten und zu stärken. Die Administration der sozialen Absicherung sowie die Beaufsichtigung und Durchsetzung geltenden Rechts in der Arbeitssicherung im Bereich der sozialen Absicherung sind zu verstärken. Versicherungszahlungen sind zu standardisieren. Vorgesehen ist eine Erhöhung der Bestrafung von Schwindel, Versicherungsbetrug und regelwidrigem oder ähnlichem Verhalten seitens Institutionen aus dem Bereich der Sozialversicherung sowie deren Arbeitspersonals und verschiedenster Arten von versichertem Personal. Zum Beispiel bezieht sich dies auf die Festlegung des Krankenhauses und der Apotheke sowie der medizinischen Einrichtung zur Behandlung von Arbeitsunfällen durch die Krankenversicherung. Jegliche Art von Versicherungsbetrug ist zu verhindern und zu bekämpfen. Die Verwaltungssysteme für Fonds der sozialen Absicherung sind weiter zu intensivieren, und der Grad an Transparenz sämtlicher Teilbereiche wie Erhebung, Administration und Zahlung dieser Fonds ist zu erhöhen. Der Aufbau institutioneller Systeme der Integrität im Bereich der sozialen Absicherung ist voranzutreiben und Versicherungszahlungen sind zu standardisieren. Für die Fonds der Sozialversicherung ist ein sicherer Betrieb zu gewährleisten.

> Der Nachdruck, mit dem in diesem Absatz Schwindeleien und Betrug im Sektor der sozialen Arbeit problematisiert werden, lässt vermuten, dass genau dort jede Menge Probleme liegen.

Der Aufbau von Integrität in den Bereichen Arbeit und Beschäftigung: Es haben weitere Schritte zur Implementierung und Verbesserung eines institutionellen Systems der

Integrität für gesetzeskonforme Arbeitssicherung in Unternehmen zu erfolgen. Dabei sind Methoden zur gesellschaftlichen Offenlegung schwerwiegender Verstöße gegen die Arbeitssicherung zu formulieren. Es ist ein öffentliches System zur Bekanntmachung von Arbeitgebern, die rechtswidrige Lohnrückstände aufbauen, zu errichten. Methoden zur Integritätsbewertung der Arbeitssicherung durch die Unternehmen sind zu verbessern. Beschäftigungsverhältnisse sind zu standardisieren, und die Verwaltung des Einhaltens von Arbeitsverträgen und der Mediation bei Arbeitsverträgen ist zu stärken. Unternehmen sind bei der aktiven Durchführung von Aktivitäten, die harmonische Arbeitsbeziehungen schaffen, zu fördern. Die Beaufsichtigung und Durchsetzung geltenden Rechts im Bereich der Arbeitssicherung ist zu stärken, während die Kräfte zur Bekämpfung gesetzeswidrigen Verhaltens zu vergrößern sind. Der Aufbau von Integrität auf dem Markt der Humanressourcen ist zu festigen und die Arbeitsvermittlung zu standardisieren. Sämtliche illegale oder unaufrichtige Verhaltensweisen, darunter illegale Vermittlung und Beschäftigung, sind zu bekämpfen.

> Die Mängel bei der Arbeitssicherheit und der Lohnarbeit insgesamt sollen unter anderem mit der Anprangerung von Fehlverhalten geahndet werden – eine Maßnahme, wie sie später auch auf der Regierungswebsite creditchina.gov.cn für Wohl- und Fehlverhalten in allen Sektoren gesamtgesellschaftlich praktiziert wird (siehe Text 11).

Der Aufbau von Integrität in den Bereichen Forschung und Bildung: Die Erziehung zur Integrität der Dozenten und Wissenschaftler ist zu intensivieren. Es sind Aktivitäten durchzuführen, um Lehrkräfte zur Integrität zu verpflichten. Schüler, Eltern und andere gesellschaftliche Kreise haben in vollem Bewusstsein die Aufsicht auszuüben. Die einflussreiche Rolle der Lehrkräfte, Vertrauenswürdigkeit weiterzugeben und als Vorbild zu fungieren, ist zu entfalten. Die Erziehung der Schüler im Bereich der Integrität ist zu stärken. Dabei sind ehrliche, vertrauenswürdige und gute Angewohnheiten zu kultivieren. Es ist eine Grundlage zu schaffen, um die charakterliche Aufrichtigkeit des gesamten Volkes zu erhöhen. Ein institutionelles Bewertungssystem der Vertrauenswürdigkeit für Bildungsanstalten mitsamt deren Beschäftigten, Lehrern und Schülern ist zu erforschen und einzurichten, ebenso für Forschungseinrichtungen und wissenschaftliche Verbände mitsamt deren Forschungspersonal. Die Bewertung der Vertrauenswürdigkeit ist zu verbinden mit der Prüfung und Aufnahme neuer Studierender, der Verwaltung des Studierendenstatus, der Zuerkennung und Verleihung akademischer Grade und Qualifikationen, der Durchführung von Forschungsprojekten, der Beurteilung von Fachkompetenzen und Aufgaben sowie mit der Besetzung von Stellen und Ehrungen. Die Probleme, dass beispielsweise Angaben zum Bildungsstand gefälscht werden, Abschlussarbeiten plagiiert werden, akademisches Fehlverhalten zutage tritt und bei Zulassungsprüfungen betrogen wird, sind unter großen Anstrengungen zu überwinden.

Natürlich kommt auch der Bildungssektor dran. Das Schulsystem, der Wissenschaftsbetrieb inklusive der Forschung sollen dem SCS und seinem Bewertungssystem unterworfen werden. Wissenschaftliches Fehlverhalten soll sich als hinderlich bei jedem Schritt innerhalb des Bildungssystems erweisen. Freilich geht diese Anweisung an der Realität vorbei, in der ein Anruf bei universitären Prüfern reicht, um für Kinder von Parteikadern das Bestehen einer Prüfung sicherzustellen.

Die folgenden Absätze deklinieren weitere Sektoren des gesellschaftlichen Überbaus durch: Kultur, Sport, Tourismus, Urheberrecht, Umweltschutz und Soziales.

In den Bereichen Kultur, Sport und Tourismus ist Integrität aufzubauen. Für die Etablierung von Kulturunternehmen der musikalischen Unterhaltung, der darstellenden und bildenden Künste, der Kultur des Internets etc. ist die Einrichtung einer Datenbank mit Informationen über die Integrität sowohl von Beschäftigten als auch von Kulturerzeugnissen notwendig. Es ist eine nationale Plattform zu verwenden, um die Kulturmarkttechnologien und den Kulturmarkt dynamisch zu überwachen. Es sind professionelle Integritätsstandards für professionelle Sportpraktiker zu entwickeln. Es ist ein Bewertungssystem für die Bonität professioneller Sportler, professioneller Sportvereine und zwischengeschalteter Drittunternehmen einzurichten. Relevante Kreditinformationsaufzeichnungen und Kreditratings sind zu fördern – für Teilnehmer und Veranstalter professioneller Sportveranstaltungen, für die Bewilligung zu Teilnahme und Transfers sowie für andere Bereiche. Es sind Vorschriften zu verfassen, nach denen Beschäftigte im Dienstleistungsbereich der Tourismusbranche basierend auf Ehrlichkeit und Integrität angestellt werden. So kann eine Institution etabliert werden, die Meinungen erfasst und veröffentlicht – für Rückmeldungen und Beschwerden von Konsumenten der Tourismusbranche sowie für die Evaluation durch Dritte bezüglich Vertrauenswürdigkeit von Reiseagenturen, Touristenattraktionen und Gastronomiebetrieben.

Der Aufbau von Integrität im Bereich des geistigen Eigentums: Zur Etablierung eines starken Administrationssystems für Ehrlichkeit und Integrität für geistiges Eigentum sind Methoden zum Schutz des geistigen Eigentums und der Evaluierung der Vertrauenswürdigkeit in Kraft zu setzen. Schwerpunkt sind Geschäftsgebaren wie Verletzung geistigen Eigentums und Herstellung und Verkauf von Fälschungen oder minderwertiger Ware. Informationen über Delikte gegen Patentrechte bzw. das geistige Eigentum sind als Vertrauensbrüche zu erfassen und intensivieren sich durch die Kombination von Bestrafungen unehrlicher Handlungen wie Rechtsverletzungen durch Raubkopien und Verletzung des Rechts auf geistiges Eigentum. Dies dient der gesamten Gesellschaft zur Steigerung des Bewusstseins für den Schutz geistigen Eigentums. Für die Durchführung des Aufbaus der Vertrauenswürdigkeit des Dienstleistungsapparates für geistiges Eigentum ist zu erforschen, wie standardisierte Dienstleistungen für geistiges Eigentum jeglicher Art und Evaluationssysteme für Vertrauen und Ehrlichkeit etabliert werden können.

Der Aufbau von Integrität in den Bereichen Umweltschutz und Energiesparen: Das Voranbringen der Überwachung der Umwelt des Landes und der Aufbau von Informations- und Statistikkapazitäten ergänzen und verstärken das Sammeln und Ordnen der Daten für die Vertrauenswürdigkeit im Zuge des Umweltschutzes. So können das Zusammenwirken und die gemeinsame Nutzung von Informationen aus dem Arbeitsbereich Umweltschutz bewerkstelligt und das öffentliche Register für Umweltinformationen verbessert werden. Es ist ein Offenlegungssystem für Kreditinformationen aus der Umweltadministration und -überwachung zu etablieren. Zur Perfektionierung eines Mechanismus für die Untersuchung der Verantwortlichkeiten ist eine Datenbank für Vertrauenswürdigkeit von Seiten der Umweltprüfstellen und deren Personal sowie für Evaluierungsexperten einzurichten. Verstärkt findet dies seine Anwendung bei der Bewertung, Einteilung und kategorisierten Überwachung der Integrität von Beschäftigten der Institutionen für Umweltverträglichkeit und Evaluationsexpertise.

Es ist ein System zu etablieren, welches im Kampf gegen die Emissionen von Schadstoffen eine Selbstüberwachung von Firmen entfaltet. Es hat die Situation ihrer Schadstoffemissionen offenzulegen und eine Sondierung und Ordnung der Lage einzuleiten, wenn unerwartete Umweltereignisse passieren. Es ist ein Evaluationssystem der Vertrauenswürdigkeit zu etablieren bezüglich Handlungen, die die Umwelt betreffen. Des Weiteren sind ebenjene Evaluationsergebnisse regelmäßig zu veröffentlichen. Die Durchführung von Weiterentwicklungen, Einteilung und Verwaltung ist zu organisieren. Auf der Grundlage ihres Integritätsstatus sind Firmen entsprechend zu fördern, zu verwarnen oder zu bestrafen. Im Zusammenhang mit dem Umweltverhalten von Unternehmen ist ein Mechanismus für den Informationsaustausch über die Kreditwürdigkeit der Unternehmen zu etablieren. Dieser ist von entsprechenden Reaktionen von Seiten anderer Branchen wie der Banken, Wertpapiere, Versicherungen, Handel etc. zu flankieren. Ebenso wird er durch einschlägige Informationen in Form von Daten, Statistiken, Analysen und dem Aufbau von Berichterstattungskapazitäten zur landesweiten Nutzung von Energie flankiert. Auch der Fokus auf die Überprüfung von Verantwortlichkeiten mit dem Ziel, Strom zu sparen, ist zu verstärken; sowie die regelmäßige Veröffentlichung ebenjener Testergebnisse, die die Erforschung und den Aufbau eines Evaluationssystems für Vertrauenswürdigkeit mit Schwerpunkt auf Energie verbrauchende Betriebe ermöglichen. Verstärkt trifft dies auf die Kreditbewertung und Überwachung von Evaluierungen der Revisionen von Energiequellen, Energiesparen und Inspektion sowie allen hier Beschäftigten zu. Dienstleistungsunternehmen, die Forschung und Entwicklung im Bereich Energiesparen betreiben, haben Integritätsprüfungen durchzuführen; des Weiteren haben sie regelmäßig Schritt für Schritt der ganzen Gesellschaft die Ergebnisse jener besagten Integritätsprüfungen bekannt zu geben. Zu verstärken sind auch die Überprüfung und Verwaltung der Vertrauenswürdigkeit durch Evaluationsexperten mit Beschäftigungsstatus bei Projekten für die Umwelt und für natürliche Ressourcen.

Der Aufbau von Integrität sozialer Organisationen: Unter Zuhilfenahme der Speicherstätten von Informationshilfsmitteln von Betrieben als juristischen Personen sind die Verwaltungsinformationen zur Registrierung von Organisationen noch schneller zu verbessern. Für ein starkes System zur Informationsveröffentlichung von sozialen Organisationen werden diese zu einer Erhöhung und Anwendung von Offenheit und Transparenz angeleitet. Das Verhalten sozialer Organisationen für das Offenlegen von Informationen ist zu standardisieren. Das Aufbauen von Vertrauenswürdigkeit beinhaltet Satzungen von Organisationen jeglicher Art und die Bestärkung von Organisationen, die Selbstkontrolle im Hinblick auf Integrität ausüben, und erhöht die öffentliche Glaubwürdigkeit sozialer Organisationen. Die Entfaltung von Branchenverbänden (Handelskammern) hat in den Branchen vertrauensbildende Effekte und fördert die Gemeinschaft in der Ausbildung und Erziehung zur Verbreitung von Integrität.

Jetzt wird es noch einmal besonders spannend: Es kommen die natürlichen Personen an die Reihe, der einzelne Mensch als Rechtssubjekt.

Der Aufbau von Integrität bei natürlichen Personen: Die grundlegende Rolle, die der Aufbau von Integrität natürlicher Personen im Aufbau des Sozialkreditsystems spielt, ist zu betonen. Mithilfe der Bevölkerungsinformationen aus landesweiten Ressourcendatenbanken ist ein vollkommenes Verzeichnis natürlicher Personen über die Integrität ihrer sozialen oder wirtschaftlichen Aktivitäten zu etablieren. So wird die landesweite Abdeckung der Einträge zur Vertrauenswürdigkeit natürlicher Personen realisiert. Verstärkt ist der Schwerpunkt auf den Aufbau von Vertrauenswürdigkeit von Berufsgruppen zu legen, darunter der Aufbau eines Integritätsregisters von Beamten, gesetzlichen Vertretern von Unternehmen, Anwälten, Beschäftigten im Rechnungswesen, Auditoren, Statistikern, Steuerberatern,

Wirtschaftsprüfern, Gutachtern, Beschäftigten der Zertifizierungs- und Inspektionsbranche sowie des Wertpapier- und Termingeschäfts, des Personalbestands hochrangiger Manager börsennotierter Unternehmen, Versicherungsmaklern, medizinischem Personal, Lehrern, Forschern, Beschäftigten der Patentdienstleistungsbranche, Projektleitern, Beschäftigten der Presse, Reiseleitern, Tierärzten und Angehörigen weiterer Branchen. Zu fördern ist auch die Anwendung von Berichterstattung über berufliche Integrität ebenso wie der Aufbau beruflicher Moral und Handlungsnormen.

> Alle Chinesinnen und Chinesen sind landesweit zu erfassen, Daten zu ihrem gesellschaftlichen und ökonomischen Treiben in Hinblick auf Verlässlichkeit, Vertrauenswürdigkeit und Moral fließen zentral zusammen, wobei auf Berufsgruppen, denen man besser vertrauen können sollte, besonderes Augenmerk gelegt werden soll.

Der Aufbau von Integrität in den Bereichen Internetnutzung und Dienstleistungen ist energisch voranzutreiben: der Aufbau von Integrität im Internet, die Heranbildung eines gesetzeskonformen Internets, das Konzept der auf Integrität basierenden Internetnutzung und die schrittweise Umsetzung des Systems der *Real-Name*-Registrierung für das Internet. So wird Rechtsschutz durch die Etablierung von Online-Vertrauenswürdigkeit verbessert und der energische Aufbau eines Überwachungsmechanismus für Online-Vertrauenswürdigkeit vorangebracht. Die Errichtung eines Evaluationssystems für Online-Vertrauenswürdigkeit gegenüber dem Dienstleistungs-Geschäftsverhalten von Internetfirmen und dem Onlineverhalten der Belegschaft ermöglicht Evaluationen von Vertrauenswürdigkeit und Erfassungen des Integritätsstatus. Das Etablieren und Beibehalten der Internetfirmen und der Online-Vertrauenswürdigkeits-Akten von Internetnutzern trägt in hohem Maße zum Voranbringen und Aufbau des Austausch- und Offenlegungsmechanismus von Informationen im Bereich der Online-Vertrauenswürdigkeit bei sowie von korrelierenden Integritäts-Informationen aus anderen Bereichen der Gesellschaft. Die breite Nutzung von Online-Vertrauenswürdigkeits-Informationen aus allen Bereichen der Gesellschaft ist energisch voranzutreiben. Es ist ein System schwarzer Listen für Online-Vertrauenswürdigkeit zu etablieren. Im Falle von Betrügereien, rufschädigenden Gerüchten, der Verletzung legitimer Rechte und Interessen anderer Personen und anderer schwerwiegender Vertrauen brechender Verhaltensweisen im Internet sind die entsprechenden Firmen und Einzelpersonen auf einer schwarzen Liste zu registrieren. Gegen die auf der schwarzen Liste Stehenden sind folgende Maßnahmen zu unternehmen: Die Begrenzung der Onlineaktivität, der Ausschluss aus der Branche sowie die öffentliche Bloßstellung, welche durch Rundschreiben an relevante Branchenteilnehmer in Gang gebracht wird.

> Anonymität im Internet soll vorbei sein. Betrügerinnen und Vertrauensbrecher sollen aus dem Cyberspace ausgeschlossen und in schwarzen Listen öffentlich gebrandmarkt werden.

(4) Das tatkräftige Voranbringen des Aufbaus der Glaubwürdigkeit der Justiz

> Das SCS bewegt sich mit seinen Bußen und Begünstigungen aufgrund eines Punktekatalogs größtenteils unterhalb des Strafrechts, auf der Ebene von Ordnungswidrigkeiten, die mit milden Maßnahmen geahndet werden, obwohl die Folgen auch drastisch sein können sollen. Darüber greift die strafende Gerichtsbarkeit, die selbst vertrauenswürdig und integer zu sein hat. Viele der hier skizzierten Funktionen des

SCS im Justizsektor streben ein höheres Maß von Transparenz an, etwa durch Onlinekommunikation seitens der Justiz selbst, aber auch der Rechtssubjekte, die durch Zwangsvollstreckung zur Offenlegung von Informationen veranlasst werden sollen. Allerdings ist hier die chinesische Rechtstradition ins Bewusstsein zu rufen, die traditionell Ankläger und Richter in Personalunion kannte und die die Anwendung von Folter zum Erpressen falscher Geständnisse als zulässig erachtete. Trotz Einflusses auch des deutschen BGB auf die chinesische Gesetzgebung übernimmt die Partei die führende Rolle in der Rechtsprechung, indem sie die Urteile vor Prozessbeginn häufig vorgibt. Auch der schönfärberisch als »sozialistische Justizreform« bezeichnete Rundumschlag gegen eine ganze Generation von Anwälten mit juristischem Studium und Staatsexamen, die oft gegen unqualifizierte, aber linientreue »Anwälte« ausgetauscht wurden, zeigt, dass es eine Differenz zwischen den hier geäußerten Anweisungen und der Lebenswirklichkeit in China gibt. Dabei geht es noch nicht einmal um Anwälte, die gegen Korruption, Seilschaften, Menschenrechtsverletzungen etc. vorgehen und allein aufgrund ihrer Berufsausübung verfolgt werden oder Berufsverbot erhalten.

Die Glaubwürdigkeit der Justiz ist ein wichtiges Element beim Aufbau des Sozialkreditsystems, sie ist die Voraussetzung für die Machtlegitimierung der Rechtsprechung, und sie ist die Grundlage sozialer Gerechtigkeit.

Der Aufbau von Glaubwürdigkeit für die Gerichte: Durch das Informatisierungsniveau bei der Urteilsfindung der Rechtsprechung ist die Onlinekommunikation über Justiz-Informationen von Gerichtshöfen auf den landesweiten vier Ebenen über den gesamten Ablauf der Rechtsprechung hinweg abzudecken. Der Prozess der Zwangsvollstreckung zur Offenlegung von Informationen ist voranzubringen, somit wird ein Mechanismus der Kettenreaktion implementiert und die Vollstreckungsraten der Instrumente geltenden Rechts erhöht. Die Wirkung der Funktion von Rechtsprechung ist zu entfalten; es sind ein von Integrität gezeichnetes Geschäftsgebaren zu fördern, gegenseitiges Vertrauen und Zusammenarbeit zu initiieren und Vertrauen brechende Handlungen wie Betrügerei, Willkür, Vertragsverletzung und das Nichteinhalten von Versprechen im Handel zu sanktionieren. Auf diese Weise werden Aufrichtigkeit und das Halten von Versprechen als herrschende Praxis eingeführt.

Der Aufbau von Glaubwürdigkeit bei der Inspektion: Die Offenlegung zu prüfender Angelegenheiten ist einen Schritt weiter zu vertiefen, neue Mittel und Wege zur Offenlegung von zu prüfenden Angelegenheiten sind zu produzieren. Die Volksmeinung ist umfassend anzuhören und zu berücksichtigen, die Rechte der Bevölkerung über Auskunft, Teilnahme, Meinungsäußerung sowie Aufsicht der amtlichen Inspekteure ist abzusichern. Weiterhin ist die »Sonnenschein-Fallbehandlung« anzuwenden und ein kritisches Managementsystem für die Verstärkung der Innen- und Außenaufsicht zu betreiben. So wird eine starke und zweckgebundene Aufsicht, synchrone Kontrolle und ein Mechanismus für Untersuchung von Haftungen eingerichtet. Die Rolle der Aufsichtsfunktion von Gesetzen ist vollumfänglich zu entfalten, und die Ermittlung, Behandlung und Prävention von Arbeitskriminalität ist auszuweiten. Der Aufbau von Integrität ist herbeizuführen. Das System zur Nachforschung nach Akten von Verbrechen wie Bestechung ist ebenso zu verbessern wie das Management von Normen und der Nachforschungsarbeit. So wird ein starker Mechanismus sozialer Verknüpfungen des Erkundigens nach und Gebrauchens von Korruptionsakten aufgebaut.

Und hier kommt das große Übel der Korruption. Durch Erhöhung von Transparenz und Bürgerbeteiligung soll Integritàt gestärkt werden, das Gegenteil von Bestechlichkeit. Hier geht es also um Verwaltungshandeln und dessen Vertrauenswürdigkeit. Erneut kann man die hier benannten Probleme als diejenigen vermuten, bei denen noch besonders viel im Argen liegt.

Der Aufbau von Glaubwürdigkeit im Bereich der öffentlichen Sicherheit: Die »Sonnenschein-Fallbehandlung« ist vollumfänglich durchzuführen. Informationen über Systemstandards von Fällen des öffentlichen Rechtsvollzugs und Prozessfristen sowie weitere Informationen sind kraft geltender Gesetze unverzüglich offenzulegen. Im Hinblick auf den Fortschritt der Behandlung von Fällen etc. ist eine Offenlegung gegenüber der Gesellschaft nicht zu empfehlen. Dennoch benötigen spezifische Objekte bezüglich spezifischer Rechte und Verpflichtungen Kenntnisse über Informationen, daher ist gegenüber ebenjenen spezifischen Subjekten Berichterstattung oder die Bereitstellung eines Nachforschungsservice durchaus angebracht. Es wird ein weiterer Schritt zur Verstärkung des Austauschs und der Teilhabe an Informationen über die Bevölkerung wie bei den Informationen über die Ressourcen einer jeden Region und Branche unternommen. Dies dient dem verbesserten Aufbau des Speicherns von Informationshilfsmitteln bezüglich der Bevölkerung des Landes. Es bezieht Integritätsakten der Bürger über Rechtswidrigkeiten im Bereich der Verkehrssicherheit mit ein. Auf diese Weise wird das Bewusstsein für Verkehrssicherheit aller Mitglieder der Gesellschaft gefördert. Evaluationsergebnisse der Brandschutzsicherheit von Betrieben, von denen eine hohe Gefahr für eine Brandkatastrophe ausgeht, müssen der Gesellschaft gegenüber innerhalb bestimmter Fristen veröffentlicht werden. Zudem dienen diese Fristen als Anhaltspunkt wichtiger Referenzen für den Vertrauenswürdigkeitsstatus von Betrieben. Die Situation der Einhaltung der Gesetze und Bestimmungen der Brandschutzsicherheit durch die gesellschaftlichen Einheiten ist in die Administration der Integrität miteinzubeziehen, und die Brandschutzsicherheit ist als Hauptverantwortlichkeit gesellschaftlicher Einheiten zu verstärken.

Der Aufbau von Glaubwürdigkeit im System der Rechtsprechung und der Exekutive: Es wird ein weiterer Schritt für die Erhöhung der Standardisierung und Institutionalisierung der Administration von Einrichtungen wie Gefängnissen, Drogenentzugsanstalten und Zentren für die Community-Rektifizierung unternommen. So werden die legitimen Rechte der Belegschaften in Vollzugsanstalten, Drogenentzugseinrichtungen und im Bereich der Community-Rektifizierung gestärkt. Energisch wird die Informationsoffenlegung der Rechtsprechung und der Exekutive vorangetrieben. Mit einem weiteren Schritt wird auch das Informationsmanagement und Offenlegungsverfahren für Rechtsanwälte, Notare, juristische Dienste der untersten Organisationsebene, Amtshilfe, Prüfung der Rechtsprechung und juristische Gutachter etc. standardisiert und innoviert und somit das Auskunftsrecht der Bevölkerung gewährleistet.

Der Aufbau von Integrität der Rechtsprechung, des Gesetzesvollzugs und dessen Personal: Es sind Personalakten über die Integrität der Beschäftigten aus der öffentlichen Sicherheit, der Rechtsprechung und der Verwaltung auf allen Ebenen zu etablieren. Gemäß den Gesetzen und den Regeln sind negative Aufzeichnungen wie Befangenheit, Rechtsverdrehung sowie Unterlassung in die Personalakte aufzunehmen, zudem werden diese zu Anhaltspunkten für Evaluierung und Belohnung oder Bestrafung gemacht. Praktizierende Beschäftigte, wie Rechtsanwälte, Notare, Angestellte juristischer Dienste der untersten Organisationsebene, Rechtspfleger und Angestellte der Rechtsprechung sowie Gutachter, die die Integritätsnormen umsetzen, sind zu fördern. Es ist ein System der Verpflichtung zur Integrität der Beschäftigten im Rechtswesen zu etablieren.

Die Basis für das System der Glaubwürdigkeit der Rechtsprechung wird stark gefördert. Die Reformen des Rechtsprechungssystems und des Arbeitsmechanismus sind zu vertiefen, der Aufbau der Standardisierung des Gesetzesvollzugs und straffe Prozeduren dabei sind voranzutreiben. Es ist auf Einhalten der Gesetze zu bestehen, darauf, dass Rechtswidrigkeiten unbedingt nachgegangen wird und dass alle Bürger vor dem Gesetz gleich sind. Das Niveau der Akademisierung, Institutionalisierung und Standardisierung der Justiz ist anzuheben. Der Nationale Volkskongress, die Politische Konsultativkonferenz des chinesischen Volkes und die Öffentlichkeit entfalten vollumfänglich ihre Aufsichtsfunktion für die Justiz. Zu verbessern ist der reziproke Überwachungs- und Beschränkungsmechanismus zwischen den Justizorganen. Die Aufsicht innerhalb der Justizorgane ist zu verstärken. Somit wird mittels Aufsicht die Förderung von Gerechtigkeit, Rechtschaffenheit und Glaubwürdigkeit realisiert.

3. Der verstärkte Aufbau einer Erziehung zu Integrität und einer Integritätskultur

> Den moralischen Grundprinzipien, für die das SCS steht, soll das Erziehungssystem Geltung verschaffen – das überrascht nicht. Aber nicht nur Kinder und Jugendliche fallen unter die für nötig erachteten Maßnahmen – auch in der Arbeitswelt, den Gemeinden und in den Familien soll zur Verlässlichkeit und Vertrauenswürdigkeit erzogen werden. Die traditionellen Tugenden »Tatkraft, Gutmütigkeit, Ehrlichkeit und das Einhalten des gegebenen Wortes« müssen ergänzt werden um die moralischen Erfordernisse einer modernen Marktwirtschaft, prominent der Tugend der Vertragserfüllung. Jeder Tugend sei eine Wohltätigkeitsveranstaltung gewidmet, und die Massenmedien und das Internet sollen ihren Beitrag leisten!

Der Aufbau einer Erziehung zur Integrität und einer Kultur der Integrität führt zu Ehrlichkeit, Integrität und Selbstdisziplin der Gesellschaftsmitglieder. Er wertet den wichtigen Kanal der Moralbildung der Gesellschaftsmitglieder auf, und er ist ein wichtiger Inhalt des Aufbaus der Kernwerte des Sozialismus.

(1) Die Verbreitung der Erziehung zur Integrität
Mit dem Aufbau, dem Heranziehen und Praktizieren des sozialistischen Kernwertesystems als Grundlage wird die Erziehung zur Integrität einen vollständigen Vorgang zum Aufbau einer Bürgermoral und der Gründung einer geistigen Zivilisation durchlaufen. Das Projekt zum Aufbau der Bürgermoral wird vorangetrieben und von der Erziehung zu sozialer Moral, Arbeitsmoral, Familientugenden und des moralischen Charakters von Individuen flankiert, die Traditionen und Tugenden Chinas werden weitergegeben, das Zeitalter erhält aber auch frischen Wind. In der ganzen Gesellschaft werden sich die guten Sitten nach dem Motto »Ehre dem, der aufrichtig und vertrauenswürdig ist; Schande über den, der bei der Aussicht auf eigene Vorteile moralische Bedenken fallen lässt« herausbilden.

Inhalte der Erziehung zur Integrität werden mit einem weiteren Schritt durch Erziehung und Ausbildung auf allen Ebenen und in jeglicher Art bereichert. Aktivitäten zur Propagierung und Verbreitung der Erziehung zur Aufrichtigkeit in Behörden, Firmen, Schulen, Kommunen, Dörfern und Familien werden energisch durchgeführt.

Es werden Lehrräume der Moral sinnvoll errichtet und genutzt. Patriotismus, Fleiß, Integrität, Liebenswürdigkeit und andere Wertkonzepte und ethische Normen werden initiiert. Es werden für das Volk Aktivitäten für die öffentliche Urteilsfindung moralischer Angelegenheiten entwickelt, Phänomene mangelnder Integrität und entsprechende Handlungen werden Analysen und Beurteilungen unterzogen. Dies führt die Leute hin zur Aufrichtigkeit und zur Einhaltung des gegebenen Wortes, zum Befolgen der Tugend und Verteidigen der Wahrheit.

(2) Der verstärkte Aufbau einer Kultur der Integrität
Die Förderung der Kultur der Integrität: Mittels der Mitglieder der Gesellschaft als Objekte, mittels der Verbreitung von Integrität als Methode und mittels der Erziehung zu Integrität als Vehikel werden intensiv ethische Normen der Integrität initiiert. Sowohl die traditionelle Kultur der chinesischen Nation, welche Tatkraft, Gutmütigkeit, Ehrlichkeit und das Einhalten des gegebenen Wortes beinhaltet, als auch der Geist der modernen Marktwirtschaft, sich an vertragliche Verpflichtungen zu halten, werden gefördert. Eine Sozialmoral des Eintretens für Integrität und deren Praktizierung werden Gestalt annehmen.

Die Schaffung von Vorbildern für Integrität: In vollem Maße wird die Funktion zur Verbreitung und Anleitung durch die Medien wie Fernsehen, Rundfunk, Zeitung, Internet entfaltet. Kombiniert werden Aktivitäten des öffentlichen Auswählens von Moralvorbildern mit dem Aufbau von Integrität in sämtlichen Branchen. Es werden soziale Leitbilder errichtet, die Mitglieder der Gesellschaft dazu veranlassen werden, von Vorbildern zu lernen und Ziele zu verfolgen und die die Maxime von Ehrlichkeit und des Einhaltens des gegebenen Wortes zu etwas machen, wonach die ganze Gesellschaft aus eigenem Antrieb streben wird.

Die tiefgreifende Durchführung von Aktivitäten zum Thema Integrität: Operativ und mit Nachdruck wird die Entwicklung von öffentlichen Wohltätigkeitsveranstaltungen organisiert, wozu die Veranstaltungswoche der Integrität, der Monat der Qualität, der Monat der Arbeitssicherheit, der Monat der Öffentlichkeitsarbeit für Integrität im aufblühenden Handel, der Tag des Lei Feng am 5. März, der Internationale Verbraucherschutztag am 15. März, der Tag, sich um seine Sozialkreditwürdigkeitserfassung zu sorgen am 14. Juni, und der Tag der Öffentlichkeitsarbeit über das landesweite Rechtssystem am 4. Dezember zählen. Die Integritätsthematik wird herausstechen, und es wird eine gesellschaftliche Atmosphäre der Ehrlichkeit, Integrität und Harmonie herangebildet.

Es wird eine intensive Entwicklung zweckgebundener Regulierungen mit Schwerpunkt auf Angelegenheiten der Integrität im Gewerbe geben. Gegen Probleme, die im Bereich der Moral hervortreten, werden gründliche Aktionen unternommen: zweckgebundene Ausbildung und Steuerung ebenso wie die Entwicklung einer zweckgebundenen Steuerung gegen Mängel oder den dringenden Bedarf an Integrität im Gewerbe. Entschlossen werden bösartige soziale Trends korrigiert, wie Machtmissbrauch zu persönlichen Vorteilen, Fälschungen und Betrügereien, das Vergessen von Moral für den eigenen Vorteil oder Spaß auf Kosten anderer. Der herrschenden Praxis von Integrität im Gewerbe wird Geltung verschafft.

(3) Die Beschleunigung der Ausbildung von Fachkräften für das Sozialkreditsystem

Der verstärkte Aufbau eines wissenschaftlichen Fachgebiets für die Sozialkreditadministration: Die Sozialkreditadministration wird als Reform des nationalen Wirtschaftssystems und dringend gebrauchtes, wichtiges, aufstrebendes Forschungsgebiet des Gesellschaftssystems klassifiziert. Unterstützt werden qualifizierte Hochschulen bei der Einrichtung einer Fachrichtung für die Sozialkreditadministration oder der Einrichtung relevanter Curricula. Die Forschungsrichtung der Sozialkreditadministration wird auch im Rahmen der Ausbildungen von Doktoranden angeboten. Entfaltet werden Aspekte des Sozialkreditsystems wie Theorie, Management, Technik und politische Strategien.

Die Verstärkung der fachlichen Bewertung und Berufsausbildung im Zusammenhang mit der Sozialkreditadministration: Eingerichtet wird ein starkes System der Berufsausbildung im Bereich der Sozialkreditadministration und der fachgerechten Bewertung des Fachgebiets. Die Qualifizierungen zur Ausbildung in einem Beruf der Sozialkreditadministration und die Kontingente zur Förderung der Spezialisierung in der Sozialkreditadministration werden ausgeweitet. Gefördert und gefestigt werden Austausch und Ausbildung von Beschäftigten und Führungskräften der Sozialkredit-Branche, um den Aufbau des Sozialkreditsystems mit der Bereitstellung von Humankapital zu unterstützen.

> Der Betrieb des SCS soll ein eigener akademischer Zweig werden, der an Hochschulen gelehrt und zu dem promoviert wird; der Beruf des Sozialkreditadministrators soll geschaffen werden und mit ihm eine ganze eigene Branche.

(4) Beschleunigtes Voranbringen des Aufbaus und der Anwendung des Sozialkreditinformationssystems

> Nun geht es zur Technik. Klarerweise muss eine informatische Infrastruktur geschaffen werden, die die vielen diversen Datenquellen zusammenbringt und in das zentrale Register überführt. Vergessen wir nicht: Es geht hier um ein Eineinhalb-Milliarden-Volk mit extremen Unterschieden im Entwicklungsstand!

Ein starkes Sozialkreditregister von Gesellschaftsmitgliedern ist eine grundlegende Anforderung für den Aufbau des Sozialkreditsystems. So werden Stärke und Wirkung von Branchen, Orten und Märkten entfaltet und der Aufbau des Kreditinformationssystems wird schneller vorangebracht. So werden Erfassung, Integration und Gebrauch der Kreditinformationen verbessert. Dies ist Fundament und Voraussetzung für den Mechanismus zur Motivation, Versprechen zu erfüllen und damit Vertrauensbrüche bestraft werden können.

((1)) Der Aufbau des Kreditinformationssystems für das Gewerbe
Die Stärkung des Aufbaus des Sozialkreditregisters in Schlüsselbereichen: Mit Schwerpunkten in Bereichen wie Industrie und Handel, Besteuerung, Preise, Import und Export, Arbeitssicherheit, Produktqualität, Umweltschutz, Lebens- und Arzneimittel, Gesundheitssystem, geistiges Eigentum, Distributionsservice, Bauprojekte, E-Commerce, Transportwesen, Erfüllen von Verträgen, Personalwesen, Sozialversicherung und Ausbildungsforschung werden die Sozialkreditsregister und Sozialkreditsakten der Beschäftigten verbessert.

Die Einrichtung einer Datenbank für Informationen über Sozialkredite bei Branchen: Jede Abteilung muss die Standardisierung der Daten und ihrer Nutzung als Grundregeln verwenden. Mithilfe der bedeutsamen Informationstechnik aus sämtlichen landesweiten Projekten werden die Ressourcen der Sozialkreditinformationen aus den Branchen integriert, die elektronisierte Abspeicherung der Krediteinträge wird realisiert und der Aufbau des Kreditinformationssystems und das Voranbringen des Onlineaustausches von Kreditinformationen zwischen den Branchen beschleunigt. Die einzelnen Branchen sollen für Organisation und Voranbringen der jeweils brancheneigenen Sozialkreditinformation Verantwortung übernehmen.

((2)) Der Aufbau eines lokalen Sozialkreditinformationssystems
Das beschleunigte Voranbringen der Integration von Kreditinformationen in Bezug auf Regierungsangelegenheiten:

Jede Region führt gegenüber all ihren einzelnen Abteilungen und Dienststellen Folgendes aus: Die Kreditinformationen, die im Zuge der öffentlichen Verwaltungsprozesse generiert wurden, sollen aufgezeichnet und vervollständigt werden sowie einen Beitrag leisten zur Integration und Schaffung einer geeinten Plattform für den Austausch und die gemeinsame Nutzung von Kreditinformationen. Für Betriebe, Einzelpersonen und den Mechanismus des Sozialkreditreports etc. wird somit eine bequemere Art der Erkundigung nach Kreditinformationen in Bezug auf Regierungsangelegenheiten zur Verfügung gestellt.

Die Stärkung der Anwendung von Kreditinformationen innerhalb der Regionen: Alle Regionen müssen ein öffentliches Register für Sozialkreditinformationen in Bezug auf Regierungsangelegenheiten festlegen. Es wird ein Beaufsichtigungsorganismus durch die Offenlegung der Kreditinformationen etabliert werden. Der Austausch und das öffentliche Teilen der Kreditinformationen in Bezug auf Regierungsangelegenheiten jeder einzelner ihrer Abteilungen und Dienststellen werden intensiv vorangetrieben. In der öffentlichen Verwaltung wird der Gebrauch von Kreditinformationen verstärkt. So wird der Effekt der Pflichterfüllung erhöht.

((3)) Der Aufbau des Systems für Kreditauskünfte

Die Beschleunigung des Aufbaus eines Systems für Kreditauskünfte: Der Mechanismus für Kreditauskünfte wird eine Branche des Kreditreports schaffen. Es soll ein von Betrieben und Institutionen sowie anderen Organisationen und Einzelpersonen anerkanntes System für Kreditauskünfte etabliert werden. Kraft des Gesetzes werden Kreditinformationen von Betrieben und Institutionen sowie anderen Organisationen und Einzelpersonen gesammelt, integriert und gespeichert. Durch die Gewährleistung rationaler Maßnahmen wird die Korrektheit von Kreditinformationen angenommen. Jede Region und jedes Gewerbe müssen den Aufbau des Systems für Kreditauskünfte durch den Mechanismus für Kreditauskünfte unterstützen.

Die Bereitstellung eines spezialisierten Dienstes für Kreditauskünfte für das Ausland: Gemäß der Marktnachfrage nach dem Mechanismus für Kreditauskünfte wird dem Ausland ein spezialisierter Dienst für Kreditauskünfte bereitgestellt. Regelmäßig wird die Innovation von Kreditdienstleistungen und -produkten vorangetrieben. Es wird ein Regelsystem für Risikovorsorge etabliert und kräftig und strikt ausgeführt, für die Vermeidung von Interessensgegensätzen und die Gewährleistung von Informationssicherheit. Kraft des Gesetzes wird den Kunden ein bequemer, unkomplizierter Hochleistungsdienst für Kreditauskünfte zur Verfügung gestellt. Damit wird die Anwendung von Kreditberichten in Bereichen wie der Bankenbranche, Wertpapierbranche, Versicherungsbranche sowie beim Gesetzesvollzug von Ministerien und Verwaltungen um einen weiteren Schritt erweitert.

> Die eigene SCS-Branche, von der oben die Rede war, soll auch für das Ausland tätig werden können, als Schnittstelle zur Weltwirtschaft. Während die Bürgerinnen und Bürger sowie die Organisationen innerhalb Chinas ohne eigens erfolgte Zustimmung dem SCS unterworfen werden, stellt sich die Frage, inwieweit das SCS auch im Ausland angewendet wird (man vergleiche etwa das Chinarestaurant in Kanada, das sein Restaurant mit Kameras überwacht und Punkte an Angestellte vergibt) und inwieweit das SCS im Ausland auch angewendet werden darf.

((4)) Der Aufbau einer Plattform für vereinte Kreditauskünfte im Finanzwesen

Die Verbesserung der grundlegenden Datenbank für Kreditinformationen des Finanzwesens: Der Aufbau der grundlegenden Datenbank für Kreditinformationen aus dem Finanzwesen wird weiter vorangetrieben, die Datenqualität wird gesteigert, die Funktion des Systems verbessert und die betriebssichere Verwaltung des Systems verstärkt. Die Erfassung der Kreditberichterstattung wird erweitert, und das Serviceniveau des dem Ausland zu gewährleistenden Systems wird angehoben.

Das Vorantreiben des Aufbaus der vereinten Plattform für Kreditauskünfte im Finanzwesen: Das Vorantreiben der Verknüpfungen im System der Kreditinformationen zwischen Managementbereichen im Finanzwesen, wie beispielsweise von Banken, Wertpapieren, Versicherungen und Devisen, wird fortgesetzt. Der Aufbau einer vereinten Plattform für Kreditauskünfte im Finanzwesen wird vorangetrieben, und der Austausch und die gemeinsame Nutzung von Kreditinformationen der Aufsichtsabteilungen des Finanzwesens werden gefördert.

Natürlich müssen auch die Finanzkredite abgesichert werden.

((5)) Förderung des Austauschs und der gemeinsamen Nutzung von Sozialkreditinformationen

Das schrittweise Vorantreiben des Austausches und der gemeinsamen Nutzung von Sozialkreditinformationen der Regierungsangelegenheiten: Alle Regionen und alle Branchen sollen – orientiert an der Nachfrage und unter Voraussetzungen von Datenschutz, Klärung der Verantwortlichkeiten sowie Aktualität und Genauigkeit der Daten – nach dem Grundsatz der Risikostreuung Mechanismen zum Austausch und zur gemeinsamen Nutzung von Kreditinformationen aufbauen, um die existierende Infrastruktur der Kreditinformationssysteme zu koordinieren und zu nutzen sowie um darüber hinaus gesetzeskonform die Verbundenheit und Vernetzung zwischen den Kreditinformationssystemen und den Austausch und die gemeinsame Nutzung von Kreditinformationen zu fördern und schrittweise ein alle Subjekte der Sozialkreditinformationen, alle Kreditinformationsarten und alle Regionen des Landes abdeckendes Kreditinformationsnetzwerk zu bilden. Die zuständigen Behörden der jeweiligen Branchen müssen Kreditinformationen kategorisiert verwalten, die Grenzen der Untersuchungsbefugnisse festlegen und Spezialanwendungen für spezielle Ermittlungen beantragen.

Das gesetzeskonforme Vorantreiben des Austausches von Informationen zwischen dem Kreditinformationssystem der Regierungsangelegenheiten und den Systemen der Kreditauskunft sowie deren gemeinsamen Nutzung dieser Informationen: Die Wirkungen der Marktanreize werden zur Geltung gebracht, um so Institutionen der Kreditauskünfte zur Stärkung der Integration von zuvor offengelegten staatlichen und nichtstaatlichen Kreditinformationen zu ermutigen. Es werden Dienste der Kreditauskunft und Produktsysteme für unterschiedliche Zielgruppen eingerichtet, um die vielschichtigen, vielfältigen und spezialisierten Bedürfnisse der Gesellschaft nach Diensten der Kreditauskunft zufriedenzustellen.

(5) Optimierung der operativen Mechanismen für das Sozialkreditsystem mit Fokus auf dem Belohnungs- und Bestrafungssystem

> So, jetzt wird es ernst. Der Apparat wird mit Effektoren zwecks Lenkung der Gesellschaft ausgestattet.

Operationale Mechanismen bilden die institutionelle Grundlage für die Gewährleistung des koordinierten Betriebs aller Teilbereiche des Sozialkreditsystems. Insbesondere Mechanismen zur Förderung der Vertrauenswürdigkeit und zur Bestrafung von Unzuverlässigkeit haben eine direkte Auswirkung auf das Kreditverhalten aller Gesellschaftsmitglieder und bilden die Kernmechanismen für den Betrieb des Sozialkreditsystems.

((1)) Der Aufbau von Mechanismen zur Belohnung von Integrität und Bestrafung von Unzuverlässigkeit
Die Stärkung der Belohnung und der Anreize für vertrauenswürdige Subjekte: Das Ausmaß der Würdigung und Förderung für vertrauenswürdiges Verhalten soll erweitert werden. Vertrauenswürdige Unternehmen und vorbildliche Individuen sollen vorschriftsmäßig belohnt und durch Nachrichtenmedien umfangreich propagiert werden, um ein öffentliches Milieu, in dem Integrität gelobt wird, zu schaffen. Die Abteilungen für Reform, Finanz- und Bankwesen, Umweltschutz, Wohnungs- und Städtebau, Verkehr und Transport, Handel und Industrie, Steuerwesen, Qualitätsprüfung, Sicherheitsaufsicht, Zoll und geistiges Eigentum sollen entwickelt werden, im Prozess der Marktregulierung und des öffentlichen Dienstes sollen die Anwendung von Kreditinformationen und Kreditprodukten vertieft und Unterstützungs- und Initiativmaßnahmen der »grünen Welle« wie Priorisierung und Vereinfachung der Verfahren für vertrauenswürdige Personen ergriffen werden.

> Als Belohnung sind öffentliche Belobigung und bevorzugte Abfertigung bei Verwaltungsakten in allen Bereichen vorgesehen.

Die Verstärkung von Einschränkung und Bestrafung unzuverlässiger Subjekte: Administrative Aufsicht, Einschränkungen und Bestrafungen werden verstärkt. Basierend auf den existierenden administrativen Strafmaßnahmen werden Systeme zur Bestrafung von Unzuverlässigkeit vervollständigt und in allen Branchen ein Blacklist-System sowie Marktaustrittsmechanismen etabliert. Die Implementierung der kategorisierten Überwachung der Vertrauenswürdigkeit der Volksregierungen auf allen Ebenen soll in den Aspekten Marktüberwachung und -verwaltung, Zugang zum Markt für öffentliche Dienstleistungen, Qualitätszertifizierung, verwaltungsmäßige Zulassung sowie politische Unterstützung gefördert werden. Art und Ausmaß des Vertrauensverlusts der Beaufsichtigten sollen zusammengetragen werden, sodass die Unaufrichtigen bestraft werden. Schrittweise sollen Systeme für Kreditengagement der Antragsteller mit behördlicher Genehmigung errichtet und Kredituntersuchungen der Antragsteller durchgeführt werden, um sicherzustellen, dass die Antragsteller Kreditdaten in den von der Regierung vorgeschlagenen Institutionen der Kreditauskunft besitzen und bei der Kreditinformations-Erhebung mit den Kreditermittlungsinstitutionen kooperieren.

> An-den-Pranger-Stellen, Entfernung vom Markt, Behinderung bei Zertifizierungen und politischer Unterstützung werden unzuverlässigen Subjekten in Aussicht gestellt.

Die Förderung der Erschaffung von Einschränkungen und Strafen am Markt: Normative Standardsysteme und Bewertungsmethoden für Sozialkreditbewertungen werden festgelegt. Verzeichnungs- und Offenbarungssysteme für Unzuverlässigkeit werden optimiert. Dadurch werden die Nichtvertrauenswürdigen bei Interaktionen am Markt eingeschränkt. Der Aufbau branchenspezifischer Einschränkungen und Strafen wird gefördert. Berufsverbände legen Normen zur Selbstregulation innerhalb der Branche fest, deren Einhaltung von den Mitgliedern überwacht wird. Für Unaufrichtige, die die Regeln brechen, sollen je nach Schweregrad der Situation Repressionsmaßnahmen wie Warnungen, brancheninterne Mitteilungen und Kritik sowie Anprangerung durchgeführt werden.

Kontrolle und Bestrafung sollen von den Branchen selbst vorgenommen werden, Verwarnungen und negative brancheninterne und öffentliche Anprangerung sind die Mittel der Wahl.

Die Förderung des Schaffens gesellschaftlicher Einschränkungen und Strafen: Aufsichtsmechanismen der Gesellschaft und der öffentlichen Meinung sollen optimiert und die Offenlegung und Aufdeckung von nichtvertrauenswürdigem Verhalten intensiviert werden. Durch Deliberation, Diskussion und kritisierende Berichte wird der Öffentlichkeit Geltung verschafft, durch moralische Verurteilungen durch die Gesellschaft entsteht soziale Abschreckung, und unzuverlässige Verhaltensweisen der Gesellschaftsmitglieder werden eingeschränkt.

Die Errichtung eines Meldesystems mit Belohnung für die Anzeige unehrlichen Handelns: Informanten sollen aufrichtig belohnt und die gesetzlichen Rechte und Interessen der Informanten beschützt werden.

Oh-oh. Aufforderung zur Denunziation.

Die Einrichtung geeinter, abteilungsübergreifender und überregionaler Belohnungs- und Bestrafungsmechanismen für Vertrauenswürdigkeit: Durch den Austausch und die gemeinsame Nutzung von Sozialkreditinformationen sollen Belohnungen und Bestrafungen abteilungsübergreifend und überregional verknüpft und in die Praxis gesetzt werden, sodass die Vertrauenswürdigen überall Vorteile erhalten, während den Unaufrichtigen die Mobilität erschwert wird.

Diese Richtlinie fand dann ihre Realisierung in den Einschränkungen, die Chinesinnen und Chinesen mit geringer Sozialkredit-Punktezahl im Transportwesen unterworfen wurden. Sie dürfen seitdem keine Tickets für Hochgeschwindigkeitszüge oder Flugzeuge mehr erwerben (siehe dazu Text 11).

((2)) Die Errichtung eines starken Systems von Gesetzen, Regelungen und Normen für Vertrauenswürdigkeit

Wir können realistischerweise davon ausgehen, dass die Grundlagen dieser Gesetzgebung von Professor Lin Junyue stammen (siehe Text 1), der das nordamerikanische Kredit-Management genau kannte und Übersetzungen der betreffenden Rechtsnormen ins Chinesische anfertigte.

Die Verbesserung von Rechts- und Regulierungssystemen für Vertrauenswürdigkeit: Die legislative Arbeit für die Vertrauenswürdigkeit wird vorangebracht, sodass eine Rechtsgrundlage für die Erfassung, Erkundung, Anwendung, für den Austausch und die Vernetzung sowie die Sicherheit der Sozialkreditinformationen und den Schutz der Rechte und Interessen der Betroffenen geschaffen wird. Die Zusatzsysteme und Implementierungsregeln der »Verordnungen zur Administration der Kreditauskunft« werden offiziell eingeführt und es werden Systeme für die Bearbeitung von Einwänden und Beschwerden sowie zur Verfolgung von Rechtsverletzung errichtet.

Zu einem effektiven System mit Belohnung und Bestrafung gehört natürlich auch eine Beschwerdeinstanz, die Fehlbeurteilungen korrigiert.

Das Vorantreiben der Errichtung von gewerblichen, amtlichen und regionalen Kreditsystemen: Alle Regionen und Abteilungen formulieren je nach den Bedürfnissen für den Aufbau des lokalen und branchenbezogenen Kreditsystems ein System von Regeln für den Aufbau lokaler oder gewerblicher Vertrauenswürdigkeit. Sie erläutern die Verantwortung von Einheiten, die Einträge zu Kreditinformationen anlegen. So wird die Objektivität, Wahrhaftigkeit, Richtigkeit und zeitnahe Aktualisierung der Sozialkreditinformationen sichergestellt. Systeme für die gemeinsame Nutzung und Offenlegung der Kreditinformationen sollen optimiert und die ordnungsgemäße Entwicklung sowie Nutzung von Sozialkreditinformationen gefördert werden.

> Nicht ein SCS, sondern viele sollen entstehen. Ganz im Geiste des Internets, das ja schließlich von Anfang an ein verteiltes, *distributed*, System sein sollte, dachte man schon 2014 offenbar an eine Netzstruktur.

Die Errichtung von Systemen zur kategorisierten Administration der Sozialkreditinformationen: Ein Register für Sozialkreditinformationen wird aufgebaut und Kategorien von Kreditinformationen werden erläutert. Gemäß der Eigenschaft der Sozialkreditinformationen und kombiniert mit dem Schutz der Privatsphäre und von Betriebsgeheimnissen wird die kategorisierte Administration der Kreditinformationen in den Phasen der Erhebung, des Teilens, der Nutzung und der Veröffentlichung gesetzeskonform gefördert. Die Bemühungen zur Ermittlung und Aktion gegen den Verkauf personenbezogener Daten und Betriebsgeheimnisse werden verstärkt.

Die Beschleunigung des Aufbaus eines Systems für die Sozialkreditinformationsstandards: Landesweit sollen einheitliche Standards zur Sozialkreditinformationsermittlung und kategorisierten Verwaltung festgelegt und das einheitliche Sozialkreditindexregister und dessen Ausbau standardisiert werden.

> Wo Funktionen verteilt werden, muss es auch Zusammenfassung geben, und die setzt Normierung voraus, man könnte auch sagen: Netzwerkprotokolle.

Die Etablierung eines einheitlichen Kodierungssystems für Sozialkredite: Für Sozialkredite wird für natürliche und juristische Personen sowie andere Organisationen ein einheitliches Kodierungssystem geschaffen. Relevante Systeme und Standards werden optimiert und die verbreitete Nutzung der einheitlichen Sozialkredit-Identnummer in wirtschaftlichen und gesellschaftlichen Aktivitäten gefördert.

> Protokolle, Adressen, Codes. Die Informatisierungsbehörde kann loslegen und das SCS auf die Computer bringen.

((3)) Ausbau und Standardisierung der Märkte für Sozialkreditdienstleistungen

> Offenbar sollen ganze SCS-Gewerbe, eine SCS-Branche entstehen, die sich mit den entsprechenden ausländischen Firmen der Kreditbesicherung zu koordinieren hat. Neben den Regelungen von Finanzkrediten im engeren Sinne geht es aber immer auch um Glaubwürdigkeit im weiteren Sinne, sowohl von juristischen Personen als auch von Unternehmen und Behörden.

Die Entwicklung von Körperschaften jeglicher Art für Sozialkreditdienstleistungen: Schrittweise soll ein vielschichtiges und allumfassendes Organisationssystem aufgebaut werden, in dem öffentliche Institutionen für Kredit- und Sozialkreditdienstleistungen einander ergänzen und die grundlegenden sowie erweiterten Dienstleistungen für Kreditinformationen einander unterstützen und vervollständigen.

Die Förderung und Standardisierung der Entwicklung der Sozialkredit-Bewertungsbranche: Es werden lokale Bewertungsinstitutionen entwickelt und gefördert und die internationale Wettbewerbsfähigkeit der Bewertungsinstitutionen unseres Landes gestärkt. Ein Kreditbewertungsmarkt wird ordnungsgemäß entwickelt und vereinheitlicht und die gesamtheitliche Vertrauenswürdigkeit der Kreditbewertungsbranche wird gesteigert.

Die Erforschung und Innovation von Doppelbewertungs- und Re-Evaluierungssystemen: Die Bewertungsinstitutionen werden ermutigt, am internationalen Wettbewerb teilzunehmen und internationale Standards auszuformulieren sowie die Koordination sowie Kooperation mit Kreditbewertungsinstitutionen anderer Länder zu stärken.

Die Förderung der breiten Anwendung von Sozialkredit-Dienstleistungsprodukten: Der Umfang der Anwendung von Kreditdienstleistungsprodukten wird erweitert und die Nutzung von Kreditdienstleistungsprodukten in der Gesellschaftsordnungspolitik sowie im Handel auf den Märkten gestärkt. Die Entwicklung und Innovation von Kreditdienstleistungsprodukten wird ebenso gefördert wie die Entwicklung von Kreditdienstleistungssektoren wie Kreditversicherung, Kreditbürgschaften, gewerbliches Factoring, Erfüllungsgarantien, Kreditverwaltungsberatung und -training.

Die Errichtung ordnungsgemäßer und offener Sozialkreditinformationssysteme für Regierungsangelegenheiten: Die offene Klassifizierung und grundlegende Kataloge für Sozialkreditinformationen von Regierungsangelegenheiten werden präzisiert, die Offenheit der Kreditinformationen von Regierungsangelegenheiten für die Gesellschaft ordnungsgemäß erweitert und das Entwicklungsumfeld für Branchen wie Kreditermittlung, Kreditbewertung sowie Kreditverwaltung optimiert.

Die Verbesserung der Regulierungssysteme für Kreditdienstleistungsmärkte: Basierend auf den verschiedenen Eigenschaften der Kreditdienstleistungsmärkte und des Betriebs der Institutionen wird nach den Gesetzen eine kategorisierte Regulierung durchgeführt, die Regulierungssysteme werden ergänzt, die Regulierungsaufgaben erläutert und die Marktordnung bewahrt. Die Erstellung von Rechtssystemen für Sozialkreditdienstleistungsaktivitäten wird gestärkt, Mechanismen für den Zugang und Rücktritt von Kreditdienstleistungsinstitutionen werden aufgebaut, Offenheit und Transparenz in Beschäftigungs- und Qualifikationsgutachten geschaffen sowie Normen für Sozialkreditdienstleistungsbetriebe weiter optimiert und die gesunde Entwicklung des Kreditdienstleistungssektors gefördert.

Die Förderung der Sozialkreditdienstleistungsinstitutionen zur Verbesserung der Steuerung juristischer Personen: Die interne Kontrolle der Kreditdienstleistungsinstitutionen wird verstärkt, und die Einschränkungsmechanismen sowie die Qualität der Sozialkreditdienstleistungen werden verbessert.

Die Stärkung des Aufbaus von Integrität der Kreditdienstleistungsinstitutionen selbst: Sozialkreditdienstleistungs-Institutionen müssen Verhaltensnormen festlegen, die Verwaltung muss stärker normiert werden und die Qualität der Dienstleistungen muss gesteigert werden. Sie müssen gerecht und eigenständig bleiben und ihre Glaubwürdigkeit erhöhen. Jegliche Art von Kreditdienstleistungsinstitutionen wird ermutigt, eine leitende Kreditaufsicht zu etablieren und die eigene Sozialkreditadministration verstärkt aufzubauen.

Die Stärkung von Selbstdisziplin in der Kreditdienstleistungsbranche: Die Gründung von Organisationen zur Stärkung von Selbstdisziplin innerhalb der Kreditdienstleistungsbranche soll vorangetrieben werden. Innerhalb dieser Organisationen sollen Grundverhaltensnormen und Berufsstandards für Kreditdienstleistungsinstitutionen sowie deren Personal festgelegt werden und die Selbstkontrolle und -beschränkung müssen verstärkt werden. Das Niveau der Integrität der Kreditdienstleistungsinstitutionen muss ganzheitlich angehoben werden.

((4)) Der Schutz von Rechten und Interessen der Subjekte von Sozialkreditinformationen

Schon von Kindesbeinen an soll das SCS seine erzieherische Wirkung entfalten. Lässliche Jugendsünden sollen durch Reue und positive Motivation in Vertrauenswürdigkeit verwandelt werden, aber der Verrat von Staats-, Geschäfts- oder Privatgeheimnissen soll streng bestraft werden.

Die Optimierung der Mechanismen zum Schutz der Rechte und Interessen der Subjekte der Sozialkreditinformationen: Das Potenzial der administrativen Aufsicht, der Selbstkontrolle der Branche sowie der Überwachung durch die Gesellschaft ist beim Schutz der Rechte und Interessen der Subjekte der Kreditinformationen auszuschöpfen. Rechtliche, ökonomische und administrative Mittel sind kombiniert einzusetzen, um die Rechte und Interessen der Subjekte der Kreditinformationen gewissenhaft zu schützen. Die Subjekte der Sozialkreditinformationen müssen verstärkt angeleitet und instruiert werden, und das Bewusstsein für den Schutz der eigenen Rechte und Interessen muss fortwährend gesteigert werden.

Die Etablierung von Mechanismen zur Selbstkorrektur und zur aktiven Selbsterneuerung durch gesellschaftliche Motivation und Zuwendung: Mit Fokus auf der Einrichtung von Erziehungsmechanismen für vertrauensunwürdige Handlungen durch Minderjährige soll durch adäquaten Schutz der Gesellschaftsmitglieder, die für ihre früheren geringfügigen Vergehen durch Vertrauensverlust bereits Reue gezeigt und sich gebessert haben, ein Mechanismus der positiven Motivation zur Vertrauenswürdigkeit geschaffen werden.

Die Errichtung von Mechanismen zur Rechtsverfolgung bei einer Verletzung der Rechte in Bezug auf Sozialkreditadministration: Systeme und detaillierte Regeln bezüglich der Handhabung beim Umgang mit Diskrepanzen, bei der Bearbeitung von Beschwerden und bei der Verwaltung von Rechtsstreitigkeiten in Bezug auf Kreditinformationen sind auszuarbeiten. Die Justizvollstreckung ist eingehend zu verschärfen. Rechtswidrige Handlungen der Sozialkreditdienstleistungsinstitutionen wie das Offenlegen von Staats- oder Geschäftsgeheimnissen sowie das Verletzen der Privatsphäre sind in Übereinstimmung mit dem Gesetz streng zu bestrafen. Durch verschiedene Medien sollen Handlungen, die die Rechte und Interessen der Subjekte der Kreditinformationen verletzen, an die Öffentlichkeit gebracht werden, um die Überwachungsfunktion der Gesellschaft zu verstärken.

((5)) Die Verbesserung des Sicherheitsmanagements der Kreditinformationen

> Hier geht es um die Sicherheit der Daten, auf deren Auswertung das SCS beruht. Da ein gigantisches Computersystem entsteht, darf es auch an technischer Integrität nicht mangeln.

Die Optimierung der Systeme des Sicherheitsmanagements der Kreditinformationen: Systeme zum Schutz der Sozialkreditinformationen und der Online-Vertrauenswürdigkeit sind zu perfektionieren und ein vollkommenes Sicherheitsüberwachungssystem der Kreditinformationen ist aufzubauen. Das Ausmaß der Sicherheitsüberwachung und -kontrolle der Kreditinformationen ist zu erweitern. Das Sicherheitsrisiko der Kreditinformationen ist zu analysieren und ein kategorisierter Schutz der Kreditinformationssicherheit ist anzuwenden. Es ist eine Sicherheitsauthentifikation des Kreditinformationssystems auszuführen und das Sicherheitsmanagement der Systeme der Kreditinformationsdienstleistungen ist zu verstärken. Ein Notmechanismus bezüglich der Kreditinformationssicherheit ist zu etablieren und zu optimieren. Der Aufbau der Grundinfrastruktur für die Kreditinformationssicherheit muss verstärkt werden.

Die Verstärkung der internen Verwaltung der Kreditinformationssicherheit von Kreditdienstleistungsinstitutionen: Die Fähigkeit der Kreditdienstleistungsinstitutionen zum Schutz der Informationssicherheit muss ausgebaut werden. Die Sicherheit ist eingehend zu gewährleisten, die technische Entwicklung ist voranzutreiben und mehr Kapital ist zu investieren. Der Aufbau von Systemen zur Gewährleistung der Kreditinformationssicherheit muss von vornherein auf einem hohen Niveau und basierend auf hohen Standards geschehen. Regelungen zum Sammeln, Ordnen, Verarbeiten, Speichern und Verwenden der Kreditinformationen sind nach den Gesetzen zu erstellen und durchzuführen.

(6) Die Errichtung und Umsetzung von Unterstützungssystemen

((1)) Die Stärkung der Umsetzung von Verantwortung

> Durch Anreiz und Bestrafung soll das ganze Land für das SCS mobilisiert werden, auf allen Ebenen.

Alle Regionen und Abteilungen müssen nach einer einheitlichen Ideologie streben. Nach den Gesamtanforderungen des vorliegenden Plans sind Teams zur Förderung des Plans zu gründen und je nach Zuständigkeit und realen Aufgaben ist ein konkreter Durchführungsplan zu erstellen.

Alle Regionen und Abteilungen müssen regelmäßig die Lage des Aufbaus des Sozialkreditsystems der jeweiligen Region und damit in Verbindung stehenden Branchen zusammenfassen und beurteilen, um Probleme rechtzeitig zu erkennen und Gegenmaßnahmen vorzubringen.

Die Regionen, Abteilungen und Arbeitseinheiten, die beim Aufbau des Sozialkreditsystems Spitzenleistungen erzielen, werden gemäß den Regelungen ausgezeichnet. Die Verantwortlichen der Regionen, Abteilungen und Arbeitseinheiten, die sich nicht ausreichend einbringen bzw. in welchen häufig Phänomene von Vertrauensverlust zu beobachten sind, werden gemäß den Regelungen zur administrativen Verantwortung gezogen.

((2)) Die Erweiterung der Unterstützung für die Politik

> Das SCS kostet Geld, und davon soll es künftig mehr geben. Pilotprojekte und kreative Umsetzungen werden ermutigt.

Volksregierungen auf allen Ebenen müssen je nach Bedarf beim Aufbau des Sozialkreditsystems die von der jeweiligen Regierung zu tragenden Kosten in die Finanzplanung einfließen lassen, um den Betrag gewährleisten zu können. Die finanzielle Unterstützung für den Aufbau der Kreditinfrastruktur sowie für die Projekte zur Demonstration von Innovationen in den Schwerpunktbereichen ist zu erhöhen.

Alle Regionen und Abteilungen werden ermutigt, den bereitgestellten Plan und die realen Arbeitsanforderungen zu verbinden und im Bereich der Demonstration von Innovationen im Zuge des Aufbaus des Sozialkreditsystems voranzuschreiten und zu experimentieren. Außerdem müssen sie ihre Unterstützung bei der Finanzierung und Kapitalbeschaffung zusichern.

((3)) Die Realisierung spezifischer Projekte

> Das Land, Kleinst- und Kleinunternehmen sollen nicht vergessen, sondern separat auf das SCS vorbereitet werden. Es geht hier nicht nur um die Finanzmetropolen im hoch entwickelten Südosten der Nation!

Projekt zur Offenlegung von Informationen der Regierungsangelegenheiten: Die »Verordnung für die Offenlegung von Informationen der Regierungsangelegenheiten der Volksrepublik China« ist tiefgreifend durchzusetzen. Anhand der Offenlegung aus eigener Initiative sowie Offenlegung durch Antragstellung ist eine kategorisierte Administration durchzuführen. Das Ausmaß der Offenlegung von Informationen über Regierungsangelegenheiten ist auszuweiten und ein öffentliches und transparentes Image der Regierung ist aufzubauen.

Projekt zum Aufbau des ländlichen Kreditsystems: Für Mitglieder der ländlichen Gesellschaft wie z. B. ländliche Haushalte, Bauernhöfe, Kooperativen der Landwirte, Agrotourismus, Betriebe der Agrarproduktherstellung und -verarbeitung sind Sozialkreditkonten zu erstellen. Es ist eine solide Basis für den Aufbau des ländlichen Kreditsystems zu schaffen. Es sind Aktionen zur Initiierung von Kredithaushalten, Kreditdörfern und Kreditgemeinden (-kreisen) zu starten. Förderarbeiten zu Muster-Sozialkredithaushalten für die Jugend sind voranzutreiben, um beispielgebend zu wirken. Die Landwirte sind durch die Mitwirkung zu belehren, haben Vorteile zu erhalten und haben in der Praxis ihr Bewusstsein für Integrität zu schärfen. Der Aufbau des Sozialkreditsystems in den landwirtschaftlichen Betrieben, wie Betrieben der Agrarproduktherstellung und -verarbeitung oder des Agrotourismus, ist voranzutreiben. Es ist ein vollständiges solidarisches Kredithaftungssystem der Landwirte aufzubauen. Die landwirtschaftliche Versicherung ist voranzutreiben und weiterzuentwickeln und das Kreditbürgschaftssystem in den ländlichen Regionen ist zu optimieren.

Projekt zum Aufbau des Kreditsystems für Klein- und Mikrounternehmen: Es ist ein vollständiges System für Krediteintrag bzw. -bewertung aufzubauen, das an die Besonderheiten der Klein- und Mikrounternehmen angepasst ist. Das Abrufen von Kreditinformationen der Klein- und Mikrounternehmen, das Teilen des Servicenetzes und der regionalen Krediteinträge der Klein- und Mikrounternehmen sind zu optimieren. Alle Arten von Kreditdienstleistungsinstitutionen sind anzuleiten, für Klein- und Mikrounternehmen Kreditdienstleistungen bereitzustellen. Es sind Innovationen bei den Methoden beim Bündeln der Kreditdienstleistungen für Klein- und Mikrounternehmen vorzunehmen. Abwechslungsreiche Methoden zur Verbreitung der Integrität und Fortbildungsaktionen für Klein- und Mikrounternehmen werden befürwortet, um eine positive Kreditumgebung für eine einfachere Mittelbeschaffung und die erfolgreiche Entwicklung der Klein- und Mikrounternehmen zu schaffen.

((4)) Die Förderung innovativer Musterbeispiele

> Mithilfe eines Bottom-up-Ansatzes wird das SCS regional erprobt. Lokalregierungen sollen in Pilotprojekten das ganze Spektrum eines SCS demonstrieren und praktizieren: Kredite sollen erteilt, Begünstigungen und Bestrafungen erprobt, das Berichtswesen getestet und gezeigt werden, dass die Schlüsselbereiche davon profitieren können.

Die umfassende Demonstration des Aufbaus regionaler Vertrauenswürdigkeit: Die Musterregionen haben die Initiative beim Einbinden der Kreditinformationen der lokalen Abteilungen und Arbeitseinheiten zu ergreifen, um eine einheitliche Plattform zum Teilen der Kreditinformationen zu bilden und diese gesetzeskonform der Gesellschaft öffentlich zugänglich zu machen. Die Abteilungen der Musterregionen haben im Prozess der ökonomischen und sozialen Verwaltung und der Bereitstellung von öffentlichen Dienstleistungen vermehrt die Kreditinformationen und Kreditprodukte einzusetzen. Diese haben bei der Regierungsverwaltung und im zivilen Dienst als Schlüsselelemente zu fungieren. Es ist ein vollständiger gekoppelter Mechanismus der

Belohnung und Bestrafung für das Sozialkreditsystem einzurichten, damit vertrauenswürdige Personen Motivationen und Belohnungen erhalten, während vertrauensunwürdige Personen Einschränkungen erfahren und gemaßregelt werden. Typische Handlungen des Vertrauensverlustes bei Verletzungen des Gesetzes und Regelverstößen sind öffentlich zu machen und bei schwerwiegenden Vergehen die Strafen zu verschärfen. Die Normen und Methoden der Kreditbewertung lokaler Regierungen sind zu erkunden und zu etablieren. Die umfassende Kreditbewertung der lokalen Regierungen ist im Zuge gesetzeskonformer Kredit- und Finanzierungsaktionen auszutesten, beispielsweise durch Ausgaben von Anleihen durch die lokale Regierung.

Die kooperative Demonstration beim Aufbau regionaler Vertrauenswürdigkeit: Ein gekoppelter Mechanismus für die regionale Vertrauenswürdigkeit ist zu erkunden und zu errichten. Es sind Innovationen beim Aufbau des regionalen Kreditsystems zu demonstrieren. Das Teilen und der Austausch von Kreditinformationen sind voranzutreiben und eine regionsübergreifende Verknüpfung von Belohnung und Bestrafung der Vertrauenswürdigkeit ist zu realisieren. Das regionale Kreditumfeld ist zu optimieren.

Die angewandte Demonstration von Kreditinformationen in den Schwerpunktbereichen und Branchen: In den Bereichen Lebensmittel- und Medikamentensicherheit, Umweltschutz, Produktionssicherheit, Produktqualität, Ingenieurwesen, E-Commerce, Wertpapier und Darlehen, Finanzierungsbürgschaft, Regierungseinkauf und Ausschreibungen ist ein Kreditberichtsystem auszutesten.

((5)) Die Optimierung der Organisationssicherheit

> Top-down greift die Regierung über das Konferenzsystem, dessen Aufbau 2007 verkündet wurde (Text 4), koordinierend bis auf die untersten Ebenen durch.

Die Perfektionierung der Organisations- und Koordinationsmechanismen: Das ministeriumsübergreifende Konferenzsystem für die Errichtung des Sozialkreditsystems wird perfektioniert. Dessen Koordinations- und Planungsfunktion ist vollständig auszuschöpfen. Die Unterweisung, die Aufsicht und die Kontrolle aller Regionen und Abteilungen beim Aufbau des Sozialkreditsystems müssen forciert werden. Das Organisationssystem muss optimiert werden, so müssen in allen Regionen und Abteilungen spezielle Systeme errichtet werden, die den Aufbau des Sozialkreditsystems vorantreiben. Es ist eine nationale Kreditvereinigung zu etablieren und die Selbstkontrolle zu verstärken. Das Potenzial sozialer Organisationen jeglicher Art ist beim Vorantreiben des Aufbaus des Sozialkreditsystems vollständig auszuschöpfen.

Die Etablierung der Fördermechanismen in den regionalen Regierungen: Die Volksregierungen aller Ebenen müssen den Aufbau des Sozialkreditsystems als eine wichtige Aufgabe auf die Tagesordnung setzen. Der Aufbau der Integrität des Regierungshandelns und der Handelsangelegenheiten, der Gesellschaft sowie der Glaubwürdigkeit der Justiz ist zu fördern. Kontrollen müssen verschärft und Überprüfungen verstärkt werden. Die Aufbauarbeit des Sozialkreditsystems muss ein wichtiger Inhalt bei der Überprüfung der Arbeitsziele und der Leistungen von Beamten sein.

Die Errichtung von Systemen für Arbeitsberichte und -koordination: Das ministeriumsübergreifende Konferenzsystem für die Errichtung des Sozialkreditsystems soll regelmäßig Konferenzen zur Arbeitskoordination einberufen, um über den Fortschritt zu berichten, damit wichtige Fragen beim Aufbau des Sozialkreditsystems rechtzeitig eruiert und gehandhabt werden können.

TEXT 7

Förderung des SCS durch Verknüpfung von Belohnung und Bestrafung (2014)

Quelle: {www.gov.cn/xinwen/2014-07/08/content_2714212.htm}, letzter Zugriff: 14. Juni 2023.
Veröffentlicht am 08.07.2014.

> Zwei Wochen nach der Bekanntmachung des Staatsrats, die umfänglich und detailliert den Grundriss des Aufbaus des SCS beschrieben hatte, meldet sich diejenige Behörde mit ausgefeilten Plänen zu Wort, die sich vom Bauern bis zum Großunternehmen Respekt verschafft: das Finanzamt. Es führt ein Scoring für das Steuerverhalten als Teil des Sozialkreditsystems ein, dabei werden Steuerzahler (Individuen und Organisationen) in Klassen von »A« (positiv) bis »D« (negativ) eingestuft.
> Bei Steuervergehen wird man direkt in »D« abgestuft, treibt man es noch ärger, auf eine schwarze Liste gesetzt. Es geht darum, dass A-Steuerzahler stolz und glücklich und D-Steuerzahler in ihren Geschäften eingeschränkt und in Angst leben sollen.

Das nationale Finanzamt fördert den Aufbau des Kreditsystems der »zwei Methoden«: Verknüpfung von Belohnung und Bestrafung

Vor Kurzem veröffentlichte der Staatsrat das Dokument »Grundriss des Aufbauplans für ein Sozialkreditsystem (2014–2020)« zum Zwecke des beschleunigten Aufbaus eines solchen, verlässlich wirkenden wirtschaftlichen Rahmens für das Sozialkreditsystem. Dabei handelt es sich um ein Projekt äußerster Wichtigkeit für den Aufbau eines nationalen Sozialkreditsystems, ein wichtiges Element darin ist die Bonität bei Steuereinnahmen. Vor nicht allzu langer Zeit veröffentlichte das nationale Finanzamt »Methodik zum

Bonitätsmanagement in der Steuerzahlung« sowie »Methodik zur Veröffentlichung bedeutender Fälle von Steuerhinterziehung« und hat somit ein System zur Belohnung bzw. Bestrafung von jeweiligem Verhalten in Hinsicht auf Sozialkredit aufgebaut und ein Update des Sozialkreditsystems für den Steuersektor geschmiedet.

Liu Jianwen, Professor an der Peking Universität und Leiter des Forschungsinstitutes zu Steuerrecht, meint, dass Steuerbonität ein wichtiger Orientierungspfeiler für Sozial- und Wirtschaftskredit sei. Das nationale Finanzamt veröffentlichte hierzu auch gleich seine Idee der »zwei Methoden« und setzte seinen Plan des »Doppelgriffes« um, die Verkörperung eines Beispiels für proaktives Denken. Indem man den Bewertungsindex verbesserte, die Bewertungszeiten verkürzte, die Bewertungsergebnisse in die Praxis brachte, Steuerfälle zügig veröffentlichte und Belohnung und Bestrafung implementierte, verwissenschaftlichte man das Kreditsystem bei den Steuereinnahmen weiter und bereitete den Weg dafür, dass es im Sozialkreditsystem eine größere Wirkung zeitigen kann.

> Die Wissenschaft größtmöglicher Effizienz bei der Verhaltenssteuerung ist der Behaviorismus. Mit negativem oder positivem Stimulus erzeugt man stabile Vertrauenswürdigkeit, hier: hohe Steuermoral.

Ansporn für Bonität: Direkte Verbindung der Steuereinnahmenserviceverwaltung mit Steuerzahlungsbonität

Nach Angaben des zuständigen Verantwortlichen des nationalen Finanzamtes umfasst das Management von Steuerzahlungsbonität die Erfassung, Bewertung, Bestimmung, Veröffentlichung und Verwendung von Informationen zur Steuerzahlung. Die Steuerbehörde wird die Indikatoren ausführlich erfassen, die Bonität der Steuerzahler bewerten und diese entsprechend aktueller Entwicklungen neu einstufen.

Der zuständige Verantwortliche erklärte, dass das nationale Finanzamt am 17. Juli 2003 die »Versuchsmethodik zum Bonitätsklassenmanagement in der Steuerzahlung« festgelegt habe und bis Ende 2013 bereits 68.448 Steuerzahler mit dem Kreditrating »A« bewertet wurden. Die neu eingeführten Maßnahmen der Steuerzahlungsverwaltung in Verbindung mit der Verwaltungssituation der Steuerzahlung in den letzten 10 Jahren hat zu einer Anpassung der Bewertungsindikatoren und Bewertungsergebnisse geführt. Die biennale Bewertung wurde in eine jährliche Bewertung geändert, wodurch die Vollständigkeit, Wissenschaftlichkeit und Aktualität der Bewertung für die Steuerzahlung verbessert wurde.

Es soll hauptsächlich drei Informationsarten für die Bewertung der Steuerzahlungszuverlässigkeit geben: erstens die Steuerzahlungshistorie. Dies beinhaltet die Stammdaten der Steuerzahler sowie deren Steuererklärungen, die Aufzeichnungen der Steuerzahlungen der letzten Jahre und frühere Steuerzahlungsaufzeichnungen in den relevanten Abteilungen. Zweitens interne Steuerinformationen. Sie beinhalten Informationen über Steuererklärungen, Zahlungen, Quittungen, Steuerschuldmittel, Registrierungen, Kontobücher und Steuerprüfungen. Drittens externe Informationen. Sie beinhalten die Bewertung der Kreditaufzeichnungen des Steuerzahlers im laufenden Jahr sowie andere Informationen, die die Bewertung der Steuerzahlung beeinflussen können. Dies sind beispielsweise Informationen, die von der einheitlichen nationalen Plattform für Kreditinfomationen, den offiziellen Websites relevanter Abteilungen, den Medien oder von Vermittlern gesammelt wurden.

Die Steuerzahlungsbonität gliedert sich gemäß dem Hundertpunktesystem in vier Stufen: über 90 Punkte (A), 70–90 Punkte (B), 40–70 Punkte (C) und unter 40 Punkte (D). Nach einem Verstoß gegen das Steuergesetz kann ein Steuerzahler auch direkt auf »D« eingestuft werden. Im April jeden

Jahres bewertet das Finanzamt die Ergebnisse der Steuerzahlungen des Vorjahres. Steuerzahler, die mit dem Ergebnis nicht einverstanden sind, können sich um eine Neubewertung bewerben.

Mit 100 Punkten wird die höchstmögliche Steuermoral, die Steuerzahlungsbonität, ausgewiesen. Wer sich gegen einen Katalog von zehn Steuersünden vergeht, landet direkt auf der untersten Stufe. Später wurde dem Finanzamt die Zielvorgabe gemacht, dass die zehn Prozent der zuverlässigsten Steuerzahler die Stufe »A« erhalten sollten und die zehn unzuverlässigsten Prozent die Stufe »D«. Durch diesen Wechsel von absoluter Beurteilung zu relativer greift bei den Steuersündern eine kalte Progression: Während man zuvor wusste, dass man erst ab einem bestimmten Zeitraum der Verspätung auf Stufe »D« landete, muss man sich nun jedes Jahr verbessern, um Stufe »D« zu vermeiden, da die einmal in »D« eingestuften nach »C« streben und zuvor in »C« eingestufte drohen, mit derselben Steuermoral beim nächsten Mal in »D« eingestuft zu werden. Unabhängig davon, wie sich die Steuermoral objektiv entwickelt, bleiben stets zehn Prozent in Stufe »D«.

Außerdem wurden zehn Fälle festgelegt, die direkt zu einer Einstufung auf die Stufe »D« führen, beispielsweise wurden die Umgehung von Steuerzahlung, die Zahlungsvermeidung von Steuerrückständen, Betrug bei der Rückerstattung von Exportsteuer und die falsche Ausstellung spezieller Mehrwertsteuerrechnungen als steuerliche Straftaten eingestuft. Außerdem zählen dazu die unterlassene oder verspätete Steuerzahlung sowie die Nichtzahlung von Gebühren und Geldbußen. Ebenfalls darunter fallen diejenigen, die sich unter Einsatz von Gewalt weigern, Steuern zu zahlen, die die Steuerbehörde daran hindern, Steuerinspektions- und Strafverfolgungsmaßnahmen durchzuführen, und diejenigen, die gefälschte Unterlagen zur Erlangung von Steuervergünstigungen einreichen oder bereitstellen.

Der verantwortliche Sprecher sagte, die Verwaltung der Steuerzahlung konzentriere sich auf die Anwendung, und die Einstufung der Bonität sei direkt mit der Verwaltung der Steuerdienstleistungen verbunden. Das Finanzamt werde die Liste der Steuerzahler der Stufe A bekannt machen und diesen mehr Quittungen zur Verfügung stellen sowie Originale normaler Rechnungsbelege nur bei Bedarf anfordern. Unternehmen, die drei Jahre in Folge die Einstufung »A« erhalten haben, könnten die »grüne Welle« nutzen, oder es wird ihnen ein persönlicher Steuerkoordinator zugeteilt. Steuerzahler der Stufe B werden normal behandelt, während Steuerzahler der Stufe C unter strenger Beobachtung stehen.

> Hier haben wir die Anreize und die Daumenschrauben des Finanzamts: Die Guten werden öffentlich belobigt, müssen nicht so viele Belege einreichen – schließlich vertraut man ihnen aus wissenschaftlichen Gründen! –, dürfen auf »grünen Wellen« surfen und kommen in den Genuss persönlicher Beratung. Die Schlechten haben sich Misstrauen zugezogen, auf sie schaut das Finanzamt besonders scharf.

Steuerzahler der Stufe D unterliegen in Bezug auf Quittungen, die Prüfung von Exportsteuerrückerstattungen und Steuerevaluation einer strengen Überwachung und Überprüfung. Im Falle eines Steuerdeliktes fällt das Strafmaß ebenfalls höher aus als für andere Steuerzahler. Das Finanzamt wird außerdem die Namen der Steuerzahler der Stufe D an andere relevante Abteilungen übermitteln und vorschlagen, dass diese in den Bereichen Marketing, Investitionen, staatliche Landzuteilung, Im- und Export, Ein- und Auswanderung, Registrierung neuer Unternehmen, Projekt-Ausschreibungen, öffentliches Beschaffungswesen, Erhalt von Ehrungen, Sicherheits- und Produktionslizenzen sowie berufliche Weiterbildung eingeschränkt oder gänzlich davon ausgeschlossen werden, sodass die Vertrauenswürdigen überall Vorteile erhalten, während den Unaufrichtigen das Leben erschwert wird.

> Es soll kein gleiches Recht für alle gelten: Besonders schlechte Steuerzahler werden auch besonders hart bestraft. Bei so ziemlich allen administrativen Vorgängen werden die Guten bevorzugt und die Schlechten benachteiligt. Und: Es sollen demnächst alle Steuersubjekte drankommen.

Es ist zu verstehen, dass die »Methodik zum Bonitäts-Management in der Steuerzahlung« nur für Körperschaftssteuerzahler gelten, die die Steuerregistrierung abgeschlossen haben, in der Produktion und im Geschäftsbetrieb tätig sind und Prüfungen und Inkasso durchführen. In der Zukunft wird das nationale Finanzamt schrittweise die Methodik für die Steuerzahlungsbonität für Quellensteuerpflichtige und natürliche Personen festlegen, und die Steuerbehörden der Provinzen werden Steuerzahlungsverfahren für einzelne gewerbliche und kommerzielle Haushalte sowie andere Arten von Steuerzahlern festlegen.

Einschränkungen bei Vertrauensverlust: Schwerwiegende Verstöße gegen das Steuergesetz werden auf die schwarze Liste gesetzt

> Öffentlich präsentierte schwarze Listen werden eingeführt, und die sollen denen Angst einflößen, die sich unbotmäßig benehmen und ihre Steuern nicht korrekt bezahlen.

Da die »Methodik zum Bonitätsmanagement in der Steuerzahlung« das Klassifizierungssystem auf Basis aktiver Forschung schrittweise verbessern soll, konzentriert sie sich mehr auf den Aufbau des Systems zur Belohnung von Integrität. Das Schwarze-Listen-System für Steuerzahlungen ist eine neu eingeführte Maßnahme »Zur Verbreitung von Informationen über schwerwiegende Verstöße gegen das Steuergesetz« und zu Einschränkungen bei Vertrauensverlust. Ende letzten Jahres hat das nationale Finanzamt die Einrichtung einer »schwarzen Liste« bei Steuerzahlungen als Arbeitsschwerpunkt für dieses Jahr festgelegt.

Auf der nationalen Steuerarbeitskonferenz am 26. Dezember 2013 erklärte der Direktor des nationalen Finanzamtes, Wang Jun: »Die Untersuchung schwerwiegender Steuerverstöße im Zusammenhang mit Steuerhinterziehung, Steuerbetrug und falschen Rechnungen, die einen bestimmten Steuerbetrag überschreiten, wird in die ›schwarze Liste‹ auf der Website der Zentralverwaltung aufgenommen werden. Dies soll den Gesetzesbrechern Angst einflößen, der Bevölkerung eine Warnung sein und den Aufbau des Sozialkreditsystems fördern.«

> Die Idee zur Anprangerung von Steuersünden soll aus den USA, Japan und aus anderen Ländern übernommen werden. Nicht umsonst waren Protagonisten wie Lin Junyue im Ausland und haben sich dort ausbilden lassen.

Die Maßnahmen zur Offenlegung von Informationen über schwerwiegende Verstöße gegen das Steuerrecht basieren auf den erfolgreichen Maßnahmen der zuständigen Regierungsstellen und den Erfahrungen der Steuerbehörden der Vereinigten Staaten, Japans und anderer Länder sowie auf der Einholung von Stellungnahmen verschiedener Parteien. Die »Maßnahmen« umfassen grundsätzliche Regeln zur Bekanntmachung durch die Behörden sowie Standards zur Veröffentlichungsart, den Inhalten, Fristen und relevantem Strafmaß. Außerdem wurde festgelegt, wie mit Einwänden umgegangen werden soll. Des Weiteren wurden sieben Punkte festgelegt, die zu einem Eintrag in die öffentliche

»schwarze Liste« des nationalen Finanzamts führen: Einreichen einer gefälschten Steuererklärung, Weigerung der Zahlung fälliger Steuerrückstände, Betrug bei der Zahlung von Exportsteuern, Einreichung falscher Mehrwertsteuerrechnungen, die zu einer Steuererstattung von mehr als 5 Mio. RMB führen oder die den Betrag von 10 Mio. RMB falsch gezahlter Steuern überschreiten, Ausstellung gefälschter Rechnungen mit einem Nennwert von mehr als 50 Mio. RMB, gewalttätige Weigerung bei der Steuerzahlung und schwerwiegende Steuerverbrechen mit großen sozialen Auswirkungen.

Und nun kommt das, was die Finanzamt-Oberen für das Beste überhaupt halten: Klarnamen, Geschlecht und Personalausweisnummern werden online angeprangert.
Das Bemerkenswerteste ist, dass die »schwarze Liste« nicht nur den Firmennamen, die Steuernummer, die Organisationsnummer, die eingetragene Adresse, die wichtigsten Informationen zum Gesetzesverstoß, die Rechtsgrundlage der Bestrafung und Informationen über die administrative Organisation und die administrative Bestrafung des Unternehmens enthält, sondern dass auch der Name, das Geschlecht und die Personalausweisnummer des verantwortlichen gesetzlichen Vertreters des Unternehmens sowie des Finanzbeauftragten offengelegt werden. Ebenfalls werden Informationen über Abteilungen und Mitarbeiter, die direkt für Steuerverstöße verantwortlich sind, vermerkt.
Über alle gängigen Kanäle, vom Internet bis zum Schwarzen Brett, werden schwere Steuersünder mindestens zwei Jahre lang angeprangert.

Die »Methodik« schreibt vor, dass die Steuerbehörden über der Präfekturebene innerhalb von 30 Tagen nach Ende eines jeden Quartals eine »schwarze Liste« der schwersten Verstöße gegen das Steuergesetz auf ihren Internetseiten, in Zeitungen, über Rundfunk, im Fernsehen, über soziale Medien sowie auf schwarzen Brettern veröffentlichen müssen. Nach dem Erscheinen auf der »schwarzen Liste« müssen mindestens 2 Jahre vergehen, bevor der Name des Unternehmens wieder von der Liste gestrichen werden kann. Das System der »schwarzen Liste« in der Steuerzahlung dient als Informationsquelle für die Öffentlichkeit und als effektives Instrument der öffentlichen Kontrolle und der Aufsicht der öffentlichen Meinung. Schwere Verstöße gegen das Steuergesetz werden dadurch effektiv bestraft und das Bewusstsein der Steuerzahler für gesetzestreue Steuerzahlung wird so geschärft.

Und weil dies so hochnotpeinlich ist, muss es auch stimmen. Zu Unrecht Beschuldigte sollen Einsprüche geltend machen können.

Um die Rechte und Interessen der Steuerzahler vor dem Gesetz zu schützen, schreiben die Maßnahmen vor, dass die Steuerbehörde, die für die Abwicklung des Strafprozesses sowie die Verhängung der Sanktionen zuständig ist, für die Korrektheit und Authentizität schwerer Verstöße gegen das Steuergesetz verantwortlich ist. Wenn die involvierten Parteien Einwände gegen den Inhalt der Bekanntmachung haben, ist die Steuerbehörde, die die Entscheidung über die Verwaltungsabwicklung und das Strafmaß getroffen hat, für die Überprüfung und Verarbeitung verantwortlich.

Der Chef der Steuerforschung ist begeistert: Ein Verwaltungsapparat sorgt für Harmonie, und mitgefangen ist auch mitgehangen. Sicherheitshalber entscheidet dieselbe Behörde, die die Entscheidungen getroffen hat, auch über Einsprüche gegen diese Entscheidungen (nicht wie etwa in Deutschland ein Verwaltungsgericht).

Zhang Bin, Direktor des Steuerforschungsbüros der Akademie für Wirtschaftsstrategie der Chinesischen Akademie für Sozialwissenschaften, erklärt, das System der »schwarzen Liste« »bündele« Informationen über die Steuerzahlung von Unternehmen mit Informationen über die zuständigen juristischen Personen und Finanzbeauftragten. Dies fördere den Aufbau eines ausgereiften Verwaltungsapparats und schaffe eine harmonische Unternehmenskultur. Darüber hinaus würden Unternehmen mit persönlicher Integrität dadurch gefördert werden und durch den Mechanismus von »mitgefangen, mitgehangen« würden sich die Mitarbeiter gegenseitig kontrollieren. Dies stelle einen innovativen und pragmatischen Schritt zur Förderung des Aufbaus des Sozialkreditsystems dar.

Verknüpfung von Belohnung und Bestrafung: Wissenschaftlicher Aufbau eines Steuerkreditsystems

> Diverse Finanzbehörden-Chefs loben die »zwei Methoden«, Belohnung und Bestrafung, als Königsweg zur Selbstdisziplin.

Belohnung für Vertrauenswürdigkeit und Bestrafung für Vertrauensbrüche sind die zentralen Mechanismen des Sozialkreditsystems. Durch die »zwei Methoden« des nationalen Finanzamtes werden Steuerzahlungen von Unternehmen der Ratingstufe A klar und aktiv offengelegt und typische Verstöße gegen Steuergesetze rechtzeitig aufgedeckt, sodass die Anreize für Steuerzahler, vertrauenswürdig zu handeln, erkannt werden und so die Verknüpfung von Belohnungen und Anreizen für vertrauenswürdige Steuerzahler und die Verschärfung des Strafmaßes für vertrauensbrüchige Steuerzahler umgesetzt werden können.

Liu Jianwen ist der Ansicht, dass der Aufbau umfassender, vollständiger und wissenschaftlicher Indikatoren zur

Bewertung von Steuerzahlungen eine wichtige Maßnahme sei, um vertrauenswürdige Unternehmen zu motivieren. Die rechtzeitige Offenlegung von Informationen über Verstöße gegen Steuergesetze und die Bestrafung von Unehrlichkeit könnten als Abschreckung und Warnung dienen und das Bewusstsein der Steuerzahler für gesetzestreues Verhalten fördern. Dies würde zu einer allgemeinen Einhaltung der Steuergesetzte und der Aufrechterhaltung einer sozial- und steuerrechtlich gerechten Wirtschaftsordnung führen, die Steuerzahler der Stufe A mit Stolz und Freude erfüllen, die Steuerzahler der Stufe B und C zur Selbstdisziplin anregen, sie in Ansehen und Integrität aufsteigen lassen wollen und Steuerzahler der Stufe D sowie Unternehmen, die schwere Verstöße gegen das Steuergesetz begangen haben, einschränken und beunruhigen!

Laut Ma Yimin, Direktor des Inspektionsbüros des nationalen Finanzamtes, hat die Steuerbehörde einen interaktiven Mechanismus für die Kreditverwaltung, die Verwaltung der Steuereinzüge und die Steuerprüfung eingerichtet. Die Abteilungen für die Verwaltung der Steuereinzüge und die Steuerprüfung stellen der Kreditverwaltungsabteilung rechtzeitig Informationen zu Steuerbonität zur Verfügung. Monatliche Änderungen des Bonitätspunktestandes der Steuerzahler werden als Ergänzung zum Steuerrisikomanagement an die Abteilungen für die Verwaltung der Steuereinzüge und die Steuerprüfung gesendet.

Die Steuerbehörde hat außerdem einen abteilungsübergreifenden, überregionalen Mechanismus zur Verknüpfung von Belohnungen und Bestrafungen mit Industrie, Handel, Zoll, Landesverwaltung und anderen Abteilungen eingerichtet, um die steuerlichen Informationen Dritter zur Unterstützung der Steuerzahlung umfassend nutzen zu können. Gleichzeitig werden die zuständigen Abteilungen über gemeinsame Strafmaßnahmen informiert, indem Informationen zu schwerwiegenden Fällen von Verstößen gegen das Steuergesetz gemeldet werden. Die Vertrauenswürdigen profitieren überall davon. Die Steuerzahler der Stufe D und die Unternehmen, die schwere Verstöße begangen haben, sollen erleben, was es heißt, nach einem Fehltritt überall beschränkt zu werden!

Zum Beispiel wird die Einwanderungsbehörde verhindern, dass das relevante Personal von Unternehmen, die ihre Steuern nicht gezahlt und keine Steuerzahlungsgarantie gegeben haben, sowie diejenigen, die innerhalb der letzten 5 Jahre gegen das Steuergesetz verstoßen haben, als gesetzliche Vertreter, Direktoren, Vorgesetzte und leitende Angestellte eines Unternehmens fungieren dürfen. Die Volksgerichte werden die verhängten Strafmaßnahmen durchsetzen und die Straftäter werden in die Liste derjenigen aufgenommen, die Vertrauensbrüche begangen haben.

Li Wanfu, Direktor des Forschungsinstituts des nationalen Finanzamtes, sagte, die Steuerabteilung habe interne Mechanismen zur Verknüpfung von Belohnung und Bestrafung mit Sozialkreditbonität eingerichtet und verbessert, damit vertrauenswürdige Personen motiviert und belohnt werden können und nicht vertrauenswürdige Personen beschränkt und bestraft werden. Dies fördert nicht nur die Selbstregulierung der Steuerzahler, sondern trägt auch dazu bei, die Kosten für die Steuerverwaltung zu senken.

Chefredakteur: Situ Yuqian

TEXT 8

Zwei Behörden erörtern Fragen zum SCS (2014)

Quelle: Nachrichtenagentur Xinhua, online unter: {www.gov.cn/xinwen/2014-07/09/content_2714861.htm}, letzter Zugriff: 14. Juni 2023.
Datiert auf 09.07.2014.

> Einen Tag nach der Veröffentlichung zu den »zwei Methoden« publiziert die chinesische offizielle Nachrichtenagentur Xinhua Stellungnahmen von Vertretern derjenigen Institutionen, die für die Entwicklung des SCS federführend sind – Reformkommission und Volksbank. Erstere spielt die Rolle des Hardliners, der vor allem auf die Sanktionsmaßnahmen eingeht, Letztere beruhigt und stellt in Aussicht, dass bei aller Entschiedenheit Gerechtigkeit walten wird und dass Einspruchsrechte und Rehabilitation von Einzelnen erwartet werden dürfen.

Verantwortliche zweier Behörden äußern sich zu aktuellen Fragen zum Aufbau des Sozialkreditsystems
Veröffentlicht von der Nachrichtenagentur Xinhua, Peking, 9. Juli [2014]. (Reporter: An Bei und Zhao Chao.) Der Staatsrat hat kürzlich den »Grundriss des Aufbauplans für ein Sozialkreditsystem (2014–2020)« vorgestellt; es handelt sich dabei um den ersten landesweiten Sonderplan Chinas für den Aufbau des Sozialkreditsystems.

Zuständige Beamte der Entwicklungs- und Reformkommission und der Chinesischen Volksbank beantworteten am 9. [Juli 2014] die Fragen der Reporter zu aktuellen Themen im Zusammenhang mit der Beschleunigung des Aufbaus des Sozialkreditsystems.

Die Gesetzgebung zum Sozialkreditsystem ist jetzt Teil des Plans zur nationalen Gesetzgebung

> Um alle Akteure identifizieren und sie dem SCS unterwerfen zu können, sollen personen- und institutionsbezogene Identifikationsnummern vergeben werden. Bei Personen auf Grundlage der Personalausweisnummern und für neu registrierte Körperschaften gibt es nicht wie früher mehrere Nummern, sondern schon bei der Anmeldung nur noch eine landesweit einheitliche Sozialkreditnummer. Und die Regierungswebsite creditchina.gov.cn wird eingerichtet.

Laut dem veröffentlichten »Entwurf« wird sich China schwerpunktmäßig darauf konzentrieren, den Aufbau des Sozialkreditsystems in vier Bereichen voranzubringen: Vertrauenswürdigkeit in Regierungsangelegenheiten, in geschäftlichen Angelegenheiten, in gesellschaftlichen Angelegenheiten sowie Integrität der Justiz.

Tian Jinchen, Direktor der Finanzabteilung der Entwicklungs- und Reformkommission, gab bekannt, dass der Staat zur Förderung des Aufbaus des Sozialkreditsystems ein ministeriumsübergreifendes Konferenzsystem eingerichtet hat, das gemeinsam von der Entwicklungs- und Reformkommission und der Volksbank von China geleitet wird.

Er sagte weiterhin, dass der XII. Nationale Volkskongress auf Initiative des ministeriumsübergreifenden Konferenzsystems Elemente der Gesetzgebung zum Sozialkreditsystem in seinen Gesetzgebungsplan aufgenommen habe. Darüber hinaus habe das Ministerium für öffentliche Sicherheit dabei die Führung übernommen, die Einrichtung eines einheitlichen Systems von Sozialkredit-Identnummern voranzubringen, indem es ein einheitliches Identnummern-Schema für alle Bürger auf der Grundlage ihrer Personalausweisnummern vorgeschlagen habe. Die

Entwicklungs- und Reformkommission und die zuständigen Stellen untersuchen und formulieren derzeit einheitliche Identnummern-Schemata für juristische Personen und andere Organisationen.

Er erklärte auch, dass auf Grundlage der Pläne des ministeriumsübergreifenden Konferenzsystems ein gemeinsames Treffen zwischen 25 Abteilungen eingerichtet worden sei, das dem Aufbau und der Weitergabe von Informationen über das Sozialkreditsystem dient, und dass zudem fünf Arbeitsgruppen zur Untersuchung von Verordnungen, zur Standardisierung, zur Koordinierung von Anforderungen, zum Austausch relevanter Technologie sowie zur gegenseitigen Maßregelung eingerichtet worden seien. Um den Aufbau einer einheitlichen nationalen Informationsplattform zum Sozialkreditsystem voranzutreiben, werde derzeit die Einrichtung einer CreditChina-Website geprüft; der Domainname der Website sei bereits beantragt.

Einrichtung eines Blacklist-Systems auf Grundlage des Sozialkredits und eines Mechanismus zum Entfernen aus dem Markt

Anreize zur Vertrauenswürdigkeit und Disziplinarmaßnahmen bei vertrauensbrecherischem Verhalten sind der Schlüssel zum Aufbau des Sozialkreditsystems. Tian Jinchen sagte, dass vermehrt Belohnungen und Ehrungen für vertrauenswürdiges Verhalten verliehen und durch die Nachrichtenmedien weitläufig verbreitet werden sollten, um ein gesellschaftliches Klima zu schaffen, in dem vertrauenswürdiges Verhalten als rühmlich gelte. Regierungsstellen auf allen Ebenen sollten auf den Gebieten der Marktaufsicht und öffentlicher Angelegenheiten verstärkt Sozialkreditinformationen sowie -derivate zum Einsatz bringen und somit ehrlichen und vertrauenswürdigen Einzelpersonen und wirtschaftlichen Organisationen bestimmte Belohnungen gewähren; diese Anreizstrategien beinhalteten unter anderem Vorrang bei der Bearbeitung, vereinfachte Verfahren und eine sogenannte grüne Welle.

Er erklärte, dass die Disziplinarmaßnahmen hauptsächlich in vier Aspekte unterteilt seien: erstens Maßnahmen zur Einschränkung und Maßregelung durch administrative Überwachung. Darunter falle das Etablieren von Systemen schwarzer Listen und Mechanismen zur Entfernung aus dem Markt für verschiedene Branchen; das Implementieren der Überwachung von Aspekten wie dem Marktzugang, der Eignungsfeststellung, der behördlichen Genehmigung sowie der politischen Unterstützung durch die Regierungsstellen aller Ebenen anhand von Kategorien des Sozialkreditsystems, wobei die Disziplinarstrafe in Abhängigkeit von Art und Umfang des Verstoßes der Überwachten verhängt wird; das schrittweise Einrichten eines bindenden Sozialkreditsystems für Antragsteller bei Verwaltungslizenzen; die Überprüfung ihrer Integrität sowie das Sicherstellen, dass die Antragsteller in von der Regierung empfohlenen Kreditagenturen über eine Bilanz verfügen, die Glaubwürdigkeit ausdrückt, und dass sie mit Kreditagenturen bei der Sammlung von Kreditinformationen kooperieren.

Die zweite Maßnahme umfasst Maßregelungen und Beschränkungen auf wirtschaftlichem Gebiet. Darunter fallen das Einrichten eines Bewertungsindex und sowie eines Bewertungssystems für Sozialkreditstandards und das Verbessern des systematischen Aufzeichnens und der Veröffentlichung von Verstößen auf dem Gebiet des Sozialkredits zur Beschränkung von Personen mit schlechter Sozialkreditbonität bei Markttransaktionen.

Die dritte Maßnahme betrifft die branchenbezogene Beschränkung und Maßregelung. Diese besteht in der Formulierung von Selbstdisziplinierungsregeln durch die Branchenverbände und in der Kontrolle der Einhaltung dieser Regeln durch die Mitglieder; entsprechend der Schwere der Verstöße werden gegen solche, die gegen diese Regeln verstoßen, disziplinarische Maßnahmen wie Verwarnungen, kritische Hinweise und öffentliche Verurteilungen verhängt.

Die vierte Maßnahme betrifft die soziale Einschränkung und Verurteilung. Dafür ist das System zur Überwachung der öffentlichen Meinung zu verbessern, und das Öffentlichmachen und Anprangern vertrauensunwürdigen Verhaltens ist zu verstärken, um Befürchtungen vor der moralischen Verurteilung durch die Gesellschaft hervorzurufen und so vertrauensunwürdiges Verhalten ihrer Mitglieder einzuschränken.

»Indem wir Anreize für Vertrauenswürdigkeit schaffen und disziplinarische Strafmechanismen bei Vertrauensunwürdigkeit implementieren, erzeugen wir eine gute soziale Atmosphäre, in der vertrauenswürdige Menschen überall von ihrem Verhalten profitieren und nicht vertrauenswürdige Menschen keinen Schritt weiterkommen können, und so werden wir die Integrität der gesamten Gesellschaft erhöhen«, sagte Tian Jinchen.

Gesetzes- und vorschriftsmäßiger Schutz der Rechte der von der Datenerhebung betroffenen Personen

> Die Volksbank betont Erziehung, Rechtsschutz, Rehabilitation und Aufsicht über die Sozialaufsicht.

Der Schutz der Rechte der von der Datenerhebung betroffenen Personen ist ein wichtiges Thema beim Aufbau eines Sozialkreditsystems. Tian Jinchen sagte, dass die Verwendung von Informationen auf Gesetzen und Vorschriften zu beruhen habe, die persönlichen Sozialkreditinformationen jedes Einzelnen streng zu schützen seien und dass beim Aufbau eines Verwaltungsmechanismus zur Klassifizierung von Kreditinformationen nur unter Gewährleistung legitimer Rechte und Interessen jedes Einzelnen Informationen geteilt werden dürften.

Zhang Zihong, der stellvertretende Direktor des Kreditbüros der Chinesischen Volksbank, erklärte, dass es notwendig sei, einen belastbaren Schutzmechanismus für die Rechte der Betroffenen aufzubauen; dabei sollten die Verwaltungsaufsicht, die Aufsichtsbehörden der Branchen selbst und die Sozialaufsicht uneingeschränkt in Aktion treten und umfassende rechtliche, wirtschaftliche und administrative Maßnahmen zur Stärkung des Schutzes anwenden.

Er stellte heraus, dass es notwendig sei, ein System zur Selbstkorrektur und automatischen Erneuerung sozialer Anreize und gesellschaftlicher Zuwendung einzurichten, mit besonderem Fokus auf der Einrichtung eines Erziehungsmechanismus für vertrauensbrecherisches Verhalten von Minderjährigen, um einen angemessenen Schutz für Mitglieder der Gesellschaft zu errichten, die geringfügige Vertrauensbrüche begangen und diese bereits als falsch erkannt und berichtigt haben, und so einen positiven Anreiz zu künftigem vertrauenswürdigen Verhalten zu liefern.

Darüber hinaus soll ein Mechanismus zur Ermittlung von Verstößen auf dem Gebiet der Kreditinformationen eingerichtet sowie formuliert werden, wie die Bearbeitung von Einsprüchen, Beschwerden, Rechtsstreitigkeiten sowie der Manipulation von Regulierungen in Bezug auf die Informationen ablaufen soll. Das Strafmaß in diesen Hinsichten soll erhöht werden.

Verantwortlicher Redakteur: Situ Yuqian

TEXT 9

Leitfaden des Staatsrats mit dem Ziel des Aufbaus gesellschaftlicher Integrität (2016)

Quelle: {www.gov.cn/zhengce/content/2016-06/12/content_5081222.htm}, letzter Zugriff: 14. Juni 2023. Verfasst am 30.05.2016, veröffentlicht am 12.06.2016.

Zwei Jahre später. Das Finanzamt wird zur Schule der Nation – die Methode des positiven und negativen Feedbacks, der »Doppelgriff« und die »zwei Methoden« sollen nun gesamtgesellschaftlich angewendet werden. Was für die Steuermoral als gut befunden wurde, kann für alle anderen Lebensbereiche nicht schlecht sein.

Was in der Bekanntmachung des Staatsrats von 2014 (siehe Text 6) noch programmatisch zu lesen war, nimmt hier die Gestalt konkreter Maßnahmen an.

Zunächst müsse man Schwerpunktprobleme bei der Einführung des Sozialkreditsystems lösen. Hohe Kreditpunkte sollten zu einer »grünen Welle« und zu bevorzugter Bearbeitung und schneller Antragsakzeptanz bei Verwaltungsvorgängen führen. Die Kreditinformationen sowohl von Unternehmen wie auch von Privatpersonen sollen auf der Website creditchina.gov.cn personalisiert angezeigt und damit öffentlich gemacht werden. Soziale Organisationen und Branchen sollen als Kontrollinstanzen mit einbezogen werden und das SCS in die Breite bringen. Nicht nur Unternehmen, die Vertrauensbrüche begehen, sollen durch Restriktionen bestraft werden, sondern auch die Verantwortungsträger. Trigger- und Feedback-Mechanismen werden hier vorgeschlagen, aber auch Möglichkeiten des Einspruchs, der Überprüfung und der Feststellung der Bewertung. Standardisierung ist bei alledem von hoher Bedeutung.

Leitfaden des Staatsrats zum Aufbau eines umfassenden Systems von Anreizen für Vertrauen schaffendes Handeln und Strafmaßnahmen bei Vertrauensbrüchen mit dem Ziel der schnellen Förderung des Aufbaus gesellschaftlicher Integrität
Staatsrat [2016] Nr. 33

Für die Volksregierungen aller Provinzen, autonomen Regionen, Gemeinden und regierungsunmittelbaren Städte sowie alle Ministerien, Kommissionen und der Regierung direkt unterstellte Abteilungen gilt:

Ein belastbares Sozialkreditsystem beinhaltet den schnellen Aufbau eines neuen Systems der Marktüberwachung, bei dem der Kredit im Mittelpunkt steht; dieses System wird dazu beitragen, die Verwaltung und die Umsetzung von Regierungsfunktionen weiter zu vereinfachen und ein faires und ehrliches Marktumfeld zu schaffen. Zur Schaffung und Verbesserung gemeinsamer Anreize für Vertrauen schaffendes Handeln und Strafmaßnahmen bei Vertrauensbrüchen und zur Beschleunigung der Förderung sozialer Integrität werden folgende Grundsätze vorgeschlagen.

I – Allgemeine Anforderungen

(1) Leitgedanken

> Wir erinnern uns: Der Parteitag 2012 der KPCh beschloss das SCS und berief Xi Jinping zum Generalsekretär, der sich die Sache zu eigen machte. Neue Herrschaftstechniken sollten im ganzen Riesenreich eingeführt werden, im Zentrum steht der Kredit, und gemeint ist die Erwartung, einmal verliehenes Geld irgendwann zurückzubekommen. Die Haupttugenden sind Vertrauen und Ehrlichkeit.

Im Geiste des XVIII. Parteitags der KP Chinas, der 3., 4. und 5. Plenartagung des XVIII. Zentralkomitees, und einer Reihe wichtiger Reden des Generalsekretärs Xi Jinping, gemäß der Beschlüsse von Zentralkomitee und Staatsrat und in enger Anlehnung an die Strategie der »vier umfassenden Handlungen« sind die folgenden Punkte vorgesehen: die feste Etablierung der Konzepte von Innovation, Koordination, Umweltfreundlichkeit, Offenheit und gemeinsamem Wachstum; die Umsetzung der Anforderungen zur Stärkung und Innovation der Regulierung des gesellschaftlichen Lebens; die Beschleunigung des Aufbaus des Sozialkreditsystems; die Ausweitung der Veröffentlichung und Weitergabe von Kreditinformationen; die Implementierung von Anreizen und Beschränkungen auf Grundlage des Sozialkreditsystems gemäß entsprechender Gesetze und Verordnungen; der Aufbau von überregionalen, abteilungsübergreifenden, bereichsübergreifenden Mechanismen von Anreizen für Vertrauen schaffendes Handeln und Strafmaßnahmen bei Vertrauensbrüchen unter Beteiligung von Regierung und Gesellschaft; die Förderung des ehrlichen Handelns von Marktteilnehmern gemäß dem Gesetz; die Aufrechterhaltung der normalen Ordnung des Marktes; die Schaffung eines ehrlichen sozialen Umfelds.

(2) Grundprinzipien

| Zuckerbrot und Peitsche.

– Förderung von Integrität und Bestrafung von Vertrauensverlust.
Die vollumfängliche Nutzung von Kreditanreizen und -beschränkungen und die Verstärkung der Anreize für Individuen mit guter Bonität sowie die Strafmaßnahmen für Individuen mit schwerem Bonitätsverlust sollen bewirken, dass diejenigen, die gute Bonität haben, von ihrem Verhalten pro-

fitieren, und diejenigen, die einen Bonitätsverlust haben, in ihrem Verhalten eingeschränkt werden. So wird ein Mechanismus geschaffen, der systematisch Integrität fördert und Bonitätsverlust bestraft.

– Behördliche Zusammenarbeit und soziale Koordination

> Auch für die administrative Umsetzung sollen die »zwei Methoden« eingesetzt werden. Und irgendwie erinnert die Situation der öffentlichen Meinung an das Schicksal der schweren Steuersünder: Sie gehört umfassend überwacht.

Durch die Veröffentlichung und Weitergabe von Kreditinformationen werden überregionale, abteilungsübergreifende und sektorenübergreifende gemeinsame Anreiz- und Bestrafungsmechanismen geschaffen, um eine gemeinsame Verwaltungsstruktur zu bilden, in der Regierungsbehörden zusammenarbeiten, Branchenorganisationen sich wo notwendig selbst maßregeln, Institute für Kreditdienstleistungen aktiv teilnehmen und die öffentliche Meinung umfassend überwacht wird.

– Schutz von Rechten und Interessen in Übereinstimmung mit Gesetzen und Vorschriften

> Alles soll seine Ordnung und sein Recht haben dabei.

Gesetze, Vorschriften und Richtlinien sind streng zu befolgen. Vertrauen schaffende Verhaltensweisen und Vertrauensbrüche sind wissenschaftlich zu definieren. Anreize für vertrauen schaffendes Handeln und Strafmaßnahmen bei Vertrauensbrüchen sind umzusetzen. Ein belastbares System zur gesellschaftlichen Wiedereingliederung sowie Widerspruchsverfahren als Mechanismen zum Schutz der gesetzlichen Rechte und Interessen der Betroffenen sind zu etablieren.

– Besondere Schwerpunkte und Umsetzung der Gesamtplanung

Wo es an Vertrauen mangelt, kommen Belohnung und Bestrafung zuerst zum Zuge – auch dort, wo Missstände das gesellschaftliche Klima am meisten belasten. Schlussendlich wird positives und negatives Feedback überall eingeführt.

Mit einem problemorientierten Ansatz sind Anstrengungen zu unternehmen, die derzeit vorliegenden Probleme der mangelnden Vertrauenswürdigkeit in Schlüsselbereichen zu lösen, welche öffentliche Interessen und die öffentliche Sicherheit gefährden, sich bedeutend im gesellschaftlichen Klima widerspiegeln und erhebliche negative Auswirkungen auf die wirtschaftliche und soziale Entwicklung haben. Innovative Modellprojekte durch lokale Regierungen und zuständige Abteilungen sind zu unterstützen, und das System von Anreizen und Strafmechanismen ist schrittweise auf verschiedene Bereiche der Wirtschaft und Gesellschaft auszuweiten.

II – Verbesserung von Anreizmechanismen zur Förderung von Integrität

Was denn nun vorbildliches Verhalten bedeute, wird hier sehr breit aufgefasst. Nicht nur quantifizierbare Kreditbonität, moralisches und integres Handeln ganz allgemein soll nachgewiesen und belohnt werden. Was jedoch Freiwilligenarbeit angeht, so sind selbstverständlich freiwillige Helfer bei Regierungskampagnen gemeint und nicht etwa Aktivisten, die sich individuell oder in Nichtregierungsorganisationen z. B. gegen Korruption, Vetternwirtschaft, Machtmissbrauch, Menschenrechtsverletzungen, Umweltverschmutzung oder Ähnliches einsetzen. Das Interpretationsmonopol für den Begriff »Freiwilligenarbeit« liegt unausgesprochen bei der KPCh.

(3) Verschiedene Kriterien bei der Auswahl von Vorbildern für vertrauensstiftendes Verhalten

Bürger, deren Bonität von den Abteilungen und sozialen Organisationen, welche für die Aufsicht über die Kreditklassifizierung zuständig sind, als gut befunden worden ist, sowie sonstige Modellbeispiele für moralisches und integeres Handeln, junge Menschen, die sich besonders durch Freiwilligenarbeit hervorgetan haben sowie von den Industrie- und Handelskammern oder von den Nachrichtenmedien empfohlene Personen, die sich in beispielhafter Weise integer verhalten haben, sind als Vorbilder für vertrauensstiftendes Verhalten hervorzuheben. Die zuständigen Abteilungen und sozialen Organisationen werden ermutigt, sowohl aufgrund genereller Überwachung als auch aufgrund der praktischen Arbeit verschiedene Arten von Leistungsnachweisen über die Vertrauenswürdigkeit zu erstellen und solche Mitarbeiter öffentlich zu würdigen, die über eine makellose Bilanz verfügen oder sich als Modellbeispiel in Sachen Integrität hervorgetan haben, und des Weiteren mit anderen Abteilungen und sozialen Organisationen zusammenzuarbeiten, um Anreize für vertrauenswürdiges Handeln zu schaffen.

Die Industrieverbände und Handelskammern werden ermutigt, die Mechanismen zur Bewertung der Bonität der teilnehmenden Unternehmen zu verbessern. Die Unternehmen sind anzuleiten, proaktiv besondere Verantwortung zu übernehmen und so etwa umfassende Verpflichtungen zur Vertrauenswürdigkeit oder zur Produkt- und Servicequalität einzugehen, Selbsterklärungen über Produkt- und Servicestandards abzugeben und sich der Aufsicht durch die Gesellschaft zu unterwerfen, um so eine gute Atmosphäre zu schaffen, in der Unternehmen danach streben, mit ihren Handlungen Vorbilder für integres Verhalten zu werden.

(4) Überlegungen zur Einrichtung einer »grünen Welle« für behördliche Genehmigungen

Solcherart Vorbilder sollen es im Umgang mit Behörden deutlich leichter haben: sie kommen schneller dran und müssen nicht so viele Unterlagen abgeben wie andere. Man vertraut ihnen. Sie surfen auf einer »grünen Welle«. Wer die Bürokratie in China kennt, weiß, dass ein Fabrikneubau im Durchschnitt etwa 200 Stempel verschiedener Verwaltungs-Büros erfordert. Schon früher gab es Abkürzungen, etwa durch Bekanntschaften, Bestechung oder durch speziell geförderte »One-Stop-Verfahren«, die in neuen Gewerbegebieten eingerichtet wurden, um Investoren damit zu locken, dass alle Genehmigungen an einem Ort erhältlich waren.

Während des Bearbeitungsprozesses von Anträgen für administrative Genehmigungen können für Personen, die als Integritätsvorbilder gelten, sowie Personen, die in drei aufeinanderfolgenden Jahren ausschließlich einwandfreies Verhalten nachweisen können, situationsabhängig erleichterte behördliche Dienstleistungen als »grüne Welle« und »Verfahren mit erleichtertem Dokumentationszwang« gewährt werden. Bei Personen, die sich für diese Maßnahmen qualifizieren, sind Verfahren, auch wenn sie sich außerhalb der gesetzlichen Anforderungen bewegen oder ihre Unterlagen noch nicht vollständig sind, vorrangig und zügig zu bearbeiten, solange sie innerhalb einer schriftlich zugesicherten Frist abgegeben werden.

(5) Bevorzugte Behandlung im Rahmen öffentlicher Dienstleistungen

Gut bepunktete wirtschaftliche Akteure werden bevorzugt und bekommen sogar noch Kreditpunkte dazu!

Im Rahmen der Umsetzung verschiedener politischer Präferenzstrategien, wie etwa bei der Verteilung von Regierungsgeldern oder der Planung der Förderung durch schwerpunktmäßige Investitionen, haben Integritätsvorbilder auf dem Gebiet der Wirtschaft Vorrang und sind nachdrücklich zu unterstützen. Auch in den Bereichen der Bildung, Erwerbstätigkeit, Existenzgründung, sozialen Sicherheit etc. sind Integritätsvorbilder bevorzugt zu behandeln. Bei Transaktionen, die öffentliche Mittel einschließen, wird empfohlen, gemäß gesetzlicher und vertraglicher Bestimmungen Maßnahmen zur Zuteilung zusätzlicher Kreditpunkte an die Teilnehmer des wirtschaftlichen Lebens umzusetzen.

(6) Optimierung der Verwaltungsaufsichtsregelungen in Bezug auf das Verhalten von Unternehmen in Integritätsfragen

> Die Sozialkreditadministration wird aufgefordert, mithilfe von Big Data die Überwachung von Marktteilnehmern zu optimieren.

Die Marktaufsichtsabteilungen aller Ebenen haben gemäß den gesammelten Aufzeichnungen und Bewertungen die Bonität der von ihnen Überwachten zu klassifizieren, dabei besonders auf Big Data zurückzugreifen, die Überwachungsmaßnahmen mit zunehmenden Erkenntnissen immer weiter zu verbessern und den Marktteilnehmern zunehmend reibungsloseren Zugriff zu Dienstleistungen anzubieten. Unternehmen, die bestimmte Bedingungen in Bezug auf ihre Bonität erfüllen, profitieren von einer reduzierten Inspektionsfrequenz bei Routine- sowie Sonderinspektionen.

(7) Reduzierung der Markttransaktionskosten

> Ist gesellschaftliche Vertrauenswürdigkeit einmal quantifiziert, soll damit analog zu monetären Guthaben, Darlehen oder Schulden verfahren werden. Das mindert den Aufwand.

Die zuständigen Abteilungen und Organisationen werden ermutigt, Anreize zu vertrauenswürdigem Verhalten zu schaffen, wie etwa »Darlehen gemäß Steuer[bonität]«, »Darlehen gemäß Sozialkredit[bonität]«, »Schulden gemäß Sozialkreditbonität« zu entwickeln, sowie Marktinstitute wie Finanzunternehmen und andere kommerzielle Einrichtungen bei der Verwendung marktspezifischer Kreditinformationen und Ergebnissen der Kreditbewertungen anzuleiten, um so integeren Marktteilnehmern Vorzugsbehandlung und Komfort zu gewähren und vertrauenswürdigen Personen im Markt verbesserte Chancen und Vorteile zur Verfügung zu stellen.

(8) Nachdrückliche Förderung vertrauenswürdiger Marktteilnehmer

> Die immer noch in Betrieb befindliche Website www.creditchina.gov.cn soll sich als zentrale Anlaufstelle rund um das SCS etablieren.

Die zuständigen Regierungsabteilungen aller Ebenen veröffentlichen positive Kreditinformationen von Marktteilnehmern mit guter Sozialkreditbonität umgehend auf der öffentlichen Regierungswebsite und der Website creditchina.gov.cn und legen weiterhin einen Schwerpunkt darauf, vertrauenswürdige Unternehmen bei Veranstaltungen wie Ausstellungen, Matching-Events von Banken und Unternehmen oder anderen Veranstaltungen zu fördern, um sicherzustellen, dass Sozialkreditbonität eine wichtige Rolle bei der

Zuteilung von Ressourcen auf dem Markt spielt. Zudem sind Kreditprüfstellen dazu anzuleiten, verstärkt positive Informationen von Marktteilnehmern zu erfassen, auf dem Gebiet der Integrität die relative Stärke der jeweiligen Industrien abzubilden und für vertrauenswürdige Unternehmen proportional zu ihrem Marktanteil Anreize zu schaffen. Zudem haben Industrieverbände und Handelskammern die Integrität und Selbstdisziplin in ihrer eigenen Gewerbebranche zu fördern, Mitglieder mit guter Sozialkreditbonität anzuerkennen und so in ihrer jeweiligen Branche selbst ein passendes Integritätsnarrativ zu entwerfen.

III. Zuverlässige Mechanismen zur Einschränkung und Maßregelung bei Vertrauensbrüchen

In diesem Abschnitt wird beschrieben, welches Fehlverhalten zu welchen Sanktionen führt. Fehlverhalten wird in niedrige Bonität umgewandelt, daraufhin erfolgen Maßnahmen wie verschärfte Überwachung bis hin zum Ausschluss von wirtschaftlicher Teilhabe wie Aktienkäufen und -verkäufen. Vertrauensbrecher werden als solche öffentlich unter Angabe der Identitätsnummer gebrandmarkt, damit andere an ihnen keinen Schaden nehmen können.
Die hier beschriebenen Maßnahmen sind durchaus dazu angetan, auch missliebigen Marktteilnehmern und selbst politisch in Ungnade gefallenen Topunternehmen das Leben schwer bis unmöglich zu machen, es gibt mit ihnen eine Handhabe, etwa aufstrebende Unternehmen und deren Gründer daran zu hindern, allzu viel Einfluss zu gewinnen.

(9) Gemeinsame Disziplinarmaßnahmen bei schwerwiegenden Vertrauensbrüchen in Schlüsselbereichen
Auf Grundlage der zuständigen Abteilungen und sozialen Organisationen, die nicht vertrauenswürdige Verhaltensweisen in ihren jeweiligen Bereichen in Übereinstimmung

mit Gesetzen und Vorschriften bearbeiten und bewerten, werden andere Abteilungen und soziale Organisationen aufgefordert, über gegenseitigen Informationsaustausch gemeinsame Disziplinarmaßnahmen gegen schwerwiegende Vertrauensbrüche in Übereinstimmung mit Gesetzen und Vorschriften zu ergreifen.

Schwerpunkte dabei sind:
Erstens: Handlungen, die Wohlergehen und Gesundheit der Bevölkerung ernsthaft gefährden, einschließlich schwerwiegender Vertrauensbrüche in Bezug auf Lebensmittel und Medizin, Umwelt, die Qualität von Arbeitsabläufen, Produktionssicherheit, Brandschutz und Produktzertifizierung.

Zweitens: Handlungen, die den gerechten Wettbewerb auf wirtschaftlichem Gebiet oder die soziale Ordnung schwer beschädigen. Darunter fallen schwerwiegende Vertrauensbrüche bei Bestechung, Steuerhinterziehung und Steuerbetrug, böswillige Versäumnisse bei der Rückzahlung von Schulden, böswillige Zahlungs- oder Dienstleistungsrückstände, böswillige Lohnrückstände, illegale Kapitalbeschaffung, Vertragsbetrug, der Einsatz von Schneeballsystemen, das Betreiben von Gewerbe ohne Lizenz, Herstellung und Verkauf gefälschter Produkte, die vorsätzliche Verletzung geistigen Eigentumsrechts, die Übertragung oder Beanspruchung von Qualifikationen anderer, das Treffen geheimer Absprachen, unlautere Werbeversprechen, die Verletzung gesetzmäßiger Rechte und Interessen von Verbrauchern oder Investoren bei Wertpapier- oder Optionsgeschäften, das Verursachen schwerwiegender Störungen der ordnungsgemäßen Abläufe der Internetnutzung oder der öffentlichen Ordnung durch Versammlungen usw.

Drittens: Handlungen, die der Erfüllung gesetzlicher Pflichten zuwiderlaufen und die Glaubwürdigkeit von Justizbehörden und Verwaltungsbehörden schwer beeinträchtigen, einschließlich schwerwiegender Vertrauensbrüche solcher Personen, die nach einem Urteil oder Beschluss von Justizbehörden oder Verwaltungsbehörden die Vollstreckung verweigern oder der Vollstreckung entgehen.

Viertens: Handlungen, die der Erfüllung nationaler Verteidigungspflichten zuwiderlaufen, wie die Kriegsdienstverweigerung oder Fahnenflucht, die Verweigerung oder Verzögerung der Bereitstellung ziviler Ressourcen, die Behinderung der Umwandlung angeforderter ziviler Ressourcen, die Gefährdung nationaler Verteidigungsinteressen und die Zerstörung von Verteidigungseinrichtungen.

(10) Stärkung der Einschränkung und Maßregelung auf administrativem Gebiet für Vertrauensbrüche gemäß den Gesetzen und Vorschriften
Bei schwerwiegendem Bonitätsverlust haben alle Regionen und zuständigen Abteilungen die Verantwortlichen schwerpunktmäßig zu überwachen und behördliche Einschränkungen und Disziplinarmaßnahmen in Übereinstimmung mit Gesetzen und Vorschriften durchzusetzen. So ist in diesen Fällen das Ausstellen administrativer Genehmigungen strikten Überprüfungen zu unterwerfen; das Erteilen von Produktionslizenzen ist streng zu überprüfen; die Überprüfung und Zulassung neuer Projekte ist einzuschränken; der Verkauf von Aktien und die Ausgabe börsennotierter Finanzmittel oder Anleihen sind zu beschränken; die Teilnahme an und das Investieren in das nationale Aktiensystem sind zu beschränken; die Gründung von oder Beteiligung an Finanzinstituten, Kleinkreditunternehmen, Firmen zur Garantie der finanziellen Sicherheit, Risikokapitalunternehmen und Internetfinanzierungsplattformen ist zu beschränken; und die Möglichkeit der Teilnahme am gegenseitigen Austausch von Onlinedaten ist einzuschränken. Des Weiteren unterliegen die Verantwortlichen Beschränkungen in der Möglichkeit der Beantragung von Finanzmitteln, der Teilnahme an Aktivitäten des öffentlichen

Ressourcenhandels und der Beteiligung an für Infrastruktur und Versorgung relevanten Unternehmen. Maßnahmen zur Beschränkung der Teilnahme an Markt- und Branchengeschehen sind gegen Unternehmen, die sich schwerwiegenden Vertrauensverlusts schuldig gemacht haben, sowie deren gesetzliche Vertreter, Vorsteher und registrierte Unternehmer, die unmittelbar für die Vertrauensbrüche verantwortlich sind, zu ergreifen. Die Ehrenbezeichnungen von Unternehmen, die schwere Vertrauensbrüche an den Tag gelegt haben, sowie deren gesetzliche Vertreter, Verantwortliche, leitende Angestellte und Direktoren, Aktionäre usw., die direkt für die Vertrauensbrüche verantwortlich sind, sind unverzüglich zu widerrufen; ihre Qualifikationen für die Teilnahme an der Exzellenzbewertung sind zurückzuziehen.

(11) Verschärfung der wirtschaftlichen Einschränkungen und Disziplinarmaßnahmen für Vertrauensbrüche

> In diesem Absatz kommen die am häufigsten in der Presse kolportierten Sanktionsmaßnahmen zur Sprache: Ausreisebeschränkungen, Ausschluss vom Immobilienerwerb, Verbot von Flug-, Schnellzug- und Urlaubsreisen sowie von sonstigem Luxus.

Bei schwerwiegenden Vertrauensbrüchen haben die zuständigen Abteilungen und Institutionen die einheitliche Sozialkredit-Identnummer als Index zu verwenden und relevante Informationen schnellstmöglich öffentlich zu machen, damit der Markt vertrauensbrecherische Handlungen erkennen und Vertrauensrisiken vermeiden kann. Alle zuständigen Unternehmen und Einzelpersonen werden nachdrücklich aufgefordert, ihren gesetzlichen Verpflichtungen nachzukommen. Individuen, die in der Lage sind, diese Verpflichtungen wahrzunehmen, dies jedoch verweigern, unterliegen Beschränkungsmaßnahmen für die Ausreise, den Erwerb von Immobilien, für Flugreisen, der Erwerb von Fahr- und Sitzplatzkarten für Schnellzüge, Urlaubsreisen, die Buchung von Hotelzimmern ab Sterne-Niveau sowie den Konsum weiterer Luxusgüter. Die Kreditprüfstellen werden dabei unterstützt, Informationen über schwerwiegende Vertrauensbrüche zu sammeln und in ihre Kreditunterlagen und Kreditberichte einzubeziehen. Die kommerziellen Banken, Wertpapier- und Termingeschäftsinstitute, Versicherungsunternehmen und andere Finanzinstitute sind angewiesen, im Umgang mit schwerwiegend vertrauensbrüchigen Individuen die Zinssätze für Kredite und Sachversicherungsprämien zu erhöhen oder die Bereitstellung von Krediten, Weiterempfehlungen, Vertriebsleistungen, Versicherungen und anderen Dienstleistungen gemäß den Grundsätzen der Risikoprinzipien zu beschränken.

(12) Verstärkung der branchenmäßigen Beschränkungen und Disziplinarmaßnahmen für Vertrauensbrüche

> Kontrolle, Bewertung und Sanktionierung sollen auch branchenintern praktiziert, gleichsam tiefergelegt und in die Breite verlegt werden.

Konventionen zur Selbstdisziplinierung und Maßstäbe zur Berufsethik werden innerhalb der einzelnen Branchen etabliert und weiterentwickelt, die Umsetzung des Sozialkreditsystems innerhalb der Branchen wird gefördert. Die Branchenverbände und Handelskammern sind angeleitet, die bracheninterne Erfassung und Weitergabe von Kreditinformationen zu verbessern und schwerwiegende Vertrauensbrüche in den Kreditakten der Mitglieder zu verzeichnen. Die Branchenverbände und Handelskammern werden ermutigt, mit qualifizierten Kreditinstituten als Drittanbietern zusammenzuarbeiten, um Bonitätsbewertungen für Mitgliedsunternehmen zu erstellen. Die Branchenverbände und Handelskammern werden dabei unterstützt, gegen unehrliche Mitglieder Disziplinarmaßnahmen wie Abmahnungen, Äußerungen bracheninterner Kritik, öffentliche Anprangerungen und Verurteilungen oder Verweigerungen der Mitgliedschaft beziehungsweise Ausweisungen aus der Organisation gemäß der geltenden Maßstäbe, Vorschriften und Abkommen zu verhängen.

(13) Verstärkung der sozialen Einschränkungen und Disziplinarmaßnahmen bei Vertrauensbrüchen

> Es soll ein System allgemeinen Denunziantentums eingerichtet werden, das anonyme Meldungen von Fehlverhalten entgegennimmt und auch Big-Data-Methoden anwendet, um Vertrauensbrüche aufzuspüren.

Die verschiedenen sozialen Institutionen nutzen ihre jeweiligen Kompetenzen vollumfänglich. Die einzelnen gesellschaftlichen Akteure sind dazu aufgerufen, sich umfassend an den gemeinsamen Strafmaßnahmen für Vertrauensbrüche zu beteiligen. Es ist ein System zur Meldung von vertrauensbrecherischem Verhalten einzurichten und weiterzuentwickeln. Die Öffentlichkeit ist aufgefordert, schwerwiegende Vertrauensbrüche durch Unternehmen zu melden; relevante Auskünfte von Informanten werden strikt vertraulich behandelt. Die jeweiligen gesellschaftlichen Institutionen sind dabei zu unterstützen, Verhaltensweisen, die gegen das öffentliche Interesse verstoßen, wie beispielsweise Umweltverschmutzung oder die Beeinträchtigung legitimer Rechte und Interessen von Verbrauchern oder öffentlichen Investoren, zur Anklage zu bringen. Unparteiische, unabhängige und qualifizierte gesellschaftliche Institutionen werden ermutigt, Big-Data-Meinungsüberwachungen zu Vertrauensbrüchen durchzuführen und regionale und branchenspezifische Sozialkreditanalyseberichte zu erstellen und zu veröffentlichen.

(14) Verbesserung der individuellen Bonitätseinträge und Förderung gemeinsamer Disziplinarmaßnahmen gegenüber Einzelpersonen

> Haben Körperschaften Vertrauen gebrochen, sollen auch die verantwortlichen Personen bestraft werden. Man findet sie über die Bonitätseinträge in der zentralen Datenbank.

Bei schwerwiegenden Vertrauensbrüchen von Unternehmen und Institutionen wird ein entsprechender Vermerk nicht nur in diejenige Kreditbilanz der jeweiligen Unternehmen und Institutionen, sondern auch in diejenige ihrer gesetzlichen Vertreter, Auftraggeber und anderer Personen in Positionen direkter Verantwortung eingetragen. Bei der gemeinsamen Bestrafung nicht vertrauenswürdiger Unternehmen und Institutionen sind gemäß geltenden Gesetzen, Vorschriften und Richtlinien geeignete Maßnahmen zur entsprechenden Bestrafung des verantwortlichen Personals zu treffen. Mithilfe der Einrichtung einer vollständigen Datenbank über die persönlichen Bonitätseinträge von Einzelpersonen und die Entwicklung eines gemeinsamen Systems von Disziplinarmaßnahmen sind Strafmaßnahmen gegen unehrliches Verhalten von Einzelpersonen umzusetzen.

IV. Etablierung eines gemeinsamen Anreizsystems für Vertrauen schaffendes Handeln und Strafmaßnahmen bei Vertrauensverlust

(15) Einrichtung und Inkrafttreten eines Feedback-Mechanismus
Im Rahmen der ministeriumsübergreifenden gemeinsamen Konferenz für den Aufbau des Sozialkreditsystems wird ein Feedback-Mechanismus von Anreizen für Vertrauen schaffendes Handeln und Strafmaßnahmen bei Vertrauensbrüchen geschaffen. Die mit der Entwicklung gemeinsamer

Anreize zur Integrität und mit gemeinsamen Strafmaßnahmen für Unehrlichkeit betrauten Behörden sind dabei für die Festlegung von Vorgaben über Anreize und Bestrafungsmaßnahmen verantwortlich; die mit der Durchführung betrauten Abteilungen für die Umsetzung entsprechender Anreize für Vertrauen schaffendes Handeln und Strafmaßnahmen bei Vertrauensbrüchen in den konkreten Fällen.

(16) Ministerien- und provinzübergreifende Koordination und überregionale Verknüpfung
Alle Regionen werden ermutigt, in ministerien-, provinzen- und regionenübergreifender Koordination die gemeinsam beschlossenen Anreize und Disziplinarmaßnahmen für Integritätsvorbilder und Vertrauensbrecher, die sie in ihren jeweiligen Verwaltungsbereichen ermitteln, umzusetzen. Das ministeriumsübergreifende Konferenzsystem kommt seiner Führungsrolle beim Aufbau des Sozialkreditsystems voll nach. Weiterhin werden Kooperationsmechanismen für den Aufbau überregionaler, ministeriumsübergreifender sowie branchenübergreifender Kreditsysteme eingerichtet und weiterentwickelt, um den Austausch von Kreditinformationen und die gegenseitige Anerkennung der Ergebnisse von Kreditbewertungen zu stärken.

(17) Einrichtung und Weiterentwicklung eines Mechanismus zur öffentlichen Bekanntmachung von Kreditinformationen

> Binnen einer Woche sollen alle Sanktionen seitens der Administration auf creditchina.gov.cn veröffentlicht werden. Das Internet wird als dasjenige Medium bestimmt, mit dem eine landesweite Verbreitung von SCS-Sanktionen am besten bewerkstelligt werden kann.

Die öffentliche Bekanntmachung staatlicher Kreditinformationen wird gefördert, und ein umfassendes System zur Veröffentlichung von behördlichen Genehmigungen und verwaltungsrechtlichen Sanktionen im Internet wird implementiert. Sofern durch Gesetze und Vorschriften nicht anders bestimmt, veröffentlichen die Regierungsinstanzen ab Kreisebene für die ihnen zugehörigen Abteilungen innerhalb von sieben Arbeitstagen Informationen zu allen erteilten verwaltungsrechtlichen Genehmigungen und verhängten Sanktionen in Bezug auf jede natürliche oder juristische Person oder andere Organisation auf der Regierungswebsite und tragen diese zeitnah auf der CreditChina-Website ein, um der Gesellschaft eine an einer Adresse gebündelte Dienstleistungsplattform bereitzustellen. Relevante Informationen über Unternehmen werden im Rahmen des Veröffentlichungssystems zur Bonität von Unternehmen gemäß den vorläufigen geltenden »Vorschriften für die Publizierung von Informationen über Unternehmen« veröffentlicht. Die Justizbehörden werden aufgefordert, auch Kreditinformationen wie Gerichtsurteile sowie die Liste der Personen, die sich vertrauensbrecherischen Verhaltens schuldig gemacht haben haben, auf der CreditChina-Website zu veröffentlichen.

(18) Einrichtung eines zuverlässigen Mechanismus zum Sammeln, Teilen und Verwenden von Kreditinformationen

> Der Staatsrat verordnet dem Land die Herkulesaufgabe, den gesamten SCS-Prozess sehr modern als Plattform informatisch auszugestalten. Die Analogie zu Handelsplattformen ist nicht zu übersehen; allerdings geht es hier nicht nur um die Bewertung und Revision von Geschäftsgebaren beim Onlinehandel – wobei es darum auch geht –, sondern um Vertrauenswürdigkeit und Integrität in *jedem* Bereich der chinesischen Gesellschaft.

Auf Grundlage des nationalen E-Government-Extranets ist eine landesweite Plattform für den Austausch von Kreditinformationen einzurichten, die der Zentralisierung und dem Austausch von Kreditinformationen dient. Weiterhin werden zügig Plattformen für den Austausch von Kreditinformationen in den jeweiligen Provinzen (sowie Bezirken und Städten) und Systeme zur Erfassung von Kreditinformationen der jeweiligen Branchen aufgebaut. Der Aufbau von Systemen, die beispielsweise der Erfassung der Kreditinformationen für jugendliche Freiwillige oder ähnlichen Zwecken dienen, wird vorangebracht. Die Sammlung und Bündelung der eigenen Kreditinformationen der jeweiligen Regionen und Branchen trägt zur Vernetzung und zum Informationsaustausch mit der nationalen Plattform für den Austausch von Kreditinformationen bei. Auf Grundlage der landesweiten Plattform für den Austausch von Kreditinformationen und gemäß dem von den zuständigen Abteilungen unterzeichneten Kooperationsmemorandum wird ein Kreditinformationsmanagementsystem von Anreizen für Vertrauen schaffendes Handeln und Strafmaßnahmen bei Vertrauensbrüchen eingerichtet, um dynamische Koordinierungsmöglichkeiten zu schaffen, etwa auf den Gebieten gemeinsamer Reaktionsmechanismen, der Informationsübermittlung, des Einsetzens von Feedbackmechanismen, des Wiederherstellens des Integritätsstatus von Vertrauensbrechern oder der Bearbeitung von Einsprüchen. Die Regierungsinstanzen auf allen Ebenen und die ihnen zugehörigen Abteilungen haben die Abfrage von Kreditinformationen und die Nutzung der landesweiten Plattform für den Austausch von Kreditinformationen in ihre Arbeitsprozesse für die Überprüfung oder das Erstellen von Genehmigungen einzubeziehen, um sicherzustellen, dass »überwacht wird, wer überwacht werden muss«, und »Belohnungen und Bestrafungen am richtigen Ort ankommen«. Der Mechanismus zum Informationsaustausch zwischen Regierung und

Kreditprüfstellen, Finanzinstituten, Industrieverbänden und Handelskammern wird ausgebaut, darüber hinaus werden die Integration von Kreditinformationen der Regierung und Sozialkreditinformationen gefördert und der Einsatz von Anreizen für Vertrauen schaffendes Handeln und Strafmaßnahmen bei Vertrauensbrüchen in größtmöglichem Maße nutzbar gemacht.

(19) Bestimmungen für das System roter und schwarzer Listen für Sozialkredit

> Sozialkreditdaten entstehen so gut wie überall, aber zusammenlaufen sollen sie bei der Regierung. Diese Rahmung beschreibt auch den Mechanismus, nach dem die diversen Handels- und Finanzplattformen ihre Kreditratings branchenintern erheben, aber dann doch an die Regierungszentrale abzugeben haben. Die branchenspezifischen Bonitäten werden dort zu roten und schwarzen SCS-Rating-Listen aggregiert, zentral veröffentlicht, und aus ihnen werden Sanktionen abgeleitet.

Es wird kontinuierlich an der Verbesserung des Systems einer »roten Liste« für Integritätsvorbilder und einer »schwarzen Liste« für in schwerem Maße unehrliche Individuen weitergearbeitet. Die Erstellung und Freigabe von roten und schwarzen Listen in verschiedenen Bereichen wird von den geltenden Gesetzen und Vorschriften reguliert; darüber hinaus ist ein Korrekturmechanismus einzurichten und zu entwickeln. Unter der Prämisse der Gewährleistung von Unabhängigkeit, Unparteilichkeit und Objektivität werden relevante Bürgerorganisationen, Finanzinstitute, Kreditprüfstellen, Ratingagenturen, Industrieverbände und Handelskammern aufgefordert, die von ihnen im Rahmen der jeweiligen Listen erhobenen Informationen den Regierungsstellen als Referenz zur Verfügung zu stellen.

(20) Aufbau eines Systems von Listen mit Anreizen und Disziplinarmaßnahmen

> Dieser Absatz beschreibt den Bereich zwischen Ordnungsrecht und Strafrecht, in dem sich die SCS-Sanktionen bewegen. Ähnlich hat auch die Disziplinarkommission der Partei mit ihren Strafmaßnahmen gegen Fehlverhalten eine Sonderstellung außerhalb des gesetzlichen Sanktionierungssystems.

Basierend auf dem Memorandum über die Zusammenarbeit in den betreffenden Bereichen ist eine Auflistung der gemeinsamen Anreize und Disziplinarmaßnahmen, welche durch Gesetze, Vorschriften und Richtlinien klar festgelegt sind, zu erstellen. Diese entfallen hauptsächlich auf zwei Kategorien:

Die erste Kategorie umfasst verpflichtende Maßnahmen, d. h. Anreize und Disziplinarmaßnahmen, die gemäß dem Gesetz gemeinsam umgesetzt werden müssen.

Die zweite Kategorie umfasst optionale Maßnahmen, die von den teilnehmenden Parteien empfohlen werden, im Einklang mit der Politik der Förderung von Integrität und der Bestrafung von Unehrlichkeit stehen und von den jeweiligen Regionen und Abteilungen gemäß der tatsächlichen Bedingungen durchgeführt werden können.

Die ministeriumsübergreifende Konferenz zum Aufbau des Sozialkreditsystems hat ihre praktischen Erfahrungen zu bündeln und so die Maßnahmen beider Kategorien kontinuierlich zu verbessern und die Schaffung entsprechender Gesetze und Vorschriften zu fördern.

(21) Einrichtung eines verlässlichen Mechanismus zur Wiederherstellung der Vertrauenswürdigkeit

> Sündern kann vergeben werden, wenn sie Reue zeigen und zu ihrer Rehabilitierung beitragen. Dies ist ein Muster in der

volksrepublikanischen Menschenführungstradition. Wie das geschieht und in welchen Zeiträumen, das soll einheitlich festgelegt werden.

Die Abteilungen, die für die Verhängung und Durchführung von Disziplinarmaßnahmen verantwortlich sind, haben in Kooperation die Ablauffrist gemeinsamer Disziplinarmaßnahmen für verschiedene Arten von Vertrauensbrüchen in Übereinstimmung mit den geltenden Gesetzen, Vorschriften und Richtlinien festzulegen. Vertrauensbrecher, die innerhalb der vorgeschriebenen Frist ihr Fehlverhalten korrigiert haben und etwaige daraus resultierende Beeinträchtigungen beseitigt haben, werden nicht mehr als den gemeinsamen Disziplinarmaßnahmen unterworfen betrachtet. Ein Mechanismus zur Förderung und Pflege guter sozialer Beziehungen, der zur Selbstkorrektur und Rehabilitation beiträgt, ist zu etablieren, um Vertrauensbrecher bei Wiederherstellung einer positiven Kreditbilanz durch soziale Wohlfahrtsdienste und andere Methoden zu unterstützen.

(22) Einrichtung und Verbesserung eines Schutzmechanismus für die Rechte und Interessen von Betroffenen und eines verlässlichen Systems für Einsprüche und Beschwerden in Bezug auf Kreditinformationen

Dass bei alledem Fehler passieren, wird hier anerkannt und in Form eines Revisionsmechanismus zur Umsetzung bestimmt.

Wenn die zuständigen Abteilungen und Einheiten bei der Durchführung gemeinsamer Disziplinarmaßnahmen für Vertrauensbrüche selbstständig feststellen, dass ihre Informationen nicht zutreffen, oder wenn ein Einspruch oder eine Beschwerde von den betroffenen Marktteilnehmern erhoben wird, haben die entsprechenden Stellen den Informationsanbieter unverzüglich zu benachrichtigen, und dieser hat dann die Information schnellstmöglich zu überprüfen und Rückmeldung dazu zu geben. Gemeinsame Disziplinarmaßnahmen werden während des Zeitraums der Informationsüberprüfung nicht umgesetzt. Angaben, die sich als fehlerhaft herausgestellt haben, sind unmittelbar zu berichtigen oder zu widerrufen. Wenn gemeinsame Disziplinarmaßnahmen irrtümlich umgesetzt worden sind und so die legitimen Rechte und Interessen der betreffenden Subjekte verletzt worden sind, haben die zuständigen Abteilungen und Einheiten aktiv Maßnahmen zu ergreifen, um ihre Glaubwürdigkeit wiederherzustellen und nachteilige Auswirkungen zu beseitigen. Die Betroffenen sind bei der Wahrung ihrer legitimen Rechte und Interessen durch Mittel wie erneute behördliche Prüfverfahren und verwaltungsrechtliche Gerichtsverfahren zu unterstützen.

(23) Einrichtung eines Nachverfolgungsmechanismus
Alle Regionen und zuständigen Abteilungen haben jeweils Systeme für gemeinsame kreditbezogene Anreize und Disziplinarmaßnahmen einzurichten und weiterzuentwickeln sowie das entsprechende Kreditinformationsmanagementsystem der landesweiten Plattform für den Austausch von Kreditinformationen in vollem Umfang zu nutzen, die Nachverfolgungs-, Überwachungs-, Statistik- und Bewertungsmechanismen für gemeinsame Anreize und Disziplinarmaßnahmen zu verbessern und ein entsprechendes Inspektions- und Bewertungssystem einzurichten. Diejenigen Abteilungen und Einheiten, die die Maßnahmen zur Erfassung, Weitergabe und Förderung von Kreditinformationen nicht umsetzen, werden ermahnt und zur Nachbesserung aufgefordert, damit die verschiedenen gemeinsamen Anreize und Disziplinarmaßnahmen effektiv umgesetzt werden können.

V. Stärkung des Rechtssystems und der Integritätskultur

Es ist abzusehen, dass die Einführung eines Systems wie des SCS, das sämtliche gesellschaftlichen Bereiche und alle Akteure betrifft, auch gesetzgeberische Konsequenzen haben wird. Der Staatsrat ruft hier dazu auf, das Rechtssystem an diese neuen Bedingungen anzupassen.

(24) Verbesserung relevanter Gesetze und Vorschriften
Die Erforschung und das Finden neuer Erkenntnisse im Bereich der für das Sozialkreditsystem relevanten Gesetzgebung ist stetig fortzusetzen. Die Forschung auf dem Gebiet der Gesetzgebung zur Erhebung, Weitergabe, Veröffentlichung und Nutzung von Kreditinformationen sowie zur gemeinsamen Bestrafung von Vertrauensverlust ist zügig zu erweitern. In Übereinstimmung mit den Anforderungen zur Verschärfung kreditbasierter Einschränkungen und zur Überwachung der Zusammenarbeit haben alle Regionen und Abteilungen Verbesserungen vorzuschlagen oder gezielte Änderungen an bestehenden Gesetzen, Vorschriften, Regeln und relevanten Bestimmungen der zugrundeliegenden Vorschriften vorzunehmen.

(25) Einrichtung und Weiterentwicklung von Bestimmungen und Richtlinien

Das SCS ist nicht von Hand und auf Papier zu betreiben, deshalb müssen die IT-Infrastruktur und die Datenformate sowie die Software vereinheitlicht und aufeinander abgestimmt werden.

Richtlinien für die Erfassung, Speicherung, Weitergabe, Veröffentlichung, Nutzung, Bewertung und Klassifizierung von Kreditinformationen sind zu erstellen. Spezifische Anforderungen für den Aufbau von Plattformen zum Austausch von Kreditinformationen auf allen Ebenen sind festzulegen; technische Anforderungen wie Datenformate und Datenschnittstellen sind zu vereinheitlichen. Alle Regionen und Abteilungen haben gemäß ihrer jeweiligen entsprechenden Situation Arbeitsverfahren und Betriebsspezifikationen auszuarbeiten für die Erhebung, Weitergabe, Veröffentlichung, Verwendung und Vertrauenswürdigkeit gemeinsamer Kreditinformationen und gemeinsamer Disziplinarmaßnahmen gegen Vertrauensverlust.

(26) Stärkung der Erziehung im Sinne der Integrität und Aufbau einer Integritätskultur

> Die mit dem SCS verbundenen Vorstellungen von Kultur gründen auf entsprechenden Maßnahmen bei der Erziehung, ganz behavioristisch. Auch die Nachrichtenmedien werden eingespannt.

Die Vertreter aller Bereiche der Gesellschaft sind dahingehend zu organisieren, dass die Mehrheit der Marktteilnehmer zu vertrauensstiftendem Handeln angeleitet und so das Konzept von »Ehrlichkeit und Wohlstand in der Wirtschaft« in die Tat umgesetzt wird. Weiterhin sind die Nachrichtenmedien dahingehend zu organisieren, dass sie für ehrliche Unternehmen und Einzelpersonen über mehrere Kanäle werben und zu einer guten sozialen Atmosphäre beitragen. Die moralische Sanktionierung von Vertrauensverlust ist zu verschärfen, die öffentliche Meinung als Überwachungsmechanismus hat stärkere Anwendung zu finden, und das Anprangern von Vertrauensverlierern in Medien wie Zeitungen, Radio, Fernsehen und Internet ist zu verstärken. Fälle von Unehrlichkeit mit negativem gesellschaftlichem Einfluss unter schwerwiegenden Umständen gemäß geltender Gesetze sind öffentlich zu exponieren, und Mittel wie öffentliche Kommentare, Diskussionen und die Äußerung von Kritik sind einzusetzen, um unter Einsatz der öffentlichen Meinung Druck und moralische Zwänge in Fällen schwerwiegender Vertrauensbrüche aufzubauen. Mithilfe von Schulen, Arbeitsstellen, Gemeinschaften, Familien usw. ist die Erziehung von und Hilfe für Personen zu verstärken, die Vertrauen verloren haben, und diese sind anzuleiten, ihr nicht vertrauenswürdiges Verhalten rechtzeitig zu korrigieren. Bei Führungskräften, Studierenden und Jugendgruppen ist verstärkt auf die Erziehung zu vertrauenswürdigem Verhalten zu achten, und die Berufsethik gesellschaftlich wichtiger Gruppen wie Wirtschaftsprüfer, Reiseführer, Versicherungsmakler und Beamter ist zu stärken. Öffentliche Berichte und Fallanalysen zu Anreizen für Vertrauen schaffendes Handeln und Strafmaßnahmen bei Vertrauensbrüchen sind vermehrt einzusetzen, um die sozialistischen Grundwerte zu fördern.

(27) Stärkung der organisatorischen Umsetzung und Überprüfung

> Für die Errichtung des SCS wird eine allumfassende Beteiligung forciert.

Alle Regionen und zuständigen Abteilungen haben die Umsetzung von Anreizen für Vertrauen schaffendes Handeln und Strafmaßnahmen bei Vertrauensbrüchen als wichtige Maßnahmen zur Förderung des Aufbaus des Sozialkreditsystems zu betrachten, diese Vorgaben gewissenhaft umzusetzen und spezifische Umsetzungspläne zu formulieren, die organisatorische Führung wirksam zu stärken, zu ihrer Gewährleistung notwendige Faktoren wie relevante Institutionen, Personal und Projektfinanzierung zu implementieren und sicherzustellen, dass alle gemeinsamen Anreize und Disziplinarmaßnahmen umgesetzt werden. Die jeweiligen Regionen und Abteilungen werden ermutigt, sich frühzeitig zu bemühen, langfristige Mechanismen durch die Unterzeichnung von Kooperationsvereinbarungen oder die Verfassung von Regulierungsdokumenten zu etablieren, den Inhalt von Kreditanreizen kontinuierlich weiterzuentwickeln und die Maßnahmen zur Beschränkung bei Vertrauensverlust zu verschärfen. Die Nationale Entwicklungs- und Reformkommission hat die Gesamtkoordinierung zu stärken, den Arbeitsfortschritt direkt zu verfolgen, die Inspektionsaufgaben zu überwachen und dem Staatsrat Bericht zu erstatten.

Staatsrat
30.05.2016
(Dieses Dokument ist öffentlich verfügbar)

TEXT 10

Bemerkung zur Einschränkung des Zugticketverkaufs zur Förderung des SCS (2018)

Quelle: {www.ndrc.gov.cn/zcfb/zcfbtz/201803/t20180316_879618.html}, letzter Zugriff: 14. Juni 2023.
Datiert auf 16.03.2018.

Knapp zwei Jahre später: Beginnend mit der Benutzung chinesischer Züge wird mit diesem Erlass geregelt, dass Fehlverhalten zu Einschränkungen führt. Bemerkenswert ist, wie hoch das Ganze gehängt wird: Die Maßnahmen werden direkt aus dem Xi-Jinping-Denken abgeleitet, kommen gleichsam staatstragend daher. Dabei geht es zunächst einmal um Verstöße gegen die Bahnhofsordnung, also das Rauchen, wo es nicht erlaubt ist, das Schwarzfahren oder das Fälschen von Tickets. Interessanterweise kommen aber die Vertrauensbrecher hinzu, die sich gegenüber dem Finanzamt oder den Sozialversicherungen, beim Wertpapierhandel und bei Transaktionen mit dem Ausland schuldig gemacht haben oder mit dem Obersten Gerichtshof in Konflikt geraten sind. Alle diese Leute sollen bei Bahnreisen eingeschränkt werden.

Bemerkung zur angemessenen Einschränkung des Verkaufs von Zugtickets an besonders schwerwiegend vertrauensbrecherische Personen zur Förderung des Aufbaus des Sozialkreditsystems

Entwicklungs- und Reformbudget [2018] Nr. 384

Provinzen, autonome Regionen, bezirksfreie Städte, führende Einheiten zum Aufbau des Sozialkreditsystems des Xinjiang Produktions- und Konstruktionskorps, Ämter für Zivilisationsangelegenheiten, hoher Gerichtshof, Finanzministerium, Ministerium für Humanressourcen und soziale Sicherheit, nationales Finanzamt, abgeordnete Instanzen der China-Ratingagentur der Sicherheitsaufsicht, Eisenbahnindustrie, Akademie für Eisenwissenschaften und Büro für öffentliche Sicherheit der Bahnverkehrs:

Um Xi Jinpings neue Ära des Sozialismus chinesischer Prägung sowie den Geist des XIX. Nationalen Volkskongresses der KPCh grundlegend zu studieren und in die Tat umzusetzen, hat Generalsekretär Xi Jinping auf Grundlage der Kriterien des »Leitfadens des Staatsrats zum Aufbau eines umfassenden verlässlichen Anreiz- und Maßregelungssystems zur Beschleunigung des Aufbaus sozialer Integrität« (Bericht 33 des Entwicklungsministeriums, 2016) besondere Anweisungen über den Ablauf von Maßregelungen nach dem Prinzip »sobald das Vertrauen verloren ist, kommt es zu Einschränkungen auf allen Ebenen« erteilt. Diese sehen vor, dass zur Verhinderung der Sicherheitsbeeinträchtigung des Bahnverkehrs durch das Verhalten jener Reisenden, die das gesellschaftliche Vertrauen bereits gebrochen haben, die Strafmaßnahmen für schwerwiegendes Vertrauen brechendes Verhalten auf folgenden anderen Gebieten verschärft werden.

Erstens: Geltungsbereich der Einschränkungen
(I) Verhalten, das in schwerwiegendem Maße die Sicherheit des Bahnverkehrs sowie die dafür Verantwortlichen beeinträchtigt, wird durch die Strafmaßnahmen der Organe öffentlicher Sicherheit oder durch die Arbeitseinheiten des jeweiligen Bahnhofs bestraft:

1. Verhalten, das den ordnungsgemäßen Ablauf des Bahnverkehrs oder dessen Sicherheit gefährdet, was sich in schwerwiegendem Maße negativ auf die Gesellschaft auswirkt;
2. das Rauchen in öffentlichen Teilen des Zuges oder in den Nichtraucherbereichen;
3. der unerlaubte Weiterverkauf oder Produktion und Verkauf gefälschter Zugtickets;

4. der Kauf von Zugtickets unter Vorlage von Ausweisdokumenten, die nicht dem Fahrgast selbst gehören, sowie von gefälschten oder ungültigen Dokumenten;
5. das Reisen mit gefälschten, abgelaufenen oder anderen ungültigen Fahrkarten sowie mit als verloren gemeldeten Tickets;
6. das Reisen ohne gültigen Fahrschein oder die Weiterfahrt über den auf dem Fahrschein angegebenen Zielbahnhof hinaus und Weigerung, die entstehende Preisdifferenz zu begleichen;
7. Verhalten, das unter den jeweiligen örtlichen gesetzlichen Regelungen und Vorgaben als strafbar gilt.

Wer sich so verhält, wird in seinen Reisemöglichkeiten mit der Bahn eingeschränkt.

(II) Personen, die sich auf anderen Gebieten schwerer Vertrauensbrüche schuldig gemacht haben:

1. Personen, die in schwerwiegende Steuerrechtsverletzungen involviert und zahlungsfähig sind, die Zahlungsleistung jedoch nicht erbringen;
2. Personen, die sich im Bereich der Verwaltung und Verwendung von Finanzfonds schwerer Vertrauensbrüche schuldig gemacht haben, darunter fallen Betrug, falsche Berichterstattung, die Eintreibung betrügerischer Inkassos, Geldabfangen und Veruntreuung sowie das Versäumnis der Durchführung von Zahlungen an internationale Finanzorganisationen, Internationale Finanzunternehmen oder ausländische Regierungen;
3. Personen, die sich auf dem Gebiet von Sozialleistungen folgender schwerer Vertrauensbrüche schuldig machen: Arbeitgeber, die die geltenden Bestimmungen zur sozialen Absicherung ihrer Angestellten ablehnen und weiterhin nicht umsetzen; Arbeitgeber, die keine wahrheitsgemäße Meldung über die von ihnen zu zahlenden

Sozialversicherungsbeiträge gemacht haben und sich weigern, Änderungen vorzunehmen; Personen, die verpflichtet sind, Sozialversicherungsprämien zu bezahlen, und die Zahlungsfähigkeit dazu haben, sich jedoch weigern; Personen, die Sozialversicherungsfonds verschleiern, unrechtmäßig umverteilen, veruntreuen oder missbrauchen, Personen, die sich an illegalen Investitionsvorgängen beteiligen; Personen, die Unterlagen missbrauchen oder fälschen oder sich auf andere Art und Weise Sozialversicherungsleistungen erschleichen; Personen, die als Vertreter von Sozialversicherungsagenturen gegen geltende Vereinbarungen oder andere Vorschriften verstoßen; Personen, die sich weigern, der Sozialversicherungsverwaltung bei der Untersuchung und Überprüfung von Vorfällen oder Problemen Hilfe zu leisten;

4. Personen, die wegen illegaler Wertpapier- oder Terminkontrakte zu einer Geldstrafe verurteilt worden sind und diese nach Ablauf der entsprechenden Frist noch nicht bezahlt haben; die Verantwortlichen eingetragener Firmen, die vor Ablauf der entsprechenden Frist nicht ihre öffentlichen Pflichten erfüllt haben;
5. Personen, denen durch den Obersten Gerichtshof der Volksrepublik China entsprechend geltender Bestimmungen rechtskräftig Maßnahmen zur Begrenzung des Güterkonsums auferlegt wurden, oder Personen, die rechtskräftig auf der Namensliste derer stehen, gegen die die Maßnahmen wirksam sind;
6. Andere schwerwiegende Vertrauensbrüche, die von den zuständigen Behörden als Gründe für Einschränkungen beim Reisen in höheren Zugklassen festgestellt wurden, sollen von den Behörden dieser Liste hinzugefügt werden, um somit in die Definition entsprechender Vertrauensbrüche aufgenommen zu werden.

Personen, die die oben genannten Vertrauensbrüche begangen haben, unterliegen Einschränkungen bei Reisen in höheren Zugklassen, diese umfassen die Soft-Sleeper-Züge, alle Plätze in den Hochgeschwindigkeitszügen der G-Serie sowie alle Plätze ab der ersten Klasse aufwärts in den Zügen aller anderen Betreiber.

Zweitens: Datenerfassung

> Zunächst werden Listen mit den vollständigen Namen der Vertrauensbrecher erstellt, wohl um die Reisebeschränkungen wirksam werden zu lassen. Doch dann werden diese Listen auch öffentlich auf den Webseiten der Bahn (»Kundenservice«) bekannt gegeben und auf der Website des Sozialkreditsystems gezeigt.

(I) Die Datenerfassung vertrauensunwürdiger Fahrgäste

Tritt das oben genannte Verhalten in Zügen oder an Bahnhöfen auf und unterliegt gemäß der dortigen Verwaltung einer Strafe oder wird zur Anklage gebracht, so wird dies von der zuständigen Eisenbahnpolizei an die Zugbetreiber weitergemeldet, und die Namen der entsprechenden Personen werden in eine Maßregelungsliste eingetragen. Für solche Verhaltensweisen unter den oben beschriebenen, die noch nicht von der Polizei bearbeitet werden müssen, werden vom Zug- oder Bahnhofspersonal Beweise wie entsprechende Bild- und Tonbeweise, Zeugenberichte von mindestens zwei Augenzeugen oder ein Geständnis des Verantwortlichen selbst gesammelt und dem Zugbetreiber zur Untersuchung vorgelegt; stellt dieser ein Fehlverhalten fest, werden die Verantwortlichen ebenfalls in die Liste aufgenommen.

(II) Datenerfassung von Personen, die sich schwerer Vertrauensbrüche auf anderen Gebieten schuldig gemacht haben

Die von den entsprechenden Behörden erstellten Listen von Personen, denen aufgrund schwerwiegender Vertrauensbrüche Beschränkungen für das Reisen in höheren Zugklassen auferlegt werden, werden von der Nationalen Entwicklungs- und Reformkommission, vom Obersten Volksgerichtshof, vom Finanzministerium, vom Ministerium für Humanressourcen und soziale Sicherheit, vom nationalen Finanzamt sowie von der chinesischen Wertpapieraufsichtskommission gesammelt. Auf einer landesweiten Informationsplattform für Fragen der Vertrauenswürdigkeit werden die Listen zusammengestellt und an die Zugbetreiber weitergeleitet. Auf diese Weise wird entsprechend nationaler Bestimmungen die Liste jener Personen erstellt, die Einschränkungen beim Reisen in höheren Zugklassen unterliegen. Wenn bereits zuvor ein Datenaustausch mit dem Zugbetreiber bestand und eine zusammenfassende Namensliste erstellt worden ist, kann auch weiterhin die ursprüngliche Methode des Datenaustauschs verwendet werden; in diesem Fall sendet die landesweite Plattform die Informationen der Namensliste nicht erneut an den Zugbetreiber.

Die dem Zugbetreiber zur Verfügung gestellten Listeninformationen beinhalten den vollständigen Namen der Person, die in die Liste der Einschränkungen aufgenommen wurde, die Nummer ihrer für die Reise verwendeten Ausweisdokumente, den Grund für die Aufnahme in die Liste, die gesetzliche Regelung, gegen die verstoßen wurde, sowie deren Bezeichnung und Nummer. Die zuständigen Behörden sollen dem Beschuldigten Einspruchsmöglichkeiten geben und die Eisenbahnbetreiber darüber informieren.

Drittens: Veröffentlichung zur Umsetzung und Rechtsschutz

Jeder Zugbetreiber veröffentlicht jeden ersten Arbeitstag des Monats auf der Webseite des Kundenservice der chinesischen Bahn (12306) sowie auf der Website des Sozialkreditsystems alle Daten der Personen, die in die Namensliste für Einschränkungen aufgenommen wurden. Die Kontaktdaten der zuständigen Bearbeitungsabteilungen werden gleichzeitig veröffentlicht. Jede Namensliste ist von ihrer Veröffentlichung an sieben Werktage lang öffentlich einsehbar. In dieser Zeit können die Betroffenen über die Nummer des Kundendienstes des Zugbetreibers »12306« oder bei den entsprechenden Behörden Widerspruch erheben. Wenn nach Ablauf dieser Periode kein Widerspruch erhoben wurde oder dieser nach entsprechender Prüfung abgelehnt wurde, werden die entsprechend vorgesehenen Strafmaßnahmen durch die Zugbetreiber umgesetzt. Betroffene, die glauben, dass sie fälschlicherweise auf die Liste gekommen sind, können bei den zuständigen Behörden oder Arbeitseinheiten eine Neubearbeitung ihres Falls beantragen.

Viertens: Mechanismen zur Aufhebung der Beschränkungen

> Es wird ein Widerspruchsverfahren eingesetzt, und die Dauer der Maßnahmen wird auf ein halbes bzw. ein Jahr terminiert.

Gegen Vertrauensbrecher in schwerwiegenden Fällen gelten für einen bestimmten Zeitraum Einschränkungen für den Kauf von Zugtickets. Nach der Entfernung der Betroffenen aus der Namensliste gelten diese Beschränkungen nicht mehr. Die genauen Regelungen zur Entfernung aus der Namenliste lauten wie folgt:

(1) Wenn das Verhalten der verantwortlichen Person die

Sicherheit und den Ablauf des Bahnverkehrs entsprechend Artikel Erstens I., Abschnitte 1–3 oder 7 schwerwiegend beeinträchtigt hat, beträgt der Zeitraum der Einschränkungen für den Zugticketkauf 180 Tage. Dieser Zeitraum gilt ab dem Zeitpunkt, ab dem die Frist zum Erheben von Widerspruch ungenutzt verstrichen ist. Die Entfernung aus der Namensliste erfolgt dann automatisch und der Verkauf von Zugtickets an die entsprechende Person ist wieder möglich.

(2) Wenn das Verhalten der verantwortlichen Person die Sicherheit und den Ablauf des Bahnverkehrs entsprechend Artikel Erstens I., Abschnitte 4–6 schwerwiegend beeinträchtigt hat, unterliegt sie ebenfalls Einschränkungen beim Zugticketkauf. Nachdem die betroffene Person die entstandenen fälligen Gebühren, geltend von dem Tag an, an dem das Ticket genutzt worden ist, vollständig bezahlt hat, kann sie wieder Zugtickets kaufen. Wenn die verantwortliche Person bei erstmaligem Vorkommen des Vertrauensverlusts alle Gebühren innerhalb eines Jahres bezahlt und ein solches Verhalten nicht mehr als drei Mal vorkommt, werden der verantwortlichen Person nach 90 Tagen erneut Zugtickets verkauft. Wenn sie die Gebühren jedoch nicht bezahlt, werden ihr auch keine Zugtickets mehr verkauft.

(3) Personen, die aufgrund schwerwiegender Vertrauensbrüche auf anderen Gebieten in die Namenliste für Einschränkungen des Zugticketkaufs höherer Klassen aufgenommen worden sind, verbleiben für ein Jahr ab Ablauf der Widerspruchsfrist auf der Liste. Nach einem Jahr werden sie automatisch von der Liste entfernt. Wenn innerhalb der einjährigen Gültigkeitsdauer die gesetzlichen Verpflichtungen der Person erfüllt werden, sollen die verantwortlichen Behörden innerhalb von sieben Werktagen die Geschäftsführung des entsprechenden Zugbetreibers unterrichten, dass der Name von der Liste genommen wird.

Rechtsfragen und Propagandaarbeit gehen Hand in Hand, es gibt sogar nationale Gedenktage zum Thema!

Fünftens: Leitfaden zur Prozessführung
Der oberste Volksgerichtshof betont das Leitprinzip auf allen anderen Gerichtsebenen, sowohl bei zivilen als auch bei Verfahren öffentlichen Rechts, dass bei der Implementierung von Beschränkungen beim Kauf von Zugtickets entsprechend eindeutig festgelegter Kriterien und geltenden Rechts zu entscheiden, fair zu urteilen und sicherzustellen sei, dass allen Beteiligten Rechtssicherheit zukommt.

Sechstens: Propagandaarbeit
Die zuständigen Behörden sowie die Zugbetreiber sollen mit all ihren zur Verfügung stehenden Medienplattformen helfen, die öffentliche Meinung anzuleiten, entschlossen das Vertrauen in die Eisenbahn zu propagieren und pädagogisch wertvolle Aktivitäten energisch umzusetzen. Anlässlich der »Woche der Integrität«, des »Monats der sicheren Produktion«, des »Monats der Propagierung der Ehrlichkeit in Geschäftsbeziehungen«, des internationalen Tages des Verbraucherschutzes am 15. März, des Tages der Erinnerung an die Wichtigkeit des Vertrauens am 14. Juni, des nationalen Tages der Propagierung des Rechtssystems und ähnlichen öffentlichen Ereignissen sollen sie, entsprechend den vorgesehenen Abläufen und Schwerpunkten, den wahren Inhalt und die Implementierung des eingeschränkten Zugsystems einführen und sich darauf konzentrieren, der Öffentlichkeit zu helfen, sich mit dem System vertraut zu machen und es zu überwachen.

Diese Bekanntmachung gilt ab dem 01.05.2018.

Nationale Kommission für Entwicklung und Reform
Kommission für Zivilangelegenheiten

Oberster Gerichtshof der Volksrepublik China
Finanzministerium
Ministerium für Humanressourcen und soziale Sicherheit
Abteilung für Steuerangelegenheiten
Chinesische Aktienaufsichtsbehörde
Geschäftsführung der Zugbetreiberfirmen

02.03.2018

TEXT 11
Erste Sperrliste für Zug- und Flugpassagiere auf CreditChina-Website (2018)

Quelle: *CreditChina* / Online: {www.gov.cn/xinwen/2018-06/01/content_5295292.htm}, letzter Zugriff: 14. Juni 2023. Veröffentlicht am 01.06.2018.

> Das Finanzamt sowie das Flug- und das Bahnwesen arbeiten offensichtlich bereits eng zusammen. Regelverstöße in diesen drei Bereichen werden in gemeinsamer Anstrengung und abteilungsübergreifend geahndet. Es ist erst einmal eine sehr überschaubare Zahl von Angeprangerten. Aber das hat sich mittlerweile gründlich geändert.

Am 1. Juni wurde die erste Liste von Passagieren, die für die Zug- und Luftfahrt gesperrt wurden, auf der Website credit china.gov.cn veröffentlicht. Die öffentlich zugängliche Liste enthielt 169 Personen, von denen 21 Personen vom nationalen Finanzamt hinzugefügt wurden. Dies geschah hauptsächlich auf Basis von nicht gezahlten oder zu wenig abgeführten Steuerabgaben sowie dem illegalen Erwerb von Mehrwertsteuereingangsrechnungen etc. Die Chinesische Wertpapieraufsichtsbehörde fügte weitere 31 Personen hinzu, die fälligen Strafzahlungsverpflichtungen im Zusammenhang mit Wertpapieren und Termingeschäften nicht nachgekommen waren oder in Verstöße zuständiger Stellen börsennotierter Unternehmen verwickelt waren, die ihren öffentlichen Verpflichtungen nicht fristgerecht nachgekommen waren.

Das Amt für zivile Luftfahrt fügte 86 Personen hinzu, die durch Provokation von Streitigkeiten an Bord, Blockierung von Sicherheitskontrollen am Flughafen, Besetzung und Beeinträchtigung von Fluchtwegen, tätliche Übergriffe, Mitführung gefährlicher Güter (z. B. versteckter Feuerzeuge) bei der Sicherheitskontrolle am Flughafen aufgefallen waren und die gegen nationale Gesetze und Vorschriften verstoßen und mit verwaltungsrechtlichen Sanktionen geahndet worden waren. Die Eisenbahngesellschaft selektierte 31 Personen, die hauptsächlich involviert waren in widerrechtliches Rauchen in Hochgeschwindigkeits- und anderen Zügen bzw. Personen, die in ausgewiesenen Nichtraucherabteilen von Zügen geraucht hatten, Schwarzfahrer oder Personen, die sich geweigert hatten, Fahrscheine nachzulösen, wenn die Gültigkeitszone ihres Fahrscheins überschritten war. Die Personendaten sind auf der Website hmd.creditchina.gov.cn öffentlich einsehbar.

Es wird berichtet, dass die im März diesen Jahres [2018] von der Nationalen Entwicklungs- und Reformkommission, der Eisenbahngesellschaft, dem Amt für zivile Luftfahrt und anderen Abteilungen gemeinsam ausgegebenen »Stellungnahmen zur ordnungsgemäßen Einschränkung der Zugfahrt bestimmter in hohem Maße vertrauensunwürdiger Personen mit dem Ziel, den Aufbau des Sozialkreditsystems zeitig voranzutreiben«, und »Stellungnahmen zur Einschränkung der Nutzung von ziviler Luftfahrt durch bestimmte in hohem Maße vertrauensunwürdige Personen zur Förderung des Aufbaus des Sozialkreditsystems« vom 1. Mai an umgesetzt werden.

Das Dokument besagt, dass sieben Arbeitstage nach dem Datum der Veröffentlichung der Liste als Publikationszeitraum gelten. Während des Publikationszeitraums kann die betroffene Person bei der zuständigen Abteilung Widerspruch einlegen. Falls die betroffene Person keinen Widerspruch einlegt oder dieser nach Überprüfung abgelehnt wird, werden nach Ablauf des Publikationszeitraums die zuständigen Dienststellen Disziplinarmaßnahmen gemäß der veröffentlichten Liste einleiten. Die Sperrliste wird in Zukunft am ersten Arbeitstag eines jeden Monats bekanntgegeben.

Verantwortlicher Redakteur: Song Yan

TEXT 12

Zeitungsartikel »Das Sozialkreditsystem unter der Lupe: Die Kreditgesellschaft kommt« (2018)

Quelle: *Volkszeitung*, online unter: {www.xinhuanet.com/2018-06/04/c_1122931164.htm}, letzter Zugriff: 14. Juni 2023.
Veröffentlicht am 04.06.2018.

> Zwei Jahre sind seit dem »Leitfaden« des Staatsrats vergangen, die Öffentlichkeit kann als informiert gelten. Die offizielle Nachrichtenagentur des chinesischen Staates verkündet, was Sache ist. Neben anderen Aufforderungen zum Wohlverhalten auf der Website, wie etwa, keine Lebensmittel zu verschwenden, oder dem Lob eines Polizeibeamten, der ein dreijähriges Baby am Telefon beruhigt, soll das Volk nun erfahren und beherzigen, was es mit dem SCS auf sich hat.

Das Sozialkreditsystem unter der Lupe: Die Kreditgesellschaft kommt, sind Sie bereit?

Das einheitliche Sozialkredit-Identnummernsystem wird umfassend implementiert. Eine Sharing-Plattform für die Kreditinformationen des ganzen Landes wurde mithilfe von 44 Ministerien und Kommissionen, 31 Provinzen und autonomen Regionen und 65 Marktinstitutionen, die miteinander in Verbindung stehen, realisiert. Mechanismen gemeinsamer Anreize für Vertrauenswürdigkeit und gemeinsame Disziplinarmaßnahmen bei Vertrauensbrüchen beginnen Gestalt anzunehmen ... Im Augenblick gewinnt der Aufbau des Sozialkreditsystems an Schwung, es durchdringt und verbessert sich umfassend, wodurch ein neues, höheres Niveau erreicht wird. Was für einen Prozess hat unser Land zum Aufbau der Kreditgesellschaft durchgemacht? Welche Wirkungen haben sich entfaltet? Wie perfekt wird die Zukunft?

> Es kann und soll kein Zweifel aufkommen: Das SCS wird mit voller Wucht und von allen staatlichen Stellen, koordiniert mit der Privatwirtschaft, in die Tat umgesetzt. Und es ist auch nicht die Frage, ob die Zukunft »perfekt« wird, höchstens noch in welchem Grade!

In den nächsten Tagen wird die Staatliche Kommission für Kontrolle und Verwaltung von Wertpapieren zum ersten Mal der Abteilung für Eisenbahn und Zivilluftfahrt eine schwarze Liste schwerwiegender Vertrauensbrecher präsentieren; zwei Arten von »Schuldnern« des Kapitalmarktes, nämlich »Subjekte, die in zahlungssäumigen, börsennotierten Unternehmen verantwortlich sind«, und »zur Entrichtung beschlagnahmten Geldes verpflichtete Beteiligte der Verwaltung des Wertpapier- und Terminhandels« werden gemeinsam gemaßregelt. Eine damit im Zusammenhang stehende schwarze Liste wird am 1. Juli auf der CreditChina-Website veröffentlicht. Nach Ablauf des Veröffentlichungszeitraums wird die Abteilung für Eisenbahn und Zivilluftfahrt Disziplinarmaßnahmen gegen die Subjekte der Liste ergreifen: Für bis zu einem Jahr könnte die Erste Klasse von Flugzeugen und Zügen für sie gesperrt werden.

> Ein knapper Monat, bevor auf creditchina.gov.cn der Pranger online geht, wirbt das offizielle Sprachrohr des Staates schon einmal für Aufmerksamkeit. Der erste Typ von Vertrauensbrechern, dingfest gemacht von der Wertpapierabteilung der Regierung, wird durch eine weitere Abteilung, die für öffentlichen Transport verantwortlich ist, gemaßregelt.

Sozialkredit-Identnummer, schwarze Listen, vereinheitlichte Disziplinarmaßnahmen ... Seit einigen Jahren kommen derartige Worte im alltäglichen Sprachgebrauch der Menschen immer häufiger vor. Vertrauenswürdigkeit wird allmählich ein immer größerer Bestandteil im Leben eines jeden Menschen. Vor Kurzem wurde im Zuge des Sozialkreditsystems eine neue Maßnahme implementiert: Die nationale Entwicklungs- und Reformkommission hat, zusammen mit den entsprechenden, damit in Verbindung stehenden Abteilungen, gemeinsam drei Dokumente über Sozialkreditdisziplinarmaßnahmen publiziert; es wurden Einschränkungen betreffend der Reichweite von Zugfahrten und Zivilflügen durch Vertrauensbrecher ausgebaut. Maßnahmen wie diese, die Menschen in ihrem Handeln durch jene verstärkte Begrenzung praktisch unbeweglich machen, vergrößern die Sanktionsgewalt gegenüber besagten Vertrauensbrechern. Ein umfangreicher Kreditapparat nach dem Motto »Personen mit guter Bonität überall vorziehen; den Niedrigperformern jeden Schritt erschweren« ist derzeit dabei, allmählich Gestalt anzunehmen.

> Die Schrauben werden angezogen, es wird jetzt ernst, Vertrauenswürdigkeit wird weder von Zufall noch von gutem Willen abhängig gemacht, sondern wird durch die Sanktionsgewalt der Fixierung von Vertrauensbrechern erzwungen.

99.8% Zuteilungsrate von Sozialkredit-Identnummern an landesweit alle rechtskräftigen und rechtswidrigen juristischen Entitäten und Organisationen
Der Kredit-»Personalausweis« ist vollständig implementiert.
»Die Regeln der Vereinheitlichung der Sozialkredit-Identifikationsnummer sind vollständig umgesetzt. Die Zuteilung der Identifikationsnummern für den Bestand ist im Wesentlichen abgeschlossen und die den neuen Subjekten verliehenen Nummern sind ebenfalls verteilt.« Der Pressesprecher der nationalen Entwicklungs- und Reformkommission Yan Pengcheng äußerte sich unlängst dahingehend, dass bis Ende März diesen Jahres [2018] die Zuteilungsrate der Num-

mern des Bestands aller landesweit rechtskräftigen und rechtswidrigen juristischen Entitäten und Organisationen 99,8%, und die aller Einzelgewerbebetreibenden landesweit 95% erreicht habe.

> Die Zahl ist so beachtlich, dass sie selbst einer Überschrift wert ist: 99,8%. So gut wie jede juristisch adressierbare Einheit besitzt nun auch eine Adresse, was im Internetzeitalter als das allerwichtigste Attribut überhaupt gelten kann. Die eine Abteilung kann nun Vertrauensbruch feststellen und zurechnen, die andere die Sanktion verhängen.

Die einheitlichte Sozialkredit-Identnummer entspricht der »Personalausweisnummer« von juristischen Personen und Körperschaften und bildet die Basis, die zum Aufbau des Sozialkreditsystems benötigt wird. Laut dem Finanzdirektor der nationalen Entwicklungs- und Reformkommission Chen Hongwan waren vor der Systemreform der einheitlichen Sozialkredit-Identnummer die Nummern des ursprünglichen Mechanismus in China uneinheitlich und dezentral auf viele Abteilungen verteilt – es mangelte an effizienter und koordinierter Verwaltung und an einem funktionsfähigen System des Informationsaustausches. Die meisten Nummern wurden lediglich für die interne Verwaltung der jeweiligen Abteilungen verwendet. Somit konnten Informationen, beziehungsweise Daten, nicht ungehindert zwischen mehreren Abteilungen ausgetauscht und gemeinsam genutzt werden.

Mithilfe der einheitlichen Sozialkredit-Identnummer wird es möglich sein, Kreditaufzeichnungen über Bezirks-, Abteilungs- und auch Fachgebietsgrenzen hinweg zusammenzuführen, zu sammeln und mit den Namen dafür verantwortlicher Subjekte in Verbindung zu bringen. Personalakten zu Krediten von Akteuren des Marktes nehmen Gestalt an und werden vervollständigt. Sowohl Ministerien als auch die breite Öffentlichkeit können mithilfe der Identnummer effektiv Status und Identität von Subjekten identifizieren und basierend auf dem Vergleich von Informationen analysieren. Somit sind die Voraussetzungen für das Belohnen von Ehrlichkeit und das Maßregeln von Vertrauensverlust geschaffen.

Die einheitliche Sozialkredit-Identnummer hat zudem den Vorteil, dass er die Reformbestrebungen der Regierung, »Macht zu delegieren, die Verwaltung zu verschlanken und Behördendienste zu optimieren«, voranbringt. Chen Hongwan erklärte, dass die einheitliche Sozialkredit-Identnummer eine treibende Kraft in der Reform des Systems wirtschaftlicher Angelegenheiten sei. Sie bilde die Grundlage und Voraussetzung für die »einheitliche Geschäftslizenz, die anstelle der bisherigen Geschäftslizenz, des Registrierungsnummernzertifikats der Organisation und des Steuerregistrierungszertifikats tritt«, sowie für die Grundregel »Eine Identnummer, eine Lizenz«. Durch die Reform sind viele einzelne Nummern zu einer Identnummer zusammengeführt worden, und Angelegenheiten, die zuvor vielfach erledigt werden mussten, müssen jetzt nur einmal bearbeitet werden.

Im Nachhinein wird verständlich, wieso es in der BRD in den 1970er-Jahren so großen Widerstand gegen ein einheitliches Personenkennzeichen gab. Es stellt sich jedenfalls hier, im Zuge der Einführung des SCS als das heraus, was es auch in der Datenbanktechnik ist: der Schlüssel zur Verarbeitung eines Datensatzes.

Die Bearbeitung von Formalitäten wurde vereinfacht, was Zeit und Kosten spart und die Triebkraft des Marktes in Hinsicht auf Innovation und Pionierarbeit stimuliert. Gleichzeitig wird mithilfe der vereinheitlichen Sozialkredit-Identnummer der Datenaustausch zwischen den einzelnen

Bezirken und Abteilungen vorangetrieben und in den umfassenden Datenaustausch von Gesellschaft und Markt integriert. Hinzu kommt die Möglichkeit, von der Bereitstellung einer großen Menge an Ressourcen zu profitieren. Auf diese Weise kann die Überwachung durch die Regierung gewährleistet und das Dienstleistungsangebot unterstützt werden.

Außer der Zuteilungsrate von 99,8% für alle im Bestand vorhandenen Registrierungsnummern wurde auch eine vollständige Abdeckung der zunehmenden Marktteilnehmer erreicht. Die Marktteilnehmer erhalten nun schon mit der ursprünglichen Registrierung eine einheitliche Sozialkredit-Identnummer. Gleichzeitig wird auch die Anwendung der Identnummer gerade erfolgreich vorangetrieben. Vom 30.06.2018 an wurde die Erstellung von Strukturnummern- oder Regierungszertifikaten mit alten Organisationnummern für soziale Gruppen, Stiftungen und andere Organisationen mit uneinheitlichen Nummern eingestellt und diese zu abgestuften Zertifikaten mit einheitlichen Sozialkredit-Identnummern geändert, die von entsprechenden Registrierungsverwaltungsabteilungen ausgestellt werden.

Die nationale Plattform zum Austausch von Kreditinformationen sammelt 16,5 Milliarden Kreditinformationen
Die einsame Insel staatlicher Kreditinformationen wird zerschlagen

Das sind martialische Töne. An der Entschlossenheit der Zentralregierung soll offenbar kein Zweifel aufkommen, auch nicht daran, dass sie einen panoptischen Blick auf alle Bürgerinnen und Bürger sowie alle Organisationen und Firmen erlangt hat. Der Himmel mag zwar hoch und der Kaiser weit, aber die nationale Plattform will direkt und nah zu ihren Subjekten sein.

Wenn die Sozialkredit-Identnummer grundsätzlich eine vollständige Abdeckung verwirklicht, wie werden dann diese Sozialkreditinformationen angesammelt? Schon 2015 wurde angestoßen, einen Träger von Kreditinformationen zu errichten – die nationale Plattform zum Austausch von Kreditinformationen. Gegenwärtig hat sie mit 44 Ministerien und Kommissionen, 31 Provinzen, Bezirken und Städten der Nation sowie 65 zusammengehörigen Marktstrukturen eine Sammlung von über 16,5 Milliarden Kreditinformationen verwirklicht.

Gemäß Vorstellung hat die Plattform drei Funktionen verwirklicht: Eine ist die Austauschfunktion. Sie erlangt Kreditinformationen und verwirklicht den Austausch mit jeder Abteilung und Gegend durch Verzeichnislisten nach Ermächtigung für Durchsuchung, Durchsicht und Anhäufung. Die zweite ist die Informations-, Archivprüfungs- und Systemimplementierungsfunktion. Bei den Kreditinformationen jeder Abteilung und Gegend der Sammlung führt sie einen bereinigenden Abgleich aus, und durch ein System einheitlicher Sozialkredit-Identnummern, das schon praktiziert wird und unter dem Namen desselben Subjekts aufgezeichnet wird, generiert sie einen panoramaartigen Kreditinformationsbericht zu einem gewissen Subjekt, zu dem jede Zugangseinheit Kreditberichte durchsuchen oder ausdrucken und herunterladen kann.

Darüber hinaus kann die Funktion der Kreditaktenabfrage auch über eine Schnittstelle in das administrative Genehmigungs- oder Geschäftssystem der Abteilungen eingebettet werden; in der Praxis muss jede Behandlung und jeder Bericht geprüft und genehmigt werden, sodass beaufsichtigt wird, ob er eine Informationalisierungsunterstützung bietet. Die dritte ist die Funktion der einheitlichen Anreize für Vertrauensanhäufung und das Maßregeln für Vertrauensverlust. Designt worden sind Funktionen wie der Austausch von Informationen über Subjekte, Informationsabgleich, Daten-Push-Funktion, Informationsverknüpfungen mit den »roten und schwarzen Listen« von Vertrauensanhäufung und -verlust sowie Statistiken und Feedback zur Wirkung von Belohnungs- und Maßregelungsmaßnahmen.

»Die Plattform hat die einsame Insel der staatlichen Kreditinformationen wirksam zerschlagen, die Wirksamkeit der kooperativen Aufsicht dabei und danach erhöht und bietet für die Arbeit der einheitlichen Belohnung und Maßregelung Funktionen wie Feedback zur Initiierung, Antwort und Wirkung, die die Umsetzung von Maßnahmen der einheitlichen Anreize für Vertrauensanhäufung und der einheitlichen Maßregelung für Vertrauensverlust unterstützen«, erklärte Chen Hongwan.

Die Kreditinformationsplattform bietet nicht bloß Erleichterungen für die Arbeit der Regierungsstellen, sie bietet auch alltägliche Dienstleistungen für das einfache Volk. Abhängig von der nationalen Plattform zum Austausch von Kreditinformationen wurde im Gleichschritt die Website credit china.gov.cn errichtet, die die Veröffentlichung von Kreditinformationen anstieß. Die Öffentlichkeit kann auf der Website, auch per Handy, grundlegende Informationen von Unternehmen und zugehörigen Organisationen sowie Aufzeichnungen über Vertrauensverlust prüfen, die »schwarze Liste« mit Vertrauensverlierern einsehen, einheitliche Maßregelungen vieler Abteilungen sowie Informationen wie administrative Genehmigungen oder Maßregelungen erhalten, Kreditsituationen verschiedener Städte verstehen oder Trends bei der Kreditarbeit und Brancheninformationen inspizieren.

Seit der Aufnahme am 01.06.2015 hat die nationale Plattform zum Austausch von Kreditinformationen durch die Rubrik der Informationsankündigung der Website china credit.gov.cn bereits 27 Arten von Informationsankündigungen aufgenommen, unter denen die Anzahl der administrativen Genehmigungen und Maßregelungen 72 Millionen überschritten hat.

Die Errichtung der Plattform wird immer mehr perfektioniert, und die Anwendungsszenarien werden immer reichlicher. So können kleinere Unternehmen mit günstiger Kreditsituation an dem Projekt »Xinyi-Darlehen« der Plattform in Zusammenarbeit mit der Industrial and Commercial Bank of China teilnehmen. Gegenwärtig hat »Xinyi-Darlehen« schon 18 Unternehmen Darlehen von 150 Millionen Yuan angeboten und wird die Zusammenarbeit mit Finanzinstituten ununterbrochen ausbauen sowie noch mehr inklusive Finanzprodukte bieten. Zukünftig werden Subjekte, die ihr Versprechen halten, noch effizientere und bequemere Reisedienste genießen. Gegenwärtig entwickelt die Plattform gerade in Abhängigkeit von Didi Chuxing die ersten Tests von »Xinyi-Reisen« und wird »Xinyi-Reisen« zukünftig schrittweise auf Geschäftsbereiche von Shared-Economy-Reiseunternehmen wie Mobike oder China Car Rental ausbauen.

Gegenwärtig hat die nationale Plattform zum Austausch von Kreditinformationen bereits mit 63 Marktplatzinstitutionen Vereinbarungen zum Austausch von Kreditinformationen unterzeichnet, einschließlich der Industrial and Commercial Bank of China, der Construction Bank, Alibaba, JD.com, Didi Chuxing und Meituan Dianping.

Welchen Schatz Daten darstellen, weiß der chinesische Staat genau. Er überlässt sie nicht den börsennotierten Firmen, sondern lässt diese sammeln und verpflichtet sie zur Abgabe ans Staatszentrum. Kredit- und andere Informationen werden auf die Plattform geleitet. Das drei Jahre später, im Sommer 2021 kurz nach dem Gang des chinesischen Uber-Pendants Didi Chuxing an die New Yorker Börse ergangene Verbot der KPCh, die DiDi-App in den USA weiterhin zu vertreiben, legt von dem Bewusstsein, wie entscheidend Daten sind, beredtes Urteil ab. Die Daten seien nicht sicher, hieß es von chinesischer Seite, und der Kurs brach um ein Viertel ein.

Im Gegensatz zum Westen tritt der Staat in der VR China als zentraler Akteur auf, der seinen Vorteil aus dem Wert von Nutzerdaten ziehen will.

Mehr als 100 einheitliche Belohnungs- und Maßregelungsmaßnahmen
Perfektionierung des Top-Level-Designs des Kreditsystems

Mit der Perfektionierung der Errichtung von Identnummern und der Kreditinformationsplattform entfaltet der Kernmechanismus der Errichtung des Sozialkreditsystems, die einheitlichen Anreize für Vertrauensanhäufung und einheitliche Maßregelung für Vertrauensverlust, immer stärkere Wirksamkeit.

Bis in die Gegenwart haben die Nationale Entwicklungs- und Reformkommission und die betreffenden Abteilungen bereits 36 Memoranden zur Zusammenarbeit bei der einheitlichen Belohnung und Maßregelung unterzeichnet, mehr als 100 Belohnungs- und Maßregelungsmaßnahmen fixiert und einen vorläufigen »Initiierung-Antwort-Feedback-Mechanismus« etabliert. So boten die Steuerbehörden 850.000 Steuerzahlern der Klasse A im Hinblick auf einheitliche Anreize für Vertrauensanhäufung im Jahre 2017 grüne Wellen oder Sachbearbeiter zur Unterstützung bei der Regelung von Steuersachen an. Im Hinblick auf einheitliche Maßregelungen für Vertrauensverlust wurden bis zum April 2018 bei Flugtickets 10,888 Millionen Kaufbeschränkungen verhängt sowie bei Soft-Sleeper- und Hochgeschwindigkeits-Zugtickets 4,164 Millionen. Mehr als 2 Millionen Vertrauensbrecher waren von den Sozialkredit-Maßregelungen eingeschüchtert und kamen ihren Verpflichtungen aus eigener Initiative nach.

Der Wirkmechanismus versteht sich explizit als kybernetisch: Positives Feedback bedeutet die »grüne Welle«, negatives die Verwehrung komfortablen Reisens. Schlecht zahlende Manager müssen sich mit Wanderarbeitern dieselben harten Bänke teilen.

»Zukünftig wird eine große Struktur einheitlicher Belohnungen und Maßregelungen geschaffen, die die ganze Gesellschaft abdeckt.« Chen Hongwan stellte vor, dass zukünftig einheitliche Anreize für Vertrauensanhäufung und einheitliche Maßregelungen für Vertrauensverlust die vollständige Abdeckung von Schlüsselbereichen fördern werden. Alle Orte und Branchen sollten Methoden zur Verwaltung von roten und schwarzen Listen einführen zur Regelung der Identifizierung, Belohnung und Bestrafung, Reparatur und Rücknahme von roten und schwarzen Listen in verschiedenen Bereichen. Gleichzeitig würden persönliche Informationen der wichtigsten Berufsgruppen gesammelt und der Mechanismus zur Bildung von Sozialkreditaufzeichnungen von Einzelpersonen verbessert.

Die Errichtung des Sozialkreditsystems ist zu einer neuen Stufe der Rundumkräftigung, -durchdringung, -beförderung und Kombinationsanstoßung vorgerückt. Chen Hongwan enthüllte, dass es der nächste Schritt sei, die Errichtung von Kreditregulationen und Standardsystemen zu beschleunigen und voranzustoßen, das Top-Level-Design der Errichtung des Sozialkreditsystems zu perfektionieren, jeden Ort und jede Einrichtung zu ermutigen, für Ort und Branche Kreditgesetze und -regeln zu fixieren, sowie die Kreditstandardsysteme in nationaler und lokaler Hinsicht zu stärken.

Der Aufbau des Sozialkreditsystems hat eine neue Phase voller Kraft, voller Durchdringung, voller Erweiterung und kombinierter Förderung eingeläutet. Chen Hongwan verriet, dass der nächste Schritt darin bestehen werde, den Aufbau der Kreditgesetzgebung und des Kreditsystems zu beschleunigen, das Top-Level-Design des Aufbaus des Sozialkreditsystems zu verbessern, verschiedene lokale Abteilungen zu ermutigen, lokale und branchenspezifische Kreditgesetze und -vorschriften zu formulieren, und das Kreditstandardsystem auf nationaler und lokaler Ebene zu verbessern.

> Angeblich funktioniert schon alles bestens, nur die gesetzliche Grundlage fehlt noch. Das ist chinesischer Pragmatismus!

Kreditinformationen des Sozialkreditsystems
Chefredakteur: Li Haiyun

TEXT 13

Unterschiede und Zusammenhänge zwischen Kreditinformationssystem und SCS (2017)

Quelle: *CreditChina*, online unter: {www.creditchina.gov.cn/xinyongyanjiu/yanjiuxinyongzhishi/201712/t20171205_98395.html}, letzter Zugriff: 14. Juni 2023.
Veröffentlicht am 05.12.2017 im »Entwicklungsbericht zum chinesischen Kreditwesen« in der Kolumne »Kreditwissen«.

> Dieser Bericht stellt klar: Wenngleich der Begriff des »Kredits« bei beiden Systemen im Mittelpunkt steht, geht es dem Sozialkreditsystem um sehr viel mehr – so, wie auch »Sozialkredit« (社会信用) durch Voranstellung der Zeichen für »sozial« (社会) vor »Kredit« (信用) gebildet wird. Es geht also um Glaubwürdigkeit im engeren und im weiteren Sinne. Geht es bei Kreditinformationssystemen um das Gedeihen der Kreditbranche, beruht das Sozialkreditsystem auf Ethik und Gesetzen und fördert die Gesundheit von Wirtschaft und Gesellschaft. Das Erstere ist Teil des Letzteren.

In dem Bericht wird Folgendes mitgeteilt:
Das »Kreditauskunftssystem« ist eine Sammelbezeichnung für relevante Systeme und Maßnahmen zur Erfassung, Verarbeitung, Analyse und Bereitstellung von Kreditinformationsdiensten gesellschaftlicher Einrichtungen nach außen. Dies schließt Kreditauskunftssysteme, Informationssammlungen, Kreditauskunftsmechanismen, Informationsmärkte, Kreditauskunftsprodukte und -dienstleistungen, Kreditauskunftsüberwachung sowie ähnliche Aspekte ein. Das Ziel ist es, auf der Grundlage des Schutzes der Rechte und Interessen der Informationen betroffener Personen ein vollständiges System aufzubauen und somit die gesunde Entwicklung der Kreditbranche zu fördern.

Das Sozialkreditsystem ist ein allgemeiner Begriff für eine Reihe von Regelungen zur Förderung der Kreditzusagen aller Teile der Gesellschaft. Dies umfasst institutionelle Vorkehrungen, Mechanismen zur Erfassung, Sammlung und Offenlegung von Kreditinformationen, Mechanismen und Marktvorkehrungen zur Sammlung und Ausgabe von Kreditinformationen, Öffentlichkeitsarbeit, Bildungseinrichtungen usw. Das endgültige Ziel ist es, ein gutes soziales Kreditumfeld zu schaffen.

Das Sozialkreditsystem ist ein sozialer Mechanismus, der auf Gesetzen und Ethik beruht. Durch die Funktionen der Offenlegung von Aufzeichnungen, der Verbreitung und der Frühwarnung vor nicht vertrauenswürdigem Verhalten löst es den Widerspruch asymmetrischer Kreditinformationen im wirtschaftlichen und sozialen Leben. Dadurch wird nicht vertrauenswürdiges Verhalten bestraft und Ehrlichkeit gefördert. Die Ordnung der wirtschaftlichen Aktivitäten und des sozialen Lebens kann somit aufrechterhalten und die gesunde Entwicklung von Wirtschaft und Gesellschaft gefördert werden.

Der Aufbau des Kreditinformationssystems ist ein wichtiger Bestandteil und ein zentrales Bindeglied beim Aufbau des Sozialkreditsystems. Das Sozialkreditsystem ist der Zweck und das Kreditinformationssystem ein Mittel. Die Hauptfunktion des Aufbaus eines Kreditinformationssystems ist die Bereitstellung von Kreditinformationsprodukten, damit Gläubiger oder Käufer von Finanzprodukten bei Finanztransaktionen sich des Kreditstatus von Kreditantragstellern oder Produktverkäufern bewusst sind und dadurch Kreditrisiken vermeiden können.

Gleichzeitig trägt es durch die genaue Identifizierung der Identität von Unternehmen und Einzelpersonen und die Speicherung ihrer Kreditgeschichte dazu bei, eine bindende Kraft zu bilden, die Unternehmen und Einzelpersonen dazu anhält, eine gute Bonität zu pflegen.

Der Aufbau des Sozialkreditsystems ist in seinem Inhalt weitaus umfangreicher, neben dem Aufbau des Kreditinformationssystems sind auch das Bestrafen und Belohnen in anderen Abteilungen wie Qualitätskontrolle, Steuerverwaltung usw., die aufgrund des Marktverhaltens innerhalb dieser Branche stattfinden, Teil des Aufbaus des Sozialkreditsystems.

TEXT 14

Eintrag »Social Credit System« in Baidu Baike [PRC-Pendant zu Wikipedia] (2019)

Quelle: {baike.baidu.com/item/%E7%A4%BE%E4%BC%9A%E4%BF%A1%E7%94%A8%E4%BD%93%E7%B3%BB/1057379}, letzter Zugriff: 14. Juni 2023.
Veröffentlicht am 18.05.2019.

Verglichen mit den programmatischen Texten der Staatsführung geschieht die Begriffsauslegung des Sozialkreditsystems allerdings sehr viel näher am Grundgedanken eines Vertrauens, von dem dann auch die Vergabe materieller Güter abhängt. Der Artikel hebt auch nicht im selben Maße auf die Unterschiede zwischen »Kreditinformation« und »Sozialkreditsystem« ab wie der vorangehende. Es ist zwar auch von Gut und Böse die Rede, aber das Ziel bleibt die Effizienzsteigerung der Wirtschaft.
Und es ist ja auch schon einige Zeit ins Land gegangen seit 1999, seit 2014! Von einem etablierten einheitlichen Punktesystem, das alle in allen Aspekten der Vertrauenswürdigkeit bewertet – vom pünktlichen Zurückzahlen eines Darlehens bis zur Loyalität gegenüber der Kommunistischen Partei oder regelmäßigen Besuchen bei den alten Eltern – kann durchaus nicht die Rede sein. Spiegelt dieser Lexikoneintrag also vielleicht eine gewisse Ernüchterung oder vielleicht auch nur Konzentration auf den kommerziellen Aspekt quantifizierbarer gesellschaftlicher Vertrauenswürdigkeit wider?

Sozialkreditsystem

Das Sozialkreditsystem wird auch nationales Kreditverwaltungssystem oder nationales Kreditsystem genannt. Die Errichtung und die Perfektionierung des Sozialkreditsystems sind wichtige Anzeichen, dass die sozialistische

Marktwirtschaft unserer Nation ununterbrochen heranreift. Das Sozialkreditsystem nimmt das relativ perfektionierte Rechts- und Gesetzsystem als Fundament, die Errichtung und Perfektionierung des Mechanismus für den Austausch von Kreditinformationen als Kern, die Maßregelung und das Formieren des Marktes für Kreditdienste zum Anstoß und die ununterbrochene Erhöhung der Wettbewerbsfähigkeit von Subjekten aus der Kreditdienstindustrie zur Stütze; die Garantie des nationalen und sozialen Kontrollmechanismus wird vom Überwachungssystem einer starken Regierung bewirkt.

Die Wirkung seines Kerns besteht darin, die Kreditsituation gesellschaftlicher Subjekte aufzuzeichnen, ihre Kreditvor- und -nachteile hervorzuholen und vor ihren Kreditrisiken zu warnen sowie das Vermögen der ganzen Gesellschaft zu kombinieren, um Vertrauensanhäufung zu loben und Vertrauensverlust zurechtzuweisen. Es kann die Eigenstärke des Marktes vollständig mobilisieren, um die Umgebung zu reinigen, Entwicklungskosten und -risiken zu mindern und die Kultur der Vertrauensanhäufung zu bereichern.

Es ist eine Art Sozialmechanismus, der konkret auf die Marktnorm einer Nation wirkt. Er zielt auf die Errichtung einer Marktumgebung, die zur Entwicklung von Kredittransaktionen passt, und garantiert, dass die Marktwirtschaft einer Nation in Richtung Kreditwirtschaft wechselt, nämlich mit dem gesunden Wechsel der anfänglichen Mainstream-Markttransaktionsmethode vom Geldbezahlen hin zur Kredittransaktion. Diese Art von Mechanismus wird eine Art neuer Marktnorm errichten, bewirken, dass sich das gesellschaftliche Kapital zu formieren vermag, und direkt garantieren, dass die Marktwirtschaft einer Nation reift und sich der Markt einer Nation vergrößert.

Im April 2019 wiesen die »Richtlinien zur Überwachung der Mittelverwendung der Krankenversicherungen (Entwurf zum Erbeten von Meinungen)« aus, dass die Regierungsabteilungen für Krankenversicherung des Staatsrats die Kreditverwaltungsarbeit des Gebiets der Krankenversicherung in der ganzen Nation verantworten und in das Sozialkreditsystem einführen. Gegenüber Einheiten und Individuen, die gegen zugehörige Bestimmungen verstoßen, können öffentliche Enthüllungen geleistet werden, und sie werden in Maßregelungen wie eine Liste mit Personen der einheitlichen Maßregelungen für Vertrauensverlust aufgenommen.[1]

Chinesischer Name: Sozialkreditsystem, auch genannt: Nationales Kreditverwaltungssystem. Fundament: Relativ perfektioniertes Rechts- und Gesetzsystem. Besonderheiten: Daten besitzen Allumfänglichkeit.

Grundsätzliche Zusammenfassung
Bei Transaktionen im modernen Markt gehört der Kredit zu den Fähigkeiten, die auf dem Fundament des Vertrauens errichtet wurden: Man braucht nicht auf der Stelle zu zahlen und kann möglicherweise gleich Kapital, Güter und Dienste erlangen. Die Seite, die das Vertrauen angenommen hat, zahlt innerhalb einer ihr bewilligten Frist für die erlangten Kapitale, Güter und Dienste, und die erwähnte Frist wird von der Seite, die das Vertrauen gewährt hat, gleichzeitig auch zwingend anerkannt. Gibt es keinen Kredit, dann gibt es keine Ordnung, und die Marktwirtschaft kann sich dann nicht gesund entwickeln.

Gegenwärtig sind Defizite der Kreditsituation ein schwaches Glied der marktwirtschaftlichen Entwicklung unserer Nation und ein prominenter Faktor, der bereits Einfluss auf die wirtschaftliche Entwicklung genommen hat und Bedingung für sie geworden ist. Wenn Kredit gefehlt hat, führte dies direkt dazu, dass nicht wenige Unternehmen in einer Krise versunken sind. Angesichts dieser Art von Situation wird die Errichtung und Gesundheit des volkswirtschaftlichen Kreditsystems unmittelbar zu einem dringenden Geschäft.

Falls das Sozialkreditsystem einer Nation relativ robust ist, gerechte und maßgebliche Kreditprodukte und -dienste bereits im ganzen Land verbreitet und Kredittransaktionen bereits zu wichtigen Transaktionsmethoden ihrer Marktwirtschaft geworden sind, wird so eine Nation gewöhnlich eine vertrauenswürdige Nation genannt. In vertrauenswürdigen Nationen dringen Produkte und Dienste von Kreditverwaltungsunternehmen in alle Facetten der Gesellschaft ein; das Kreditbewusstsein von Unternehmen und Individuen ist stark, sie legen Wert darauf, Kredite zu bewahren, und besitzen klare Anforderungen an den Kreditmarkt. Deswegen ist die externe Reputation vertrauenswürdiger Nationen besser, Umfang und Ausmaß von Kredittransaktionen sind groß, und sie können noch höheres wirtschaftliches Wohl erlangen.

Der »XII. Chinesische Kreditgipfel (16.4.2016)« wurde von der Wirtschaftsfakultät der Peking Universität, dem Chinesischen Kreditforschungszentrum der Peking Universität und der landesweiten Krediterziehungsallianz abgehalten.

Der gleichzeitig ausgestellte Bericht »Rückschau auf die Errichtung des chinesischen Kreditsystems im Jahr 2015 und Ausblick auf 2016« erklärte, gegenwärtig in der Errichtung des Sozialkredits unserer Nation existierende Probleme seien erstens der relative Mangel an Kredittheorien und begabten Leuten, zweitens die noch nicht robusten Kreditrechte und -gesetze, drittens vom Kreditdienstmarkt dringend erwartete Normen und viertens die Rückständigkeit von Kreditverwaltung und -überwachung. Auf die erwähnten Probleme zielend wurde 2016, während der Errichtung des Sozialkredits, vorgeschlagen, man müsse erstens Öffnung und Austausch von Kreditinformationen einen Schritt weiter treiben, zweitens die Maßregelung des Kreditdienstmarkts beschleunigen, drittens die Wirkungskraft des Justizsystems pragmatisch erhöhen und viertens Mühe darauf verwenden, nach innovativen Anwendungen des Kreditsystems zu forschen.[2]

Funktionen

Die Verbesserung des Sozialkreditsystems ist die Voraussetzung für das Inkrafttreten des Kreditsystems. Es garantiert das Einhalten bestimmter Regeln seitens der Kreditgeber und -nehmer beim Abschließen von Geschäften. Somit werden Gerechtigkeit und Effizienz im wirtschaftlichen Betrieb sichergestellt.

1. Das Sozialkreditsystem hat eine Gedächtnisfunktion und ist in der Lage, Einträge über Personen mit Vertrauensverlust zu speichern.
2. Das Sozialkreditsystem hat eine Enthüllungsfunktion und ist in der Lage, das Gute zu ermuntern und das Böse zu bestrafen, um die Effizienz der Wirtschaft zu erhöhen.
3. Das Sozialkreditsystem hat eine Frühwarnfunktion und kann einem Vertrauensverlust somit präventiv entgegenwirken.

Die betriebliche Vertrauenswürdigkeitsakte soll die folgenden fünf Eigenschaften besitzen:

Vollständigkeit der Informationen: Nur wenn die Daten vollständig sind, erhält die zu bearbeitende Vertrauenswürdigkeitsakte eine höhere soziale Bonität. Der Kredit eines Unternehmens besteht aus öffentlichen Überwachungsinformationen der entsprechenden Funktionsabteilungen aller Ebenen und aller Bezirke der Regierung, darunter zum Beispiel Qualifikationen und Befugnisse, Qualitätskontrollen, Belohnungen, Sanktionen, Rechtsstreitigkeiten etc. Hinzu kommen Kreditinformation bezüglich Bankdarlehen, Informationen basierend auf Evaluationen seitens Marktteilnehmern wie Verbrauchern, Konkurrenten,

Handelspartnern und Angestellten. Jeglicher Kreditverlust kann eine Kreditkrise des jeweiligen Unternehmens zur Folge haben. Aus diesem Grund kann nur durch Vollständigkeit von Informationen adäquat die Situation in Bezug auf Vertrauenswürdigkeit eines Unternehmens dargestellt werden; ausschließlich durch die Vollständigkeit an Kreditinformationen ist ein vergleichsweise hoher Referenzwert [als Grundlage für die Akkreditierung] möglich.

Überregionalität: Mit der wirtschaftlichen Globalisierung werden überregionale und internationale sozioökonomische Aktivitäten immer häufiger. Somit haben Kreditsysteme einzelner Provinzen und Städte ihre Bedeutung verloren. Denn nur wenn es ein landes- und weltweit standardisiertes System für Vertrauenswürdigkeitsakten gibt, kann Kompatibilität und Vergleichbarkeit der sozialen Bonität erreicht werden. Ein solches System bringt die Mechanismen und Eigenschaften landesweiter Erfassung und Reichweite, aber auch globaler Vernetzung mit sich.

Branchenübergreifend: Mit der wirtschaftlichen Entwicklung und der fortwährenden Verfeinerung der sozialen Arbeitsteilung wird branchenübergreifender Handel unumgänglich. Aus diesem Grund beschränken Kreditsysteme einzelner Branchen die Wertigkeit und die Bedeutung ihrer eigenen Existenz. Das obengenannte [branchenübergreifende] Kreditsystem überwindet somit die Makel branchenspezifischer Kreditsysteme.

Einheitlichkeit: Dieses System verwendet einen landesweit einheitlichen Kreditstandard und ein auf einem einheitlichen mathematischen Modell beruhendes Berechnungsverfahren der Punktezahl für Vertrauenswürdigkeit (Rating). Es besitzt außerdem einheitliche Datenbanken und Rechercheplattformen. Somit werden Vergleichbarkeit, Allgemeingültigkeit und der praktische Nutzen von Vertrauenswürdigkeitsakten und -punkten aller Unternehmen garantiert.

Maßgeblichkeit: Echtheit, Objektivität und Gerechtigkeit sind Quelle der Autorität. Das Medium Informationserfassung des Systems 11315 für Bonitätsauskunft bezieht seine Information direkt von funktionalen Abteilungen, die mit der Regierung in Verbindung stehen. Alle über die betroffene Person bereitgestellten Informationen werden von Verwaltungsarbeitern der Kreditberichterstattung bezeugt und verifiziert. Verbraucherinformationen werden vollständig in einem Klarnamenregister erfasst. In diesem Sinne garantiert das Medium der Informationserfassung die Authentizität der Vertrauenswürdigkeit. Eine dynamische, echtzeitliche und fortwährende Kreditaufzeichnung reflektiert die sich stetig wandelnde Kreditsituation. Diese unabhängige und eigenständige öffentliche Erhebungsplattform garantiert die Objektivität und Gerechtigkeit der Kreditaufzeichnungen und -punktezahlen. Allein Authentizität, Objektivität und Gerechtigkeit schaffen Maßgeblichkeit.

Begriff des Sozialkreditsystems

> Dieser Abschnitt verweist noch einmal auf die sehr weit gehenden Absichten des Aufbauplans von 2014: Die Etablierung von Vertrauen auf breiter gesellschaftlicher Basis, gepaart mit dem Begriffshof »Ehre«, »Aufrichtigkeit« und »Verlässlichkeit«.

Leitideen
Die »Bekanntmachung des Staatsrats über die Veröffentlichung des Aufbauplans eines Sozialkreditsystems (2014–2020)«[3] (veröffentlicht vom Staatsrat, Dokument 21, Jahr 2014): Die umfassende Förderung des Aufbaus des Sozialkreditsystems muss in Einklang mit den Theorien Deng Xiaopings, den bedeutenden Ideen des »Dreifachen Vertretens« [die Partei vertritt die Produktivkräfte, die Kultur und das Volkswohl] und dem wissenschaftlichen Ent-

wicklungskonzept geschehen. Dabei soll man sich auch nach dem zentralen Geist des XVIII. Parteitags, dem 3. Plenum des XVIII. Parteitags der Kommunistischen Partei Chinas und dem Grundriss des »12. Fünfjahresplans« richten. Als Grundlage gelten sowohl die Verbesserung der Gesetzes-, Verordnungs- und Standardisierungssysteme bezüglich Vertrauenswürdigkeit als auch die Entstehung eines Kreditsystems, das die Gesamtgesellschaft umfasst. Hauptinhalte sind die Förderung von Vertrauenswürdigkeit des Regierungshandelns, der Handelspartner und der Gesellschaft und auch die Förderung öffentlichen Vertrauens in die Justiz. Als Schwerpunkt dient der Aufbau einer Kultur der Integrität: Eingeführt werden Belohnung von Zuverlässigkeit und Sanktionierung von Vertrauensverlust. Die Förderung von Kreditaufbau verschiedener Industrien sowie Regionen und die Idee, dass Vertrauenswürdigkeit der Marktentwicklung dient, werden dies unterstützen. Ziel sind die Erhöhung des gesamtgesellschaftlichen Vertrauenswürdigkeitsbewusstseins und -niveaus und die Verbesserung der wirtschaftlichen und gesellschaftlichen Rahmenbedingungen. Mit dem Menschen im Mittelpunkt und die ganze Gesellschaft umfassend wird eine starke Atmosphäre entstehen, in der es ehrenhaft sein wird, sein Wort zu halten, und beschämend sein wird, Vertrauen zu brechen. Erst dann wird es Normalität, dass das Volk aus eigenem Antrieb aufrichtig und verlässlich sein wird.[4]

Auch wenn es für die gesamte VR China bislang kein alle Bereiche des gesellschaftlichen Lebens umfassendes System individueller Bewertung nach einem Punkteschema gibt: Die derartige Ausgestaltung eines solchen Systems wird hier wiederholt als dezidiertes Ziel des SCS deklariert. Man kann der chinesischen Staatsführung nicht absprechen, langfristig zu planen, das sollte nicht vergessen werden!

Interessant ist hier, dass die klar behavioristische Idee der Fremdsteuerung von Bürgerinnen und Bürgern durch extrinsische Anreize (Zuckerbrot und Peitsche) mit intrinsischer Motivation (also ethisch-moralisches Handeln aus eigenem Antrieb oder eigener Einsicht) verwechselt wird. In der Evolution führten exoskeletale Verhärtungen wie bei Meeresbewohnern automatisch zu einer Verweichlichung des Inneren. Oder anders gesagt: Stehen Sie lieber einem bewaffneten Menschen gegenüber, der sie aufgrund drohenden Punktabzugs nicht verletzt, oder weil er es aufgrund seines inneren moralischen Kompasses und aus eigener Einsicht für unmoralisch hält?

Komposition der Struktur

Hier werden religiöse Töne angeschlagen: Vertrauenswürdigkeit wird zum »Heiligtum« der Marktwirtschaft erklärt!

Ein vollendetes Kreditsystem besteht aus einer Reihe notwendiger Teile und Elemente. Diese Bestandteile und Elemente arbeiten arbeitsteilig und wechselseitig in Kooperation zusammen. Als großes Ganzes wachen [diese Teile und Elemente] über das Heiligtum Vertrauenswürdigkeit der Marktwirtschaft, sie führen die Vervollkommnung und Entwicklung des Sozialkreditsystems herbei und beschränken und bestrafen Vertrauensbrüche. Auf diese Weise wird ein gesunder Verlauf der sozialen Ordnung und der Marktwirtschaft gewährleistet.

Die vertikale Perspektive
Die normale Funktion des Sozialkreditsystems muss folgende Elemente enthalten: die Industrie des Kreditmanagements und das Rechtssystem im Sinne der Vertrauenswürdigkeit. Der Apparat des Vertrauenswürdigkeitsmanagements und das Vertrauenswürdigkeitsrechtssystem bilden eine orga-

nische Verbindung, so kann die regelhafte Funktion des Sozialkreditsystems gewahrt werden.

Industrie des Kreditmanagements
Die Industrie des Kreditmanagements ist die »Hardware« des Sozialkreditsystems. Sie verfügt über die Datenbanken für Kreditinformationen aller Marktteilnehmer und über qualifizierte Mitarbeiter des Kreditmanagements, damit den Marktteilnehmern Kreditinformationsprodukte und -services aller Art bereitgestellt werden können. Im weitestem Sinne beinhaltet die Industrie des Kreditmanagements die folgenden Teilbereiche: Ermittlung der betrieblichen Vertrauenswürdigkeit, Ermittlung der Vertrauenswürdigkeit von Endverbrauchern, Vermögensuntersuchung und -bewertung, Marktforschung, Rating [im finanziellen Sinne], Mahnung der Geschäftsforderungen, Kreditversicherung, internationales Factoring, Beratung für Kreditmanagement und Prüfung der Quittung per Telefon.

Das Rechtssystem im Sinne der Vertrauenswürdigkeit
Das Vertrauenswürdigkeitsrechtssystem ist die »Hardware« des Sozialkreditsystems, und es stellt der Kreditmanagementindustrie »Spielregeln« bereit.

Die horizontale Perspektive

> Der Anspruch auf gesamtgesellschaftliche Wirksamkeit bleibt bestehen: Regierung, Unternehmen und Individuen kommen in eine Vertrauenswürdigkeitsdatenbank!

Das Sozialkreditsystem umfasst ein öffentliches Kreditsystem, ein Kreditsystem für Unternehmen und ein Kreditsystem für Einzelpersonen. Die drei Systeme wirken zusammen und bilden ein in sich geschlossenes Sozialkreditsystem.

Das öffentliche Kreditsystem

Das öffentliche Kreditsystem kann man auch als das Kreditsystem der Regierungen bezeichnen. Von der Gesamtsituation des Sozialkreditsystems her betrachtet beeinflusst das öffentliche Kreditsystem das Kreditsystem der Gesellschaft vollumfänglich. Das Schaffen von Vertrauen der Bürger in die Regierung ist die Voraussetzung für die Etablierung von Kreditwürdigkeit der Unternehmen und der Einzelpersonen. Die Funktion des öffentlichen Kreditsystems besteht darin, das administrative und wirtschaftliche Verhalten der Regierung zu regulieren, Vertrauensbrüche wie impulsartige Änderungen politischer Weisungen und Zurückweisungen von Schuld zu verhindern und die Glaubwürdigkeit von Exekutive und Judikative gegenüber der Öffentlichkeit zu erhöhen.

Das betriebliche Kreditsystem

Unternehmen sind Hauptakteure der Marktwirtschaft. Deshalb stellt das Kreditsystem der Unternehmen einen bedeutenden Bestandteil des Sozialkreditsystems dar. Die Funktion des betrieblichen Kreditsystems besteht darin, Vertrauensverlust vonseiten der Unternehmen zu zügeln und dafür zu sorgen, dass zwischen den Unternehmen auf dem Markt ein fairer Konkurrenzkampf herrscht. Der Dreh- und Angelpunkt des unternehmerischen Kreditsystems ist die Kreditdatenbank für Unternehmen, da sie die Kreditwürdigkeitsdaten der Unternehmen bezüglich deren öknomischen Umgangs miteinander dynamisch dokumentiert.

Das Kreditsystem für Einzelpersonen

Einzelpersonen sind grundlegende Einheiten der Gesellschaft; sie sind sowohl Kreditnehmer als auch Kreditgeber. Aus diesem Grund ist das Kreditsystem für Einzelpersonen ebenfalls ein elementarer Bestandteil des Sozialkreditsystems. Dementsprechend bildet das Kreditsystem für Einzelpersonen gewissermaßen die Grundlage des Sozialkreditsystems. Es entfaltet seine Wirkung im Sozialkreditsystem in mindestens zweierlei Hinsicht: Einerseits stellt es den kreditantragstellenden Einzelpersonen ihre jeweiligen Kreditwürdigkeitsinformationen zur Verfügung. Andererseits kompensiert es die Lücken, die das öffentliche Kreditsystem und das Kreditsystem der Unternehmen nicht füllen können.

Dreh- und Angelpunkt des Kreditsystems für Einzelpersonen ist die Vertrauenswürdigkeitsdatenbank der Einzelpersonen. Die Datenerfassung und das Operationsmodell der Datenbank sind ähnlich wie die der betrieblichen Datenbank. Der Unterschied zur Kreditdatenbank der Einzelpersonen besteht darin, dass die Erfassung der Daten und ihre Verwertung einen noch höheren gesetzlichen Schutz genießen.

> Das chinesische Modell sieht sich in der Tradition seiner US-amerikanischen und europäischen Vorgänger. In gewisser Weise setzt es die Tendenz fort, die Vertrauenswürdigkeitsprüfung von privaten Firmen auf die Regierung zu übertragen.

Das europäisch-amerikanische Modell

Die Sozialkreditsysteme der Industrieländer sind im Wesentlichen nach zwei Modellen aufgebaut: Das eine ist das US-amerikanische Modell, in dem Kreditvermittlungsagenturen eine zentrale Rolle spielen. Das andere ist das europäische Modell, welches von den Regierungen und der Zentralbank bestimmt wird.

Das US-amerikanische Modell

Das US-amerikanische Modell à la »Dominanz der Kreditvermittlungsagenturen« basiert ausschließlich auf Regelungen der Marktwirtschaft und auf dem Selbstmanagement der Industrie des Kreditmanagements. Die Regierung ist lediglich dafür verantwortlich, juristisch Hilfe zu leisten und den Verlauf des Kreditmanagementsystems zu überwachen. In diesem Modell spielen die Kreditvermittlungs-Agenturen die Hauptrolle, und deren Kerngeschäft basiert auf ökonomischem Gewinn.

Das europäische Modell

Das europäische Modell »Dominanz der Regierungen und der Zentralbank« funktioniert durch den Aufbau öffentlicher Kreditinstitutionen. Somit sind Unternehmen und Individuen gezwungen, diesen Institutionen Kreditdaten bereitzustellen. Die Echtheit dieser Daten wird dann vom Gesetz garantiert. Bei diesem Modell spielen die Regierungen eine zentrale Rolle. Dieses Konstrukt ist relativ effizient. Es untscheidet sich vom US-amerikanischen Modell auf hauptsächlich drei Ebenen:

1. Der Kreditinformationsdienst ist als eine Abteilung der Zentralbank errichtet und wurde nicht von einer privaten Organisation geschaffen.
2. Die Banken müssen laut Gesetz dem Kreditinformationsbüro relevante Kreditdaten zur Verfügung stellen.
3. Die Zentralbank hat die zentrale Überwachungsverantwortung.

Über die Geltung

Der Aufbau des Sozialkreditsystems impliziert die Entwicklung der sozialistischen Marktwirtschaft

Das Sozialkreditsystem als strukturbildender Rahmen und Betriebsmechanismus

1. Kreditwürdigkeit ist Voraussetzung und Grundlage für die Entwicklung der Marktwirtschaft.

Unter der Bedingung der Marktwirtschaft kommt es durch allmählich expandierende und komplexer werdende Marktbeziehungen zu immer vernetzteren, aber auch sich gegenseitig beschränkenden Kreditbeziehungen. Derartige Kreditbeziehungen werden sich in vollem Maße als eigenständige unabhängige Wirtschaftsbeziehungen entwickeln, die die komplizierten Austauschbeziehungen des Marktes aufrechterhalten können. Somit tragen sie zu einer regulierten Marktordnung bei und wirken darüber hinaus unterstützend. Es ist offensichtlich, dass es ohne Kreditwürdigkeit keine Existenzgrundlage auf dem Markt gibt.

2. Kreditwürdigkeit ist die grundlegende Garantie für eine gesunde Entwicklung von Marktwirtschaften.

Die westlichen Industrieländer passen ihre Kreditmanagementsysteme an die Trends der Marktentwicklung an, wodurch eine Kreditumgebung beziehungsweise -ordnung entsteht, die die wirtschaftliche Entwicklung kräftig fördert. Die Verbesserung des Sozialkreditsystems ist zu einem bedeutenden Merkmal marktwirtschaftlicher Reife geworden. In China hat der Aufbau des Sozialkreditsystems, welches für eine entsprechende Marktwirtschaft erforderlich ist, gerade erst begonnen. Im Zusammenhang mit dem rasenden Wirtschaftswachstum unseres Landes und dem steigenden Niveau der Marktorientierung gibt es objektiv gesehen einen dringenden Bedarf für die Etablierung eines Sozialkreditsystems.

3. Kreditwürdigkeit ist ein wichtiges Mittel der Makrosteuerung.

Kreditwürdigkeit hat monetäre Eigenschaften. Somit kann sie bestimmte Funktionen der Wirtschaftspolitik ausfüllen und gilt daher als wichtiges Werkzeug der nationalen Makrosteuerung.

Die Einrichtung des Sozialkreditsystems ist also für das Aufrechterhalten eines nachhaltigen und stabilen Wachstums einer Volkswirtschaft erforderlich.

1. Wirtschaftliche Aktivitäten von Unternehmen müssen durch Kreditwürdigkeit abgesichert werden.
Unternehmen bilden die lebhafteste Ebene in Hinsicht auf den Sozialkredit, denn sie sind die bedeutenden Nachfrager und Anbieter von Kredit. Damit Unternehmen mit Umstellungen in der Produktion und technologischer Innovation haushalten können, müssen sie eine große Menge an Mitteln für die Produktionsentwicklung und den technologischen Wandel durch Bankkredite, Wertpapiermarktgeschäfte und die Emission von Anleihen aufbringen. Doch aufgrund des allgegenwärtigen Mangels an Kreditwürdigkeit trauen sich die Banken nicht mehr, [finanzielle] Kredite zu gewähren. In diesem Fall kommen Unternehmen nur schwer über normale Kreditkanäle an Mittel für Produktion und Entwicklung.

2. Eine Erweiterung des Marktsegments muss bei der Kreditwürdigkeit starten.
Unter den Umständen, die der Käufermarkt mit sich bringt, besagt die Erfahrung vieler erfolgreicher Industrieländer, dass durch die Erweiterung der Gesamtsumme des nationalen Kredithandels die Marktgröße erweitert und die Wirtschaftsentwicklung in Schwung gebracht werden kann. In einer guten Markt-Kredit-Umgebung erweitert sich die Marktgröße durch einen Anstieg des Kredithandels um ein Vielfaches, was wiederum die Wirtschaft und den Arbeitsmarkt ankurbelt. Um also die Verbrauchernachfrage auf dem Markt anzukurbeln und das Wirtschaftswachstum voranzutreiben, muss der Aufbau des Sozialkreditsystems schneller vonstattengehen.

Die Etablierung des Sozialkreditsystems ist als Präventionsmaßnahme gegen Finanzrisiken und für die Vertiefung der Finanzreform notwendig.

1. Um gegen die Finanzkrise vorzusorgen, muss der Aufbau des Kreditsystems gesteigert werden.
Die finanzielle Sicherheit ist der Kern der wirtschaftlichen Stabilität eines Landes. Finanzkrisen gefährden die finanzielle Sicherheit, und gegenwärtig sind Kreditrisiken das größte Finanzrisiko in China. Die Finanzkrise Chinas besteht hauptsächlich darin, dass im Prozess wirtschaftlicher Reformen die Banken das Ausmaß [finanzieller] Kredite ziemlich rasch erweitert haben, das Kreditsystem jedoch noch nicht reguliert und nur rudimentär ausgebaut ist. Der Aufbau des Kreditsystems wird dadurch verstärkt, dass die Solvabilitätsbedeckung, das Streben nach Amortisation und das Erfüllungsniveau von Kreditnehmern gefördert werden. Somit kann das Kreditrisiko im Bankenwesen reduziert werden, was wiederum die finanzielle Sicherheit schützt und die ökonomische Stabilität des Landes garantiert.

2. Um die Finanzreform zu vertiefen und die finanzielle Entwicklung zu fördern, muss auch das Kreditsystem gestärkt werden.
Finanzen sind der Kern moderner Ökonomie. Die Vertiefung der Finanzreform ist der einzig gangbare Weg der wirtschaftlichen Entwicklung. Im Moment tritt unter den Umständen des internationalen Finanzwesens eine Veränderung ein – die Reform- und Öffnungspolitik und der Wirtschaftsaufbau unseres Landes sehen sich mit neuen Aufgaben konfrontiert und bringen die Anforderungen an eine weitere Vertiefung der Finanzreform mit sich, um die finanzielle Konkurrenzfähigkeit zu erhöhen.

Der Beitritt zur WTO, also die Öffnung der VR China hin zu einem globalen Kapitalismus, ist eines der starken Motive zur Entwicklung des SCS. Unter globalisierten Bedingungen käme die noch schwach entwickelte und dazu offenbar noch immer »chaotische« chinesische Kreditserviceindustrie ins Hintertreffen, ausländischen Ratingagenturen bliebe es überlassen, chinesische Unternehmen zu bewerten. Das chinesische System würde zumal in seinem Geltungsbereich weitaus breiter aufgestellt sein und der Bildung eine weitere Instanz zur Seite stellen, die für Tugendhaftigkeit sorgt: ein normalisiertes Kreditsystem.

Der Aufbau des Sozialkreditsystems ist eine Bedingung, um die Herausforderungen der globalen wirtschaftlichen Integration und des Beitritts zur WTO zu meistern.

Mit dem Eintritt in das 21. Jahrhundert wird sich die globale wirtschaftliche Integration allmählich als eine neue internationale Wirtschaftsordnung darstellen. Sie wird die Wirtschaft, Politik und Kultur aller Länder dieser Erde immer stärker beeinflussen. Im Zeitalter der Globalisierung müssen alle Wirtschaftsentitäten ihre ökonomischen Aktivitäten gemäß gemeinsamen internationalen Marktregeln durchführen, wobei ein weltweit einheitliches Kreditsystem als Beschränkung und Grundlage unabdingbar ist.

In China entwickelt sich die Kreditserviceindustrie langsam. Nachdem China der WTO beitrat, diente die Kreditwürdigkeit Chinas der nationalen Behandlung [vonseiten anderer WTO-Mitglieder] während der Marktöffnung nach außen. Dies könnte dazu geführt haben, dass ausländische Kreditserviceunternehmen auf ihre eigenen spezifischen Überlegenheiten in Bereichen wie internationaler Bekanntheitsgrad, Globalisiertheitsgrad ihrer Märkte, qualifiziertes Fachpersonal und ausgereifte Technologien angewiesen waren und darauf bauen konnten. Dies stellt wiederum eine massive Bedrohung für die Kreditserviceinsitutionen Chinas dar; es könnten sogar die Kreditservicemärkte einzelner Fachbereiche und Gebiete in Beschlag genommen werden.

Deshalb muss, um den Herausforderungen durch die ausländischen Kreditdienstleistungsunternehmen gerecht zu werden, viel Kraft für den Aufbau der Kreditserviceindustrie Chinas aufgewendet werden.

> Natürlich will eine Nation, die bald an der Spitze der Weltwirtschaft stehen will, das Kreditrating nicht ausländischen Ratingagenturen überlassen. Dass im Zuge dessen auch das Rating mit der eigenen Charakteristik geschehen soll, liegt ebenfalls nahe.

Der Aufbau des Sozialkreditsystems ist sowohl für die Gründung einer neuen Kreditkultur als auch für die Veränderung der jetzigen chaotischen Zustände der Kreditsystems notwendig. Die Entwicklung der Marktwirtschaft basiert auf einer neuen Kreditkultur, die sich der Marktwirtschaft stetig anpasst. Dies erlaubt es, dass Kreditwürdigkeit nicht nur eine Tugend, sondern auch eine Form der Managementmethode darstellt. Außerdem kann sich eine Kreditwürdigkeit mit der Entwicklung von Unternehmen, der Abwicklung von Geschäften, Leben, Arbeit und der Beschäftigung der Individuen in Verbindung bringen lassen, damit aufrichtige Akteure Vorteile erhalten und diejenigen, die das Vertrauen brechen, vom Markt ausgeschlossen werden können. Ein solches Bewusstsein und eine solche Kultur können nicht nur von Bildung, sondern auch von einem normalisierten Kreditsystem gefördert werden.

Meinungen zum Aufbau eines Sozialkreditsystems

Um den Aufbau des Sozialkreditsystems Chinas zu beschleunigen und um sowohl das System einer sozialistischen

Marktwirtschaft als auch eine harmonische Gesellschaft zu schaffen, werden folgende Vorschläge mit Übereinstimmung des chinesischen Staatsrats aufgestellt.

Dringlichkeit

Relevanz und Dringlichkeit der Beschleunigung des Aufbaus eines Sozialkreditsystems

Die Marktwirtschaft gehört zur Kreditwirtschaft. Das Sozialkreditsystem ist ein wichtiger Plan der Marktwirtschaft. Sowohl die Zentrale der Kommunistischen Partei als auch der Staatsrat legen hohen Wert auf den Aufbau des Sozialkreditsystems. Der XVI. Nationalkongress und die 3. Plenarsitzung des XVI. Parteitags bestimmen Richtung und Ziel des Sozialkreditsystems. Der 11. Fünfjahresplan weist darauf hin, den Aufbau des Sozialkredits mit dem Schwerpunkt auf der Verbesserung der Kreditdokumentation im Bereich der Kreditaufnahme, der Steuerzahlung, der Beachtung von Verträgen und Produktqualitäten zu beschleunigen. Die Finanzkonferenz des Jahres 2007 schlägt außerdem vor, dass China den Schwerpunkt auf den Ausbau des Kreditsystems im Bereich der Kreditaufnahme legen solle, um das Sozialkreditsystem bestmöglich zu fördern und die grundlegenden Rahmenbedingungen und Funktionssysteme des Sozialkreditsystems, die dem Entwicklungsniveau der chinesischen Wirtschaft und Gesellschaft entsprechen, schnellstmöglich zu bilden.

Der Aufbau des Sozialkreditsystems ist für die Verbesserung des Systems der chinesischen sozialistischen Marktwirtschaft und für die Grundlage einer Konsolidierung und Standardisierung der Marktwirtschaftsordnung notwendig. Im Moment tauchen Probleme wie arglistige Täuschung und Umgehung von Bankschulden, Steuerhinterziehung, Geschäftsbetrug, Herstellung und Verkauf gefälschter Produkte und illegale Geldsammlung immer wieder auf. Deswegen hat die Beschleunigung des Aufbaus des Sozialkreditsystems eine realistische Bedeutung, dabei das Verhalten wie Kreditdefizite zu entmutigen, einer Finanzkrise vorzubeugen und diese aufzulösen, Finanzstabilität und -entwicklung zu fördern, die normale Sozial- und Wirtschaftsordnung beizubehalten, die Interessen der Bürger zu schützen und die Regierung zu ermutigen, ihre Funktionen im Bereich von Wirtschaftskoordinierung, Marktkontrolle und Gesellschaftsmanagement besser zu erfüllen und der Öffentlichkeit besser gerecht zu werden.

In den letzten Jahren wurden nacheinander in verschiedenen Provinzen und Regionen vielfältige Pilotprojekte für den Aufbau des Sozialkreditsystems durchgeführt. Der Aufbau des Sozialkreditsystems in China kommt in vielen Bereichen voran. Trotzdem gibt es noch viele Probleme, die dringend gelöst werden müssen. Angesichts der neuen Situation ist die Aufgabe eines Aufbaus des Sozialkreditsystems noch schwierig, und die Zeit ist außerdem knapp. Deshalb ist es notwendig, Ideen zu vereinheitlichen, Aufgaben klar zu formulieren, die Koordinierung zu verbessern, um einen reibungslosen Aufbau des Sozialkreditsystems sicherzustellen.

Auch im Jahr 2019, in welchem der Artikel veröffentlicht wurde, ist noch vom Aufbau des SCS und von vielfältigen Problemen die Rede, auch davon, dass das Zusammenspiel verschiedener Pilotprojekte und Ansätze durchaus nicht abgeschlossen ist. Bei aller Rhetorik, die einen umfassenden Anspruch des SCS seit je erhebt: Es gibt offenkundig das monolithische Staats-Steuerungs-System (noch) nicht, von dem westliche Medien seit einiger Zeit mit gewissem Schaudern und mit deutlichem Hang zur Skandalisierung berichten, denn es wäre ja noch aufzubauen. Doch kennen wir andererseits auch die Entschlossenheit des chinesischen Staates: Großprojekte hat er nicht gescheut, Grundlagen sind gelegt, und die Modernisierung von Wirtschaft und

Gesellschaft unter der Leitung der Partei sind entschlossen verfolgte Ziele einer seit Tausenden von Jahren existierenden Zivilisation.

Leitideen, Ziele und Prinzipien

Leitideen, Ziele und Prinzipien für einen Aufbau des Sozialkreditsystems

Der Aufbau des Sozialkreditsystems verlangt eine Orientierung an den richtungsweisenden Anleitungen der Theorien Deng Xiaopings, an den wichtigsten Ideen des »dreifachen Vertretens« [die Partei vertritt die Produktivkräfte, die Kultur und das Volkswohl] und schließlich eine Orientierung an wissenschaftlichen Erkenntnissen. Die Grundlage dafür bildet das Rechts- und Kreditsystem. Der Schwerpunkt liegt in einer umfassenden Verbesserung der Kreditdokumentation, der Kreditaufnahme, der Steuerzahlung, der Einhaltung von Verträgen und der Qualität der Produkte. Die Basis sollen Prinzipien sein, wie auf eine koordinierte Art und Weise Pläne zu erstellen, auf eine geordnete Art und Weise zu leiten, den Regierungen eine Orientierung zu bieten, Märkte zu erschließen und zu erweitern, Gesetze und Regelungen zu verbessern, den Markt streng zu überwachen und diesen auf eine geordnete Art und Weise zu öffnen sowie die Sicherheit zu wahren. Durch den Aufbau eines spezifischen Kreditsystems, in dem landesweit Kreditinstitutionen gemeinsam für die Bereiche der Kreditaufnahme und der Sozialkreditinstitutionen zuständig sind, bilden sich am Ende die Grundlage und der Operationsmechanismus eines Sozialkreditsystems heraus, das systematisch vollständig, arbeitsteilig, hocheffizient ist und das gute Kontrollmechanismen besitzt.

Der Aufbau des Sozialkreditsystems muss planmäßig und Schritt für Schritt gefördert werden. Aufgrund der Orientierung an der chinesischen Wirklichkeit können langfristige und kurzfristige Ziele, Etappenziele und Arbeitsschwerpunkte konkretisiert werden, und unterschiedliche

Situationen können differenziert betrachtet und damit verschiedene Politikmaßnahmen ergriffen werden. Um den Aufbau des Kreditsystems von Unternehmen und Individuen zu beschleunigen, müssen die Organisation und die Koordination gestärkt werden, Kreditinformationen gemeinsam geteilt und Kreditressourcen zusammengesetzt werden. Gesetze und Regelungen müssen verbessert werden, Überwachungssysteme und die damit einhergehenden Verantwortungen müssen konkretisiert werden, Kreditservice und Marktordnung müssen nach dem Gesetz standardisiert werden, um die Interessen der Akteure zu schützen. Das System muss allmählich nach außen geöffnet werden und fortgeschrittene Managementerfahrungen und -technologien müssen eingeführt werden, um die Industrie des Kreditservices zu entwickeln, damit es dem Markt dienen und die Informationssicherheit Chinas wahren kann.

Aufbau des Branchenratings

Der Aufbau des Sozialkreditsystems betrifft alle Seiten der wirtschaftlichen und gesellschaftlichen Aktivitäten. Produktion, Austausch, Aufteilung und Konsum der Waren bilden die Grundlage für die Entwicklung der Kreditbeziehungen in der Gesellschaft. Die Entwicklung des Sozialkreditsystems muss an das Entwicklungsniveau der Produktivität und an das Maß der Marktentwicklung angepasst werden. Nach den Gegebenheiten und der wirtschaftlichen und gesellschaftlichen Entwicklung in der gegenwärtigen Phase Chinas und angesichts der eindringlichen Widersprüche und Probleme muss China von internationalen Erfahrungen lernen, um Transparenz im Hinblick auf Kredit, Steuerbezahlung, Vertragserfüllung und die Qualität der Produkte weiter zu verbessern, um den Aufbau des Branchenratings zu fördern.

Der Aufbau des Branchenratings stellt einen bedeutenden Bestandteil für den Aufbau des Sozialkreditsystems dar und spielt eine wichtige Rolle, um sowohl die Autonomie der Unternehmen als auch die der Individuen zu fördern, und stellt deshalb eine effektive Marktdisziplinierung dar. Nationale Managementsysteme wie das Steuer- und Zollsystem sollten verantwortlich werden, die Kreditdatenbank der Steuerzahler zu verbessern und die Daten der Steuerhinterziehung und des Steuerbetrugs von Unternehmen und Individuen aufzunehmen. Es müssen auch Regelungen durchgeführt werden bezüglich Verträgen: Die Einhaltung muss in den Akten dokumentiert und wichtige Verträge müssen bewertet und belegt werden. Dabei wird die Kreditaufnahme für die Vertragserfüllung als Lösung vorgeschlagen, und Verhalten wie Vertragsbetrug dem Gesetz nach wird entmutigt. Abhängig von dem Qualitätssystem werden Daten der Produktqualität von Unternehmen elektronisch erfasst, und Informationen über die Produktqualität werden regelmäßig veröffentlicht. Außerdem müssen Informationen für die Produktqualität klassifiziert werden.

Des Weiteren muss der Aufbau des Kreditsystems der kleinen und mittleren Unternehmen sowie ihrer Preispolitik weiter gefördert werden. Die Handelskammern und Gesellschaften müssen die Funktion übernehmen, das Branchenrating und die Integrität der Branchen zu fördern. Zuständige Abteilungen des Staatsrats müssen gemäß ihrer Rollen die Kreditdaten der Marktakteure sofort überprüfen und ein System aufbauen, um das Kreditmanagement durchzuführen, um eine Politik der Bloßstellung bei vertrauensbrecherischem Verhalten durchzuführen und um eine Politik der Belohnung für vertrauenswürdiges Verhalten durchzuführen; und um gleichzeitig das öffentliche Service- und Marktüberwachungsniveau zu erhöhen. Verschiedene Abteilungen müssen miteinander zusammenarbeiten und über bestimmte Situationen gemeinsam diskutieren, gemeinsam Kreditinformationen offenlegen und somit allmählich eine Shareplattform entwickeln, die auf der eindeutigen Identität der Sozialkredit-Identnummer und der Personalausweisnummer basiert, und ein System für eine kombinierte Strafe bei Vertrauensverlust aufbauen, damit diejenigen, die in Misskredit geraten, die Auswirkungen ihres Handelns erkennen, wenn sie ihren Kredit verlieren und ihr negatives Verhalten somit nicht mehr wiederholen können.

> An diesem Abschnitt wird noch einmal deutlich, dass vordringlich betrügerische schwere Wirtschaftsvergehen durch Bloßstellung und Ausschluss von der Teilnahme am Markt geahndet werden sollen.

Aufbau des Kreditssystems im Finanzsektor

Den Aufbau des Kreditsystems im Finanzsektor beschleunigen, um eine einheitliche Kreditdatenbank des Finanzsektors aufzubauen

Der Finanzsektor ist das Zentrum der modernen Wirtschaft. Der Finanzsektor, insbesondere die Bankenbranche, sind wichtige Anbieter und Nutzer der Sozialkreditinformationen. Mit dem finanziellen Kreditsystem als Einschnittpunkt soll das Kreditmanagementsystem im Bereich von Wertpapieren, Versicherungen und Devisenkontrolle weiter verbessert werden. Die Koordination und die Zusammenarbeit von Finanzabteilungen müssen gestärkt werden, um sowohl schrittweise ein einheitliches Kreditsystem der Finanzindustrie aufzubauen als auch die Zusammensetzung und den Austausch finanzieller Kreditinformationen zu fördern, und schließlich um den Aufbau des Kreditsystems in der Finanzindustrie Chinas stetig voranzutreiben. In verschiedenen Regionen und Provinzen müssen der Aufbau und die Entwicklung des finanziellen Kreditsystems positiv unterstützt werden. Dabei müssen ihre Kreditinformationen und -ressourcen vollständig verwendet werden, um den Kreditaufbau und das Kreditmanagement zu verbessern. Institutionen für ein finanzielles Kreditsystem sollen dem Gesetz nach Kreditinformationen von Unternehmen und Individuen sammeln, um den Regierungen, Finanzverwaltungen, Finanzinstitutionen, Unternehmen und Individuen einen günstigen, schnellen und hocheffizienten Kreditservice anbieten zu können.

> Die Öffnung Chinas zum globalen Kapitalismus kann nicht mit einer trägen Planwirtschaft gelingen, in der Betonköpfe über die Zuteilung von Ressourcen entscheiden. Auch hier lernt China von den Besten – den westlichen Fintechs –, um es auf seine Weise für sich besser zu machen: Kapitalfluss verlangt Schnelligkeit und profitable und sichere Allokation, nun auch nach chinesischer Prägung.

Vertrauensbonität dient dem Markt

Ein Verhalten im Sinne von Vertrauensbonität und Integrität muss in der Gesellschaft weiter verbreitet werden, um das Kreditbewusstsein der ganzen Gesellschaft zu erhöhen und eine Atmosphäre der Kreditwürdigkeit in der Gesellschaft zu schaffen. Die Verwendung des Kreditsystems soll weiterhin ermutigt werden, damit die Vertrauensbonität die Bedürfnisse des Markts erfüllen und die Entwicklung des Kreditservices unterstützen kann. Mit dem Festhalten am Markt sollen vielfältige, funktional ergänzende, legale und zuverlässige Kreditserviceinstitutionen aufgebaut und entwickelt werden, die dem Gesetz nach selbstständig Kreditinformationen sammeln, zusammenstellen, verarbeiten und anbieten. Die Erschließung und Innovation der Kreditprodukte, die den verschiedenen, vielfältigen und fachlichen Bedürfnissen des Kreditservices der Gesellschaft angepasst werden können, müssen angetrieben werden.

Die Zugänglichkeit von Informationen von den Regierungen ist die Grundlage für die Entwicklung des Kreditservices. Unter der Bedingung, dass verschiedene zuständige Provinzen und regionale Regierungen die staatlichen, geschäftlichen und individuellen Geheimnisse schützen, sollen nützliche Informationen bei der Verwaltung offengelegt werden. Die lokalen Regierungen sollen den Aufbau des lokalen Kreditsystems weiter vorantreiben und Kreditdaten im Finanzsektor, der Steuerzahlung, der Vertragserfüllung und der Produktqualität anwenden, um die lokale Kreditrealität zu verbessern und unnötigen Aufbau im Kreditsystem und Ressourcenverschwendung zu vermeiden. Lokale Regierungen mit guter Bedingung können mit den Prinzipien von Sparsamkeit, Effizienz und individueller Ausgangslage effektive Methoden und Weisen für den Aufbau des Kreditsystems versuchen.

Unter den Bedingungen strenger Überwachung, verbesserter Regelungen und des Schutzes der Informationssicherheit soll der Markt des Kreditservices langsam, stetig und angemessen öffentlich werden. Außerdem sollen fortgeschrittene ausländische Managementerfahrung und -technologien eingeführt werden. Nach dem allgemeinen und sicheren Ausnahmeprinzip der Welthandelsorganisation sollen Informationen mit hohem Geheimhaltungsgrad im Aufbau der grundlegenden Kreditinformationsdatenbank und im Kreditservice nicht offengelegt werden.

Verbesserung von Gesetzen und Regelungen

Vollständig ausgearbeitete Regelungen und staatliche Gesetzessysteme bilden die Garantie für die reibungslose Entwicklung der Kreditindustrie. Ausgehend von Informationsaustausch und gerechter Konkurrenz sollen bestimmte Gesetze und Regelungen verabschiedet werden, die vorteilhaft für den öffentlichen Service und die öffentliche Überwachung sind und die staatliche Informationssicherheit gewährleisten können. Kreditinformationen von Öffentlichkeit, Unternehmen und Individuen müssen streng unterschieden werden. Das Verhältnis der Offenlegung der Information und des Schutzes der individuellen, geschäftlichen und staatlichen Geheimnisse als auch der Informationssicherheit muss angemessen gehandhabt werden, um die Interessen der Akteure in der Praxis zu schützen. Der staatliche Standard der Kreditserviceindustrie muss außerdem schneller aufgestellt werden, damit sich ein vollständiges und wirtschaftliches Kreditsystem herausbilden kann.

Hier wird der chinesische Pragmatismus noch einmal offenbar: Erst die Praxis, dann die Gesetze. Und noch eines ist signifikant an diesem Absatz: Die Informationen der verschiedenen gesellschaftlichen Bereiche sind streng zu trennen, von einem monolithischen System gesamtgesellschaftlicher Anwendbarkeit kann keine Rede sein, und auch eine chinesische Prägung des Ganzen muss mit den Gepflogenheiten der Welthandelsorganisation WTO vereinbar sein. Man wird wohl gegenüber den frühen Planungen mit ausgesprochen emphatischem Geist allumfassender zentraler Staatssteuerung auch einen Lernprozess hinsichtlich der konkreten Umsetzbarkeit von Maßnahmen mit umfassendem Anspruch unterstellen müssen.

Verstärkung der Organisationsführung

Ein offenes und hoch effizientes Überwachungssystem ist die Garantie für eine reibungslose Entwicklung der Kreditindustrie. Um die Arbeit der Kreditindustrie zu koordinieren, soll der Staatsrat mit seinem ministeriumsübergreifenden Konferenzsystem für die Errichtung des Sozialkreditsystems die Arbeit weiter vorantreiben. Ausgehend von einer einheitlichen Leitung und einer umfassenden Überwachung werden verschiedene Abteilungen gemäß ihrem Arbeitsbereich und ihrer Arbeitsteilung bestimmt. Diese sind für die alltägliche Überwachung zuständig, damit ihre Überwachungsverantwortung in die Praxis umgesetzt werden kann. Zuständige Verwaltungen sollen strenge Zutrittsstandards für den Markt aufstellen und Kreditserviceinstitutionen überwachen und verwalten. Dabei sollen sie auch illegales Marktverhalten überprüfen und bestrafen, ein besseres Austrittssystem aufbauen und die Marktordnung gewährleitsten, damit einer illegalen Sammlung und Verwendung von Kreditdaten vorgebeugt werden kann und sich Kreditsystem und der Kreditservicemarkt reibungslos entwickeln können.

Aufbau und Planung

Am 20.12.2011 leitete Staatsratsminister Wen Jiabao die Sitzung des Ständigen Ausschusses des Staatsrats, um über den Aufbau und die Planung des Sozialkreditsystems zu diskutieren. Dabei wurde der Grundsatz des 6. Plenums des XVII. Parteitags der Kommunistischen Partei Chinas wiederholt in den Mittelpunkt der Konferenz gestellt: Schwerpunkt soll die Verbreitung eines Verhaltens von Integrität sein. Dabei soll das Voranbringen des Aufbaus der Regierungs- und Geschäftsintegrität, der gesellschaftlichen Integrität sowie der öffentlichen Glaubwürdigkeit der Justiz gezielt gefördert werden. Außerdem soll auch ein die ganze Gesellschaft betreffendes Kreditsystem mit Nachdruck aufgebaut werden. Die Strafmaßnahmen für Kreditdefizite sollen erhöht werden, sodass eine Atmosphäre von Ehrlichkeit und Integrität in der Gesellschaft entstehen kann, damit diese Werte der bewusste Verhaltenskodex für die gesamte Bevölkerung werden können.

Auf der Konferenz wurden wichtige Planungsabläufe für den Aufbau des Sozialkreditsystems entwickelt und darauf hingewiesen, dass das Sozialkreditsystem die Voraussetzung für die reibungslose Entwicklung der wirtschaftlichen Gesellschaft und notwendige Bedingungen für die Aktivitäten der Unternehmen, der Verwaltungen und anderer gesellschaftlicher Akteure schafft. Kreditdefizit und Unehrlichkeit können nicht nur der Entwicklung der ökonomischen Gesellschaft schaden, sondern auch die Markt- und Gesellschaftsordnung zerstören. Außerdem kann es der Gerechtigkeit der Gesellschaft und den Interessen der Völker schaden und den Fortschritt der nationalen und gesellschaftlichen Zivilisation zerstören. In der heutigen Gesellschaft ist das Problem des Kreditdefizits noch augenscheinlicher. Phänomene wie geschäftlicher Betrug, gefälschte Produkte und Verkäufe, gefälschte Berichte und Betrug im akademischen Bereich tauchen immer wieder auf, worüber sich die Bürger sehr beklagen. Verschiedene Verwaltungen sollen interne Systeme verbessern, die Bildung erhöhen und sich darum bemühen, eine ehrliche, selbstverantwortliche, kreditwürdige und auf gegenseitigem Vertrauen basierende Sozialkreditumgebung zu schaffen, in der vertrauenswürdige Individuen geschützt werden und Personen, die sich nicht so verhalten, bestraft werden.

> Durchaus im Einklang mit der moralischen Bewertung korrekten Geschäftsgebarens im Westen hält dieser Artikel zum SCS, der natürlich von offizieller Seite verfasst wurde, auch an den moralischen Zielen fest, die es seit dessen Anbeginn gibt, etwa der Ehrlichkeit. Und auch im Jahr 2019 und unverändert im Eintrag in Baidu im Jahr 2021 soll der chinesische Weg zu vertrauenswürdigem Verhalten im Wirtschaftsleben ein sehr breiter sein, der auch alle anderen Sektoren der Gesellschaft umfasst.

Umfassende Sammlung von Kreditdaten

Auf der Konferenz wurde außerdem betont, dass während des 12. Fünfjahresplans die Aufnahme, Zusammenstellung und Anwendung von Kreditinformationen der gesellschaftlichen Akteure als Schwerpunkt angesehen werden sollen, damit ein die ganze Gesellschaft durchziehendes Kreditsystem geschaffen werden kann und damit dessen Aufbau umfassend vorangebracht wird. Hauptaufgabe sind dabei die Beschleunigung der Gesetzgebung und der Systemaufbau hinsichtlich der Kreditwürdigkeit. »Vorschriften zum Kreditmanagement« und dem sich davon ableitenden System und dessen Bestimmungen sollen auch dringend festgelegt werden. Außerdem sollen im Bund für Kreditinformationsstandards technische Regelungen erstellt werden.

Der Aufbau der Kreditwürdigkeit im Hinblick auf Gewerbe, Provinzen und lokale Regierungen soll vorangebracht werden. Diese Gewerbe, Provinzen und lokalen Verwaltungen sollen ihre eigenen Kreditsysteme errichten, um die Kreditdaten von Individuen, Unternehmen, öffentlichen Dienstleistern und anderen gesellschaftlichen Akteuren legal zu sammeln, zusammenzustellen und zu verwenden. Die verschiedenen lokalen Regierungen sollen Kreditinformationen von eigenen Provinzen und Institutionen konsolidieren, damit sich eine einheitliche Plattform und eine gemeinsame Überwachung über Kreditdefizite herausbildet. Die Verbindung mit Marktzutritt, Steuerzahlung, Vertragserfüllung, Produktqualität, die Sicherheit von medizinischer Verorgung und von Lebensmittelversorgung, Sozialversicherungen, Wirtschafts- und Personalmanagement soll wertgeschätzt werden, um die Kreditdatenbank in verschiedenen Gebieten richtungweisend aufzubauen und Kreditakten umfassend zu vervollständigen.

> Es sind ja von jeher Vertrauenswürdigkeitsdaten seitens der staatlichen Stellen gesammelt worden, händisch und in Papierform, bekannt unter dem Begriff dang'an (档案: *dàng'àn*). Diese Daten liegen zentral und dezentral vor, und natürlich muss nun, unter Bedingungen der Datenverarbeitung durch Computernetze, vereinheitlicht digitalisiert werden. Die Kennnummer, die allen Bürgerinnen und Bürgern, Firmen und Institutionen flächendeckend zugeteilt wurde, spielt hierbei eine große Rolle.

Ein staatliches Kreditsystem wird aufgebaut. Auf Basis der Verbindung von Kreditdaten der Gewerbe und verschiedener Regionen soll die provinzübergreifende Zusammensetzung der Kreditinformationen tatkräftig vorangetrieben werden, damit die Kreditdaten das Verhalten von Kreditdefizit völlig überwachen und beschränken können.

Die Überwachung soll erhöht werden und der Markt des Kreditservices soll verbessert werden. Der Aufbau von Kreditserviceinstitutionen und Kreditbewertungsinstitutionen soll normalisiert werden. Grundlegende Verhaltensrichtlinien der Kreditserviceinstitutionen sollen erstellt werden. Der Zutritt zum Markt von Kreditinstitutionen und Beschäftigungszutritt müssen streng bewertet werden.

Der Aufbau des Vertrauens in die Regierung soll gestärkt werden. Die Regierungen und ihre Verwaltungen sollen als gutes Beispiel vorangehen. Sie sollen rechtmäßig ihre öffentliche Verwaltung tätigen und ihre Verwaltungsarbeit offenlegen, damit ihre Vertrauenswürdigkeit immer weiter erhöht werden kann.

Am 15.1.2014 leitete Staatsratsminister Li Keqiang die Sitzung des Ständigen Ausschusses des Staatsrats und ordnete dabei die Aufgabe über den beschleunigten Aufbau des Sozialkreditsystems und der Schaffung einer kreditwürdigen ökonomischen und gesellschaftlichen Umgebung an. In der Konferenz wurde der »Grundriss des Aufbauplans für ein Sozialkreditsystem (2014–2020)« bestimmt.[5]

Staatlicher Rahmen

Planung

Unter Leitung der Staatlichen Entwicklungs- und Reformkommission und der Chinesischen Volksbank wurde der von verschiedenen Mitgliedern im ministeriumsübergreifenden Konferenzsystem des Staatsrats gemeinsam erstellte »Grundriss des Aufbauplans für ein Sozialkreditsystem (2014–2020)« [zur Zensur] dem Staatsrat eingereicht. Der

Staatsrat bewilligte diesen Grundriss. Im Grundriss wird festgehalten, dass der Aufbau des Sozialkreditsystems in der folgenden Phase unter dem Prinzip »ein Organisationssystem, zwei Top-Level-Designs, drei zentrale Maßnahmen, vier Schwerpunktgebiete, fünf Medien zur Voranbringung« umfassend vorangebracht werden soll. Dabei betrifft die »Vier Schwerpunktgebiete« den beschleunigten Aufbau der Regierungs-, Geschäfts-, Gesellschafts- und Justizbonität.[6] Am 14.6.2014 wurde die Bestimmung zur Veröffentlichung und zum Druck des »Grundriss des Aufbauplans für ein Sozialkreditsystem (2014–2020)« vom Staatsrat offengelegt. [3]

Etappenziele

Der Aufbau des Sozialkreditsystems auf staatlicher Ebene wird in drei Stufen aufgeteilt, und zwar bis Ende Juni 2014, bis 2015 und bis 2017. Jede Aufgabe wird der dafür zuständigen Provinz und Ministerien zugesprochen, und die Aufteilung der Verantwortung wird klar formuliert. Die Aufgaben vor Ende Juni 2014 sind die folgenden: Voranbringen des Aufbaus einer einheitlichen Plattform von Kreditdaten, auf der Kreditinformationen im Hinblick auf Finanz-, Industrie- und Geschäftsanmeldung, Steuerzahlung, Versicherungszahlung, Verkehrsverstöße usw. zusammengeführt werden; Erstellung des Projekts eines beschleunigten Aufbaus eines Regierungsbonitätssystems; Erstellung des Projekts für den Aufbau eines einheitlichen bürgerlichen Identitätssystems auf Basis des Personalausweises; Aufbau eines einheitlichen Identitätssystems für Unternehmen und andere Organisationen auf der Basis auf einer einzigen Identnummer der Unternehmen.

Die Aufgaben für 2015 waren: das Vorantreiben des Aufbaus von Geschäftsbonität; die Offenlegung und Durchführung eines Regierungsratings; das Offenlegen und die Durchführung eines einheitlichen bürgerlichen Identitätssystems auf Grundlage des Personalausweises; Offenlegung und Durchführung des einheitlichen Identitätssystems für Unternehmen und andere Organisationen auf Basis einer einzigen Identnummer der Unternehmen.

2017 wurde ein einheitliches Kreditsystem aufgebaut, das alle Kreditinformationen im Bereich von Finanz, Industrie- und Geschäftsanmeldung, Steuerzahlung, Versicherungszahlung und Verkehrsverstöße usw. umfasst, um Kreditinformationsaustausch zu verwirklichen.[7]

Im Oktober 2018 wurde die Gesetzgebung zum Sozialkredit in die Gesetzgebungsplanung des Nationalen Volkskongresses aufgenommen und auf die Überholspur gebracht. Bei reibungslosem Verlauf wird erwartet, dass die grundlegenden Gesetze und Vorschriften zum Sozialkreditsystem in China innerhalb von zwei bis drei Jahren verkündet und umgesetzt werden.[8]

Im April 2019 veröffentlichte das nationale Büro für Medizin und Absicherung der medizinischen Versorgung den Entwurf »Überwachungsvorschriften über die Anwendung des zur Verfügungstellens von Medizin und des Schutzes der Versorgung«. Der Entwurf wies darauf hin, dass die nationale Verwaltung für Medizin und des Schutzes der medizinischen Versorgung für das Kreditmanagement im Bereich der nationalen Medizin und Absicherung zuständig ist, welches auch in das Sozialkreditsystem eingebunden ist. Unternehmen und Individuen, die gegen bestimmte Regelungen verstoßen, können von zuständigen Verwaltungen bloßgestellt werden und Strafmaßnahmen einleiten, wie u. a. diese Akteure auf die Liste der Vertrauensbrecher zu setzen [1]

> Hier macht der Text einen Unterschied zwischen »Kreditsystem«, das 2017 vollendet und aufgebaut worden sei, und dem »Sozialkreditsystem«, dessen gesetzliche Grundlagen erst noch zu schaffen seien. Zweifellos gibt es große Pläne,

die weit über eine reine Bonitätsprüfung hinausgehen, und es ist eine umfangreiche Sammlung personenbezogener und die Vertrauenswürdigkeit in einem sehr breiten Verständnis betreffender Daten vorgesehen, die von allen Behörden unter der Personalausweisnummer als maschinenlesbares Personenkennzeichen auswertbar sind und deren Inhalt Anlass zu Bloßstellungen und Bestrafungen sein soll. Das hier erwähnte Beispiel des Sektors der medizinischen Versorgung zeigt, dass es insgesamt um mehr als Bonitätsprüfung geht: Die Vertrauenswürdigkeit aller gesellschaftlichen Bereiche steht auf dem Spiel und soll durch staatliche Maßnahmen gesichert werden – durch Überführung der Papierakte des *dang'an* 档案 in die der nationalen Datenbank des Sozialkreditsystems, durch zeitnahe Auswertung mit sich daraus ergebenden Sanktionen und, wie wir auch aus den anderen Texten wissen, durch Begünstigungen für alle gesellschaftlichen Akteure.

Quellenangaben

1. »Überwachungsvorschriften über die Anwendung des zur Verfügungstellens von Medizin und des Schutzes der Versorgung.« *Webseite der Chinesischen Regierung*, zitiert am 14.04.2019
2. Chinesische Kreditwürdigkeit 2016: Erfolgreiches Gipfelforum zu Diskussion und Aufbau des Kreditsystems am 16.04.[2016] *Webseite der chinesischen Wirtschaft*, zitiert am 16.04.2016
3. Mitteilung des Staatsrats zur Veröffentlichung und zum Druck des »Grundriss des Aufbauplans für ein Sozialkreditsystem (2014–2020)«, veröffentlicht am 14.06.2014, *Webseite der chinesischen Regierung*, zitiert am 31.05.2017
4. Mitteilung des Staatsrats zur Veröffentlichung und zum Druck des »Grundriss des Aufbauplans für ein Sozialkreditsystem (2014–2020)«, veröffentlicht am 27.06.2014. *Webseite der chinesischen Regierung*, zitiert am 28.06.2014
5. Sitzung des Ständigen Ausschusses des Staatsrats über ein positives Signal für den beschleunigten Aufbau des Sozialkreditsystems. Zitiert am 22.01.2014

6. Bevorstehende Offenlegung der Rahmenbedingungen des Aufbaus des staatlichen Kreditsystems, welche bereits dem Staatsrat eingereicht wurden. *Website der [staatseigenen Nachrichtenagentur] Neues China*, zitiert am 05.05.2014
7. Entwicklungs- und Reformkommission: Planmäßiger Aufbau des Staatlichen Sozialkreditsystems, Besitz der persönlichen Kreditidentität. *Website der [staatseigenen Nachrichtenagentur] Neues China*, zitiert am 30.04.2014
8. Gesetzgebung des Sozialkreditsystems Chinas zur Planung der staatlichen Gesetzgebung. *[staatseigenes chinesisches Nachrichten-Netzwerk] China Central Radio Network (CCTV), cnr.cn*, zitiert am 16.10.2018

TEXT 15
»Sozialkreditsystem« – Eintrag in der taiwanischen Wikipedia

Quelle: {zh.wikipedia.org/zh-hans/社会信用体系}, letzter Zugriff: 14. Juni 2023.
Stand vom 18.05.2019.

Sozialkreditsystem
Dieser Artikel könnte die unten aufgeführten Probleme beinhalten. Bitte helfen Sie bei der Verbesserung des Artikels mit oder tragen Sie im Forum Ihre Meinung zum Thema bei.

– Dieser Artikel ist möglicherweise nicht ausreichend durch Quellen belegt. (16.04.2019)
Bitte unterstützen Sie uns bei der Verbesserung des Artikels, indem Sie Quellennachweise hinzufügen. Die genaue Vorgehensweise dafür entnehmen Sie bitte dem Forum.

– Die Übersetzungsqualität in diesem Artikel ist nicht ausreichend. (25.10.2016)
Es könnte sein, dass der Übersetzer die Sprache des Ausgangstexts nicht beherrscht oder Inhalte maschinell übersetzt worden sind. Bitte helfen Sie bei der Übersetzung oder Umschreibung des Artikels mit und achten Sie dabei bitte auf die Authentizität der Zielsprache. Bitte fügen Sie an eindeutig maschinell übersetzten Stellen den Anhang {{d|G13}} an; diese Stellen werden dann gelöscht.

– Dieser Eintrag erfordert die Beteiligung und Unterstützung durch Redakteure, die mit dem Thema vertraut sind. Bitte ermutigen Sie geeignete Personen, diesen Eintrag zu verbessern. Bitte konsultieren Sie die Diskussionsseite für weitere Details und Angaben.

– Dieser Eintrag muss erweitert werden. (16.04.2018)
Bitte helfen Sie mit, diesen Eintrag zu verbessern. Weitere Informationen finden Sie auf der Diskussionsseite oder der in der Erweiterungsanfrage. Bitte entfernen Sie diese Vorlage nach dem Erweitern des Eintrags.

Aus der Reihe »Gesellschaftliche Themen in der Volksrepublik China«

Das Sozialkreditsystem ist eine Initiative der Regierung der Volksrepublik China zum Aufbau eines landesweiten Systems zur Erfassung des gesellschaftlichen Ansehens [1] [2] [3]. Die Regierung ist der Meinung, dass jeder Bürger eine Sozialkreditbewertung auf der Grundlage von Daten über seinen wirtschaftlichen und sozialen Status erhalten sollte [3] [4]. [Verifizierungsantrag] [2] [3] [4].

Laut dem Bericht der Nachrichtenagentur *Neues China* konzentriert sich das geplante System auf die Vertrauenswürdigkeit in vier Bereichen. Diese umfassen: die Vertrauenswürdigkeit in Regierungsangelegenheiten, bei wirtschaftlichen Aktivitäten, beim sozialen Verhalten sowie die Integrität der Justiz.

Instanzen der Volksregierung aller Ebenen, Vertreter der Kommission für Entwicklung und Reform sowie lokale Arbeitsgruppen für den Aufbau des Sozialkreditsystems kooperieren dabei, auf Grundlage der Sammlung von persönlichen Bankdaten sowie in sozialen Netzwerken geteilten Informationen, die individuellen Verhaltensweisen von Nutzern zu bewerten. Auch das Verhalten im Alltagsleben kann als Bewertungskriterium in diesem System herangezogen werden. Negativ beeinflusst werden kann die Bewertung durch Verhalten, das zum Eingreifen durch Behörden führt.

Die Ergebnisse der Bewertung sollen sich letztendlich auf Bereiche wie die persönliche Reisefreiheit, berufliche Beförderungen, Wohneigentum oder die Schulbildung der Kinder auswirken. [5].

Umsetzung

Zurzeit wird ein Teil der Technologie von Sesame Credit, betrieben von der zu Alibaba gehörigen Gruppe Ant Financial, umgesetzt. [6] Alibaba betreibt Chinas größte Onlinedienstleistungsplattform und bietet z. B. Onlineshopping und elektronische Zahlungen an. [7]

Um die Kreditwürdigkeit von Nutzern zu bewerten, sammelt Alibaba über sein Trackingsystem automatisch Daten von sozialen Netzwerken [7], öffentlichen und privaten Institutionen und anderen Plattformen; diese Daten gehen auf die Konten der jeweiligen Nutzer auf diesen Plattformen sowie auf ihre Netzwerkaktivität zurück. [8] Der Plattformbetreiber kann dann die Daten, die von den einzelnen Nutzern hinterlassen werden, auswerten, um daraus ein vollständiges soziales Profil zu erstellen. Dieses umfasst Standortinformationen, Freunde, Gesundheitsdaten, Versicherungen, private Nachrichten, Finanzstatus, Zeit, die mit dem Spielen von Onlinespielen verbracht wird, Smart-Home-Statistiken, bevorzugte Zeitungen, Aufzeichnungen der getätigten Einkäufe sowie Datingverhalten. [7]

Zusätzlich zu kommerziellen Gruppen wie Sesame Credit haben auch die chinesischen Regierungsbehörden Maßnahmen ergriffen, um Unternehmen oder Personen, deren von den Banken und Verwaltungsstellen ausgewerteten Kreditinformationen und Strafregister ergeben, dass sie sich zufriedenstellend verhalten haben, zu Vorteilen zu verhelfen oder aber diejenigen Beschränkungen oder Strafen zu unterwerfen, die dies nicht getan haben. Solche Strafen für Vertrauensbrecher können beispielsweise in Einschränkungen des Reisens mit Schnellzügen, im Flugverkehr oder auf ähnlichen Bereichen des Konsums oder aber in deren öffentlicher Verurteilung bestehen. [9] [10]

Schon die Gegenüberstellung der beiden Online-Lexika-Artikel zum SCS, einer aus der VR China (voriger Text) und dieser aus Taiwan, zeigt die so verschiedenen Perspektiven auf das SCS, die sich auch in der Berichterstattung der westlichen Presse wiederholen. Seitens der VR China spielt offiziell »Social Media« fast keine Rolle, und der Gegenstand der Datenerhebung sei vor allem lauteres oder Vertrauen brechendes Verhalten bei offiziell geahndeten Delikten. Die taiwanische und auch westliche Sicht hingegen zieht den sehr wohl begründeten Schluss, dass die Onlineplattformen von Alibaba und Tencent auch solche Daten erheben und auswerten, die westliche Plattformen wie Facebook oder Amazon besitzen und monetarisieren. Da der chinesische Staat Zugriff auf die Daten der chinesischen Plattformen hat, ist es nur plausibel, dass er diese auch nutzt.
Aus dem privaten Überwachungsszenario des Westens schließt die westliche Perspektive auf ein staatliches Überwachungsszenario in der VR China, von dem die offiziellen chinesischen Stellen jedoch nicht offen sprechen.

Bewertungen
Die »Deutsche Welle« ist der Ansicht, die verwendeten Bewertungskriterien und das ganze nationale Bewertungssystem seien äußerst undurchsichtig; weiterhin könne die Erhebung einer so großen Menge privater Daten das Recht auf Privatsphäre der Einzelnen verletzen und darüber hinaus zu einem Instrument für die allumfassende landesweite Überwachung sowie für die Verletzung von Bürgerrechten werden [11].

In Hinblick auf die »Erhebung einer so großen Menge privater Daten« durch gewinnorientierte Firmen dürfte der Osten vom Westen gelernt haben, mit dem entscheidenden Unterschied, dass westlichen Staaten, etwa Mitgliedern der EU, die flächendeckende Verwendung dieser Daten nicht gestattet ist.

Human Rights Watch äußerte, dass das System Teil eines massiven Überwachungsprogramms der Behörden des chinesischen Festlands sei. [12] [13] Die taiwanische Zeitung »Freedom Times« erklärte, dass das systematische Erstellen solcher Aufzeichnungen dazu führen könne, dass etwa kritische Äußerungen gegenüber der politischen Führung oder die Teilnahme an politischen Diskussionen den Sozialkredit beeinträchtigten und so bewirkten, dass den Betroffenen grundlegende Versorgungsleistungen wie der Erwerb von Fahrkarten oder das Reisen mit öffentlichen Verkehrsmitteln verweigert werde.

Auch diese Vermutung liegt durchaus nahe, und es mag so sein, dass solcherart Vermutungen allein schon ganz konkret das Verhalten vieler verändern. Was an dieser Passage aber in jedem Falle deutlich wird, sind die diskursiven Strategien hüben und drüben: Was nachgewiesenerweise mit Firmen als Marktteilnehmern geschieht und auch offiziell von der Regierung der VR China propagiert wird, nämlich das Anprangern auf »CreditChina« und die Mobilitätseinschränkungen für Steuer- und Kreditsünder, wird von westlichen Medien – nicht grundlos – ergänzt um ebenjene nur zu gut bekannten westlichen Datensammeleien durch Privatfirmen. Hinzu kommt dann noch die Unterstellung eines absoluten Machtanspruches der chinesischen Regierung, und fertig ist das Narrativ.

Die Zeitung thematisierte zudem, dass das System als Zensurmittel zur Einschränkung der Zivilgesellschaft verwendet werde und keineswegs zur Verbesserung der allgemeinen Lebensumstände entwickelt worden sei. Die BBC sagte, dass die Behörden des Festlands chinesische Kreditratingsysteme von Drittanbietern wie Sesame Credit überwachen. [4]. Rogier Creemers, ein Postdoc-Stipendiat des Oxford University Comparative Media Law and Policy Project [15], übersetzte das Dokument »Bekanntmachung des Staatsrats: Grundriss des Aufbauplans für ein Sozialkreditsystem (2014–2020)« [16] [17]; dieses Dokument wurde von westlichen Ländern als Diskussionsgrundlage über das Thema herangezogen. Einige westliche Wissenschaftler wiesen darauf hin, dass das System bis September 2016 noch nicht vollständig öffentlich etabliert sei und es daher bislang nur wenige öffentliche Informationen darüber gebe, wie das System konkret praktiziert werde [18]. Einige Berichte heben hervor, dass das Bewertungssystem Informationen über das Onlineverhalten der Bürger des chinesischen Festlands sammeln und verarbeiten könnte [1].

> Zumindest, was die offiziell verlautbarten Planungen anbetrifft, können die Leserinnen und Leser dieses Bändchens, bis hierher gekommen, sich besser informiert fühlen.

Allerdings gibt es auch Beobachter, die nicht glauben, dass das System das tägliche Leben der Bürger überwacht. Beispielsweise werte das System des Alibaba-Tochterunternehmens Sesame Credit nur Kreditinformationen des täglichen Konsumverhaltens der Nutzer auf der Alibaba-Plattform aus, um dort bessere Dienstleistungen anbieten zu können; das von der Regierung geplante Sozialkreditsystem sei damit nicht zu vergleichen [19]. Auch habe die chinesische Regierung bereits im Jahr 2018 privaten Unternehmen verboten, Kreditbewertungen für individuelle Nutzer vorzunehmen, womit ihnen die Möglichkeit, als Kreditbewertungsplattform tätig zu werden, genommen wurde. [20] Die Freie Universität Berlin hat im August 2018 eine Studie veröffentlicht, die auf Basis der Meinungen der befragten Gruppen zu dem Schluss kam, dass die Errichtung des Sozialkreditsystems von einem Großteil der Bevölkerung begrüßt wird, insbesondere von denjenigen mit einem höheren gesellschaftlichen Status (d. h. unter reichen Stadtbürgern mit hohem

Bildungshintergrund) sowie älteren Menschen, und daraus folgerte, dass zwar auch diese gut ausgebildeten und wohlhabenden Bürger den Auswirkungen des Systems auf ihre Privatsphäre unterliegen, es jedoch nicht als eine Methode zur Überwachung betrachten, sondern als »Möglichkeit, die Lebensqualität zu verbessern, systematische Lücken sowohl im staatlichen als auch im zivilen Bereich des gesellschaftlichen Lebens zu schließen und die Menschen dazu anzuleiten, verstärkt ein ehrliches und gesetzestreues Sozialverhalten anzustreben.« [21]

> Mehr und mehr wird beim Lesen des Eintrags ein uneinheitlicher und unübersichtlicher Kenntnisstand über das SCS bzw. über etwaige verschiedene SCS in der VR China ersichtlich.

Weiterführende Originaldokumente in Wikisource:
Grundriss des Aufbauplans für ein Sozialkreditsystem
Big Data
Kreditwürdigkeitssystem
Vertrauenswürdigkeitssystem
Massenüberwachung
Großer Bruder (aus dem Roman *1984* von George Orwell)
Website über den Umgang mit Vertrauensbrechern und die Veröffentlichung von Daten

> Ein paar passende Links, und fertig ist der perfekt funktionierende Überwachungsstaat!

Quellennachweise

[1] China rates its own citizens – including online behaviour. 25. April 2015 [2015-12-26].
[2] SAT Boosted the Construction of Credit System and Practiced Reward and Punishment Based on »Two Measures«: Honest Taxpayer on Honor List and Illegal Taxpayers on Blacklist. General Office of the State Administration of Taxation. July 8, 2014 [2015-12-26]. (Originaltext gespeichert am 27. Dez 2015)

[3] China outlines its first social credit system. 2014-06-27 [2015-12-26].
[4] Hatton, Celia. China ›social credit‹: Beijing sets up huge system. [2015-12-23].
[5] Heiß diskutiertes Zeitgeschehen: Chinas Sozialkreditsystem – steht eine neue Ära der umfassenden landesweiten Überwachung bevor? *Voice of America* (Dec 23, 2015)
[6] Lucy Hornby, »China changes tack on ›social credit‹ scheme plan«, in: *Financial Times*, 5. Juli 2017.
[7] Botsman, Rachel. Who Can You Trust? How Technology Brought Us Together – and Why It Could Drive Us Apart. London, UK: Portfolio Penguin. 2017.
[8] Ant Financial Unveils China's First Credit-Scoring System Using Online Data. Ant Financial. 28 January 2015 [30 May 2018].
[9] Vom Portfolio zum Creditscoring. Ist China auf dem Weg zur »Orwell'schen« Überwachungsgesellschaft? Oct 17, 2018 (British English)
[10] Kuo, Lily. China bans 23m from buying travel tickets as part of ›social credit‹ system. The Guardian. 2019-03-01. ISSN 0261-3077. (British English)
[11] Interview: Führt das Sozialkreditsystem zur »landesweiten allgegenwärtigen Überwachung«? *Deutsche Welle* (Dec 26, 2017)
[12] Massenüberwachung in China. *Human Rights Watch* (Chinesisch (vereinfacht)).
[13] Xu, Vicky Xiuzhong. [Fokus] Chinas Sozialkreditsystem strebt an, das Sozialverhalten von Bürgern zu bewerten und zu verändern. abc.net.au (March 31, 2018) (Chinesisch (Festland)).
[14] Die Einschränkung regierungskritischer Personen und der Aufbau des chinesischen »Sozialkredit«-Systems (Jan 8, 2018). Die Bewertung umfasst politische Einstellung und Kontakte innerhalb sozialer Netzwerke, *China Copyright and Media, About.* [Jan 8, 2016].
[15] Bekanntmachung des Staatsrates über den Druck und die Veröffentlichung des Grundrisses des Aufbauplans für ein Sozialkreditsystem (2014–2020) _Plattform für die Veröffentlichung von Regierungsinformationen, www.gov.cn. [2017-06-27].
[16] 2015-04-25, 2014-06-14. Planning Outline for the Construction of a Social Credit System (2014–2020). [2016-01-08].

[17] Hsu, Sara. China's New Social Credit System. May 10, 2015 [2015-12-26].
[18] China arbeitet am Aufbau eines »Sozialkredit«-Systems; die Bevölkerung hat einen Konsens über fünf Punkte erreicht und ist positiv eingestellt. baijiahao.baidu.com. [2019-05-08]
[19] Ist die Kreditbewertung von Sesame Credit nützlich? www.or123.top. 2019-05-08 [2019-05-08] (Chinesisch (Festland)).
[20] Quelle: credit - Chinas Sozialkreditsystem und öffentliche Meinung-Zhengxinbao. www.zhengxinbao.com. [2019-05-10].
[21] Kostka, Genia. China's Social Credit Systems and Public Opinion: Explaining High Levels of Approval (ID 3215138). Rochester, NY. 2018-07-23. (Englisch)

TEXT 16
Interview mit Lin Junyue (2019)

Quelle: arte, online unter: www.arte.tv/de/videos/083310-000-A/ueberwacht-sieben-milliarden-im-visier}, letzter Zugriff: 14. Juni 2023.
Ausgestrahlt am 15. und 21. April 2020 (arte)

Interview mit Lin Junyue im Rahmen der Dokumentation »Überwacht: Sieben Milliarden im Visier«

Frage: Läuft das nicht darauf hinaus, dass die Bürger Kinder sind, die erzogen werden müssen?

Lin Junyue: So können wir nicht nur finanzielle Risiken, wie etwa Bankkredite, kontrollieren, sondern auch die moralische Bildung gewährleisten, Anstand und redliches Verhalten.

Beim SCS werden die Probleme nicht durch die Inhaftierung der Gesetzesbrecher gelöst, sondern durch die missbilligende Reaktion der restlichen Gesellschaft.

Frage: Haben Sie nicht Angst, ein Monstrum geschaffen zu haben?

Lin Junyue: Nein, so sehe ich das nicht. Zunächst einmal brauchen wir Frieden und Stabilität, damit jeder gut leben kann, und erst dann werden wir über Menschenrechte nachdenken. Verstehen Sie? Solange das Überleben nicht gesichert ist, ist alles andere überflüssig. Ich denke, wir haben ein gutes technologisches Verfahren entwickelt, und ich hoffe wirklich, dass es uns gelingt, es in ein kapitalistisches Land zu exportieren. Ich finde, dass Frankreich unser SCS schnell übernehmen sollte, um seine Bürgerbewegungen zu kontrollieren (lacht). Mit dem SCS hätte es die Gelbwesten-

Bewegung nie gegeben. Sie wären aufgefallen, noch bevor sie hätten handeln können. Diese Ereignisse waren vorhersehbar und sie hätten sie vermeiden können. Das ist einer der großen Pluspunkte und Vorteile des SCS.

> Schön, dass der Vater des SCS Humor hat – und in seinem Alter noch große Pläne. Und man braucht sich nur in die Schuhe unserer westlichen Staatenlenker zu stellen, um zu ahnen, was mit sehr vielen persönlichen Daten inklusive unbeschränktem Zugriff und weitreichenden Sanktionsmöglichkeiten alles möglich und was davon dem chinesischen Staat zuzutrauen wäre.

Literatur

Lin Junyue, 林钧跃. 中共中央网络安全和信息化委员会办公室 – 网信办, 2015. [Lin Junyue, *Büro des Zentralkomitees der Kommunistischen Partei Chinas für Netzsicherheit und Informatisierung – (BNI)*, 28. Oktober 2015, online unter: {www.cac.gov.cn/2015-10/28/c_1116956896.htm}, letzter Zugriff: 14. Juni 2023.

Sylvain Louvet, *Überwacht: Sieben Milliarden im Visier* (Arte Dokumentation), 50–56 Min., Ausgestrahlt: arte, 21. April 2020, 20:15 Uhr.

Chinesische Originaltexte

TEXT 1

林钧跃

2015年10月28日 18:07:50来源：中国网信网

【打印】【纠错】

林钧跃教授是国内外著名的征信技术专家和企业信用管理专家，是社会信用体系理论的创立者和奠基人。

林钧跃于1987-1991年留学美国，先在美国宾夕法尼亚州立大学Clarion分校师从约翰·海德教授学习信息检索技术，研究邓白氏和TRW为代表的征信技术，获得理学硕士学位；后转入明尼苏达州立大学经管学院学习，获得经济学硕士学位。在留学期间，他获得了美国宾夕法尼亚州立大学颁发的"突出学术贡献奖"，也被《在美留学外籍学生名人录（Who' s Who）》收录，获得荣誉证书。此后，他在美国工作了若干年，曾在美国和日本的企业从事信用管理咨询工作，通过"信用经理人之家"渠道推广企业征信产品和服务，以及推介美国全国信用管理协会和美国商账追收协会的出版物和培训项目。

林钧跃于1999年创立了社会信用体系理论，是中国社会科学院研究课题的技术担纲和课题报告主笔。课题报告《国家信用管理体系》出版之后，产生了巨大影响，中央政府接受了这一理论，拉开了社会信用体系建设的序幕。在2002年出版的专著《社会信用体系原理》中，他进一步完成了社会信用体系理论的奠基工作，做出了框架设计和解释了运行原理，特别完善了形成失信惩戒机制的征信基础设施、黑名单系统和市场联防机制等方法。为了推动社会信用体系理论的应用，在2007年，他与吴晶妹教授联名出版了《城市信用体系设计》一书，用于指导我国的城市和区域信用体系建设工作，并自2011年起担任编制《CEI中国城市商业信用环境指数蓝皮书》的技术负责人，此后每年编制和发布。

林钧跃在这个领域辛勤耕耘凡十六年，取得的成功颇丰。他自1999年开始翻译和介绍美国和加拿大的信用和征信相关法律，主编了《世界信用相关法律译丛（北美卷）》，是最早关注征信立法和隐私权保护的学者，而且几乎全程参与了我国的征信法律立法咨询工作。自2012年起，他开始分析和总结我国社会信用体系建设经验，倡导将"中国社会信用体系模式"推向海外。为此，他主编了《中国社会信用体系模式探索》一书，不遗余力地向海外宣传中国建设征信系统及方法的经验。同年，他认为我国的社会信用体系已经具备条件，可以登上一个新台阶，宣传和介绍"市场联防机制"的运行原理和系统设计，继续在理论和技术上发挥引领作用。

林钧跃不仅是我国企业信用风险管理方法的引入者，信用管理技术方法的开拓者，还是企业和消费者信用管理理论的集大成者。早在1995年，他就将第二代企业信用管理理论引入中国，于1999年出版了专著《企业赊销和信用管理》，还于2002年出版了专著《消费者信用管理》。上述两部著作均填补了国内信用管理理论和技术方法的空白。十几年来，他在此领域不断耕耘，各种著作和论述颇丰。自2005年起，他主持了的信用管理师国家职业设计，建设了中国首个信用管理和征信领域的"从业执照"考试项目。自2006年起，他一直担任人力资源和社会保障部国家职业技能鉴定专业委员会"信用管理师"专业委员会的主任委员，对信用管理师国家职业资格考培项目提供全面技术支持，主要包括对《信用管理师 国家职业标准》、培训教材、国家题库和卷库建设等。他还是中级和高级信用管理师教程的主编，以及信用管理师基础知识教程的主审。十年来，信用管理师国家职业和地方省级职业考培工作已经全面铺开，数万信用经理人。在理论和技术上，他持续推动研究，着重在企业信用制度理论研究方面，为催生第三代企业信用管理理论而努力。

在2000年，林钧跃受全国政协经济委员会课题组委托考察教育部，当年夏他便向教育部长陈至立同志提出书面建议，提议在中国的大学开设信用管理专业试点，并于次年支持美国的汪劲教授建言教育部长，终于得到教育部领导的认同，使得两所中国大学于2002年秋季首开信用管理专业。为了支持上海财经大学的信用管理专业，他替该校编著了《企业与消费者信用管理》教材，并带出了多名硕士研究生。他在中国人民大学兼职授课8个年头，教授征信技术必修课，并于2007出版了《征信技术基础》教材。现如今，全国已有近三十所大学开设了信用管理专业。为了落实《社会信用体系建设规划纲要》的相关任务，高等教育出版社于2014年秋组织编写信用管理专业全国统一教材，他担任了《信用经济学概论》和《消费者信用管理》两部教材的联合主编。

林钧跃现任中国市场学会学术委员会副主任、中国市场学会信用学术委员会主任、人力资源和社会保障部国家职业技能鉴定专业委员会“信用管理师”专业委员会主任、全国信用标准化技术委员会委员兼商业信用标准化委员会副主任。他拥有高级信用管理师（国家一级职业资格），以及兼任首都经贸大学兼职教授、湖南大学金融学院兼职教授、中国人民大学硕士研究生导师、上海财经大学硕士研究生导师、北京国家会计学院硕士研究生导师、中央编译局比较政治与经济研究中心兼职研究员、重庆国际交流促进会理事、北京信用协会监事长、北京市公信建设促进会学术委员会主任。他曾担任过人力资源和社会保障部中国就业培训技术指导中心“全国信用征信职业培训项目”专家委员会主任和上海市信用管理岗位资格考核办公室专家。他主持或参加若干政府科研课题，曾两次获得省部级课题二等奖。他还参加了几乎所有信用国家标准的起草或评审工作，并参加过国际信用标准研制工作。

林钧跃现任中大信安能信用管理有限公司的首席技术顾问。此前，他曾担任过东方保理中心、新华信国际信息咨询有限公司、台湾中华征信所、北京汇诚征信咨询有限公司、金诚国际信用评估有限公司、上海万事达经济咨询有限公司、深圳嘉信隆信用管理有限公司等业内著名机构的顾问。

TEXT 2

2002.11.17

Siehe 4. Abschnitt der Rede von Präsident Jiang Zemin vor dem XVI. Parteitag der KPCh, hier: Punkt 4.5

全面建设小康社会，开创中国特色社会主义事业新局面
——江泽民在中国共产党第十六次全国代表大会上的报告

五）健全现代市场体系，加强和完善宏观调控。在更大程度上发挥市场在资源配置中的基础性作用，健全统一、开放、竞争、有序的现代市场体系。推进资本市场的改革开放和稳定发展。发展产权、土地、劳动力和技术等市场。创造各类市场主体平等使用生产要素的环境。深化流通体制改革，发展现代流通方式。整顿和规范市场经济秩序，健全现代市场经济的社会信用体系，打破行业垄断和地区封锁，促进商品和生产要素在全国市场自由流动。

TEXT 3

http://www.gov.cn/zhengce/content/2008-03/28/content_1923.htm

20070323 Staatsrat: Economic management, credit system, opinion

索 引 号:	000014349/2007-00051	主题分类:	财政、金融、审计\社会信用体系建设
发文机关:	国务院办公厅	成文日期:	2007年03月23日
标题:	国务院办公厅关于社会信用体系建设的若干意见		
发文字号:	国办发〔2007〕17号	发布日期:	2008年03月28日
主 题 词:	经济管理 信用体系△ 意见	时 效:	根据《国务院关于宣布失效一批国务院文件的决定》(国发〔2015〕68号),此文件已宣布失效。

国务院办公厅关于社会信用体系
建 设 的 若 干 意 见

国办发〔2007〕17号

各省、自治区、直辖市人民政府,国务院各部委、各直属机构:

为加快推进我国社会信用体系建设,进一步完善社会主义市场经济体制,构建社会主义和谐社会,经国务院同意,现提出如下意见:

一、加快推进社会信用体系建设的重要性和紧迫性

市场经济是信用经济。社会信用体系是市场经济体制中的重要制度安排。党中央、国务院高度重视社会信用体系建设工作。党的十六大、十六届三中全会明确了社会信用体系建设的方向和目标。我国"十一五"规划提出,以完善信贷、纳税、合同履约、产品质量的信用记录为重点,加快建设社会信用体系。2007年召开的全国金融工作会议进一步提出,以信贷征信体系建设为重点,全面推进社会信用体系建设,加快建立与我国经济社会发展水平相适应的社会信用体系基本框架和运行机制。

建设社会信用体系,是完善我国社会主义市场经济体制的客

观需要，是整顿和规范市场经济秩序的治本之策。当前，恶意拖欠和逃废银行债务、逃骗偷税、商业欺诈、制假售假、非法集资等现象屡禁不止，加快建设社会信用体系，对于打击失信行为，防范和化解金融风险，促进金融稳定和发展，维护正常的社会经济秩序，保护群众权益，推进政府更好地履行经济调节、市场监管、社会管理和公共服务的职能，具有重要的现实意义。

近几年，一些部门和地区相继开展了多种形式的社会信用体系建设试点工作。总体看，我国社会信用体系建设取得了一定进展，但还存在许多亟待解决的问题。面对新的形势，社会信用体系建设任务艰巨，时间紧迫，必须进一步统一思想，明确任务，加强协调，确保社会信用体系建设顺利进行。

二、社会信用体系建设的指导思想、目标和基本原则

社会信用体系建设要以邓小平理论和“三个代表”重要思想为指导，牢固树立和全面落实科学发展观，以法制为基础，信用制度为核心，以健全信贷、纳税、合同履约、产品质量的信用记录为重点，坚持“统筹规划、分类指导，政府推动、培育市场，完善法规、严格监管，有序开放、维护安全”的原则，建立全国范围信贷征信机构与社会征信机构并存、服务各具特色的征信机构体系，最终形成体系完整、分工明确、运行高效、监管有力的社会信用体系基本框架和运行机制。

结合我国实际，明确长远目标、阶段性目标和工作重点，区别不同情况，采取不同政策，有计划、分步骤地推进社会信用体系建设工作。要加大组织协调力度，促进信用信息共享，整合信用服务资源，加快建设企业和个人信用服务体系。要坚持从市场需求出发，积极培育和发展信用服务市场，改善外部环境，促进竞争和创新。要抓紧健全法律法规，理顺监管体制，明确监管责任，依法规范信用服务行为和市场秩序，保护当事人的合法权益。要按照循序渐进的原则扩大对外开放，积极引进先进的管理经验和技术，促进信用服务行业发展，满足市场需要，维护国家信息安全。

三、完善行业信用记录，推进行业信用建设

社会信用体系建设涉及经济社会生活的各个方面。商品的生产、交换、分配和消费是社会信用关系发展的基础，社会信用体系的发展要与生产力发展水平和市场化程度相适应。根据我国

的国情和现阶段经济社会发展的需要，针对我国市场经济秩序中存在的突出矛盾和问题，借鉴国际经验，进一步完善信贷、纳税、合同履约、产品质量的信用记录，推进行业信用建设。

行业信用建设是社会信用体系建设的重要组成部分，对于促进企业和个人自律，形成有效的市场约束，具有重要作用。要依托“金税”、“金关”等管理系统，完善纳税人信用数据库，建立健全企业、个人偷逃骗税记录。要实行合同履约备案和重大合同鉴证制度，探索建立合同履约信用记录，依法打击合同欺诈行为。要依托“金质”管理系统，推动企业产品质量记录电子化，定期发布产品质量信息，加强产品质量信用分类管理。要继续推进中小企业信用制度建设和价格信用建设。要发挥商会、协会的作用，促进行业信用建设和行业守信自律。国务院有关部门要根据职责分工和实际工作需要，抓紧研究建立市场主体信用记录，实行内部信用分类管理，健全负面信息披露制度和守信激励制度，提高公共服务和市场监管水平。各部门要积极配合，及时沟通情况，建立信用信息共享制度，逐步建设和完善以组织机构代码和身份证号码等为基础的实名制信息共享平台体系，形成失信行为联合惩戒机制，真正使失信者“一处失信，寸步难行”。

四、加快信贷征信体系建设，建立金融业统一征信平台

金融是现代经济的核心。金融业特别是银行业是社会信用信息的主要提供者和使用者。要以信贷征信体系建设为切入点，进一步健全证券业、保险业及外汇管理的信用管理系统，加强金融部门的协调和合作，逐步建立金融业统一征信平台，促进金融业信用信息整合和共享，稳步推进我国金融业信用体系建设。各地区、各部门要积极支持信贷征信体系的建设和发展，充分利用其信用信息资源，加强信用建设和管理。信贷征信机构要依法采集企业和个人信息，依法向政府部门、金融监管机构、金融机构、企业和个人提供方便、快捷、高效的征信服务。

五、培育信用服务市场，稳妥有序对外开放

要加大诚实守信的宣传教育力度，培育全社会的信用意识，树立良好的社会信用风尚。要鼓励扩大信用产品使用范围，培育信用服务市场需求，支持信用服务市场发展。要坚持以市场为导向，培育和发展种类齐全、功能互补、依法经营、有市场公信力的信用服务机构，依法自主收集、整理、加工、提供信用信息，

鼓励信用产品的开发和创新，满足全社会多层次、多样化、专业化的信用服务需求。

政府信息公开是信用服务市场发展的基础。各部门、各地区在保护国家机密、商业秘密和个人隐私的前提下，要依法公开在行政管理中掌握的信用信息。地方人民政府要进一步推进本地区社会信用体系建设，充分利用信贷、纳税、合同履约、产品质量的信用记录，改善地方信用环境，减少重复建设和资源浪费。具备条件的地区，可以本着节约高效、量力而行的原则，积极探索社会信用体系建设的有效方式和途径。

在严格监管、完善制度、维护信息安全的前提下，循序渐进、稳步适度地开放信用服务市场，引进国外先进的管理经验和技术。根据世界贸易组织关于一般例外及安全例外的原则，基础信用信息数据库建设、信用服务中涉及信息保护要求高的领域不予开放。

六、完善法律法规，加强组织领导

完备的法律法规和国家标准体系，是信用行业健康发展的保障。要按照信息共享，公平竞争，有利于公共服务和监管，维护国家信息安全的要求，制定有关法律法规。要坚持规范与发展并重的原则，促进信用服务行业健康发展。要严格区分公共信息和企业、个人的信用信息，妥善处理好信息公开与依法保护个人隐私、商业秘密和国家信息安全的关系，切实保护当事人合法权益。要加快信用服务行业国家标准化建设，形成完整、科学的信用标准体系。

透明高效的监管体制是信用行业健康发展的重要保障。为加强统筹协调，由国务院办公厅牵头建立国务院社会信用体系建设部际联席会议制度，指导推进有关工作。按照统一领导、综合监管的原则，根据具体业务范围和各部门的职责分工，分别指定有关部门具体负责日常监管，落实监管责任。有关部门要依法严格市场准入，监督和管理信用服务机构，查处违法违规行为，完善市场退出机制，维护市场秩序，防止非法采集和滥用信用信息，促进社会信用体系和信用服务市场健康发展。

国务院办公厅

二〇〇七年三月二十三日

TEXT 4

http://www.gov.cn/zhengce/content/2008-03/28/content_1907.htm

20070418 Notice of the General Office of the State Council on Establishing the Inter-Ministerial Joint Conference System for the Construction of the State Council's Social Credit System

索 引 号:	000014349/2007-00071	主题分类:	财政、金融、审计\社会信用体系建设
发文机关:	国务院办公厅	成文日期:	2007年04月18日
标题:	国务院办公厅关于建立国务院社会信用体系建设部际联席会议制度的通知		
发文字号:	国办函〔2007〕43号	发布日期:	2008年03月28日
主 题 词:	经济管理 信用体系		

国务院办公厅关于建立国务院社会信用体系建设部际联席会议制度的通知

国办函〔2007〕43号

各省、自治区、直辖市人民政府, 国务院各部委、各直属机构:

为加强组织领导和统筹协调, 稳步推进社会信用体系建设工作, 经国务院同意, 建立国务院社会信用体系建设部际联席会议 (以下简称联席会议) 制度。现将有关事项通知如下:

一、主要职责

负责统筹协调社会信用体系建设工作, 研究拟订重大政策措施; 协调解决推进社会信用体系建设工作中的重大问题; 指导、督促、检查有关政策措施的落实; 完成国务院交办的其他工作。

二、组成人员

召集人: 华建敏　　国务委员兼国务院秘书长

成　员: 张　平　　国务院副秘书长

朱之鑫　　发展改革委副主任

郑少东　　公安部部长助理

姜增伟	全国整规办主任、商务部副部长
苏　宁	人民银行副行长
孙松璞	海关总署副署长
宋　兰	税务总局副局长
刘玉亭	工商总局副局长
蒲长城	质检总局副局长
宋大涵	法制办副主任
唐双宁	银监会副主席
屠光绍	证监会副主席
袁　力	保监会主席助理
邓先宏	外汇局副局长
陈大卫	国信办副主任

三、工作机构及职责

联席会议办公室设在国务院办公厅，主要负责联席会议的组织、联络和协调工作；根据召集人的提议或成员单位的建议，研究提出联席会议议题；汇总并通报成员单位有关工作情况；协调、督促成员单位履行工作职责和落实联席会议决定事项；承办联席会议交办的其他事项。

四、工作规则

联席会议由召集人或召集人委托的同志主持，以会议纪要形式明确会议议定事项。联席会议成员因工作变动需要调整的，由所在单位提出，联席会议确定。根据工作需要，联席会议可邀请其他部门参加会议，研究相关工作。

五、工作要求

各成员单位要按照职责分工，主动研究社会信用体系建设工作的有关问题，积极参加联席会议，认真落实联席会议布置的工作任务。要相互配合，相互支持，形成合力，认真做好社会信用体系建设有关工作。

国务院办公厅

二〇〇七年四月十八日

TEXT 5

20120717 The State Council's approval of the responsibilities of the inter-ministerial joint meeting on the construction of the social credit system and the approval of the member units

http://www.gov.cn/zhengce/content/2012-07/26/content_1809.htm

索引号:	000014349/2012-00078	主题分类:	财政、金融、审计\社会信用体系建设
发文机关:	国务院	成文日期:	2012年07月17日
标题:	国务院关于同意调整社会信用体系建设部际联席会议职责和成员单位的批复		
发文字号:	国函〔2012〕88号	发布日期:	2012年07月26日
主题词:			

国务院关于同意调整社会信用体系建设
部际联席会议职责和成员单位的批复

国函〔2012〕88 号

发展改革委、人民银行:

你们《关于社会信用体系建设部际联席会议制度调整有关问题的请示》（发改财金〔2012〕1014号）收悉。现批复如下:

同意调整社会信用体系建设部际联席会议(以下简称联席会议)成员单位和主要职责。(一)联席会议牵头单位为发展改革委、人民银行,召集人由发展改革委主任和人民银行行长担任。(二)增加中央纪委、中央宣传部、中央政法委、中央文明办、高检院、教育部、监察部、民政部、司法部、财政部、农业部、文化部、卫生部、预防腐败局、公务员局、知识产权局、食品药品监管局为成员单位。(三)调整联席会议主要职责,增加以下内容:推进政务诚信、商务诚信、社会诚信和司法公信建设;推进信用标准和联合征信技术规范的建立;协调推进政府信用信息资源整合和交换,建立健全覆盖全社会的征信系统，推进信用信息的开放和应用；指导地方和行业信用体系建设，推进有条件的地区和重点领域试点先行；协调推进信用文化建设和诚信宣传工作；承办国务院交办的其他事项。

联席会议不刻制印章，不正式行文，请按照有关文件精神认真组织开展工作。

自本批复印发之日起，《国务院关于同意调整社会信用体系建设部际联席会议职责和成员单位的批复》（国函〔2008〕101号）停止执行。

附件：社会信用体系建设部际联席会议制度

国 务 院

2012年7月17日

附件

社会信用体系建设部际联席会议制度

为贯彻落实十七届六中全会和国务院第176次常务会议精神，统筹推进社会信用体系建设各项工作，经国务院同意，由发展改革委、人民银行牵头建立社会信用体系建设部际联席会议制度。

一、主要职责

在国务院领导下，联席会议履行以下职责：

（一）统筹协调社会信用体系建设相关工作，综合推进政务诚信、商务诚信、社会诚信和司法公信建设。

（二）研究制定社会信用体系建设中长期规划。

（三）专题研究社会信用体系建设的重大问题。

（四）推动并参与制定与社会信用体系建设相关的法律法规，推进建立信用标准和联合征信技术规范。

（五）协调推进政府信用信息资源整合和交换，建立健全覆盖全社会的征信系统，推动信用信息的开放和应用工作。

（六）加强与地方人民政府的沟通协调，指导地方和行业信用体系建设，推进有条件的地区和重点领域试点先行。

（七）指导、督促、检查有关政策措施的落实。

（八）协调推进信用文化建设和诚信宣传工作。

（九）承办国务院交办的其他事项。

二、成员单位

联席会议由中央纪委、中央宣传部、中央政法委、中央文明办、发展改革委、教育部、工业和信息化部、公安部、监察部、民政部、司法部、财政部、人力资源社会保障部、环境保护部、住房城乡建设部、农业部、商务部、文化部、卫生部、人民银行、海关总署、税务总局、工商总局、质检总局、知识产权局、预防腐败局、法制办、银监会、证监会、保监会、公务员局、食品药品监管局、外汇局、高法院、高检院共35个部门和单位组成，发展改革委、人民银行为牵头单位。

联席会议召集人由发展改革委主任、人民银行行长担任，发展改革委一位副主任、人民银行一位副行长作为召集人助手，联席会议成员为有关部门、单位负责同志。联席会议成员因工作变动需要调整的，由所在单位提出，联席会议确定。

三、工作规则

联席会议由召集人或召集人助手主持，以会议纪要形式明确会议议定事项，经与会单位同意后印发有关方面，同时抄报国务院。根据工作需要，联席会议可邀请其他部门参加会议，研究相关工作。

四、工作机构及职责

联席会议办公室设在发展改革委、人民银行，主要负责联席会议的组织、联络和协调工作；根据召集人的提议或成员单位的建议，研究提出联席会议议题；汇总并通报成员单位有关工作情况；协调、督促成员单位履行工作职责和落实联席会议决定事项；承办联席会议交办的其他事项。联席会议设联络员，由联席会议成员单位有关司局负责同志担任。

五、工作要求

各成员单位要统一认识，按照职责分工，主动研究社会信用体系建设工作的有关问题，积极参加联席会议，认真落实联席会议布置的工作任务。要加强沟通配合和信息共享，相互支持，认真做好社会信用体系建设有关工作。

各省、自治区、直辖市人民政府应与联席会议建立相应有效的信息沟通协调机制。

社会信用体系建设部际
联席会议成员名单

召　集　人: 张　平　　发展改革委主任
周小川　　人民银行行长
召集人助手: 连维良　　发展改革委副主任
潘功胜　　人民银行副行长
成　　员: 王　伟　　中央纪委常委、监察部副部长
申维辰　　中央宣传部副部长
王其江　　中央政法委副秘书长
王世明　　中央文明办专职副主任
林蕙青　　教育部部长助理
杨学山　　工业和信息化部副部长
张新枫　　公安部副部长
姜　力　　民政部副部长
郝赤勇　　司法部副部长
李　勇　　财政部副部长
胡晓义　　人力资源社会保障部副部长
潘　岳　　环境保护部副部长
郭允冲　　住房城乡建设部副部长
陈晓华　　农业部副部长
姜增伟　　商务部副部长
赵少华　　文化部副部长
尹　力　　卫生部副部长
鲁培军　　海关总署副署长
宋　兰　　税务总局副局长
刘玉亭　　工商总局副局长
刘平均　　质检总局副局长
贺　化　　知识产权局副局长
崔海容　　预防腐败局副局长
安　建　　法制办副主任
蔡鄂生　　银监会副主席
姚　刚　　证监会副主席
周延礼　　保监会副主席
杨春光　　公务员局副局长
边振甲　　食品药品监管局副局长
邓先宏　　外汇局副局长
江必新　　高法院副院长

杨振江　　高检院检察委员会专职委员

TEXT 6

20140627 Staatsrat: Bekanntmachung des Staatsrats: Abriss von Start und Aufbau des Social Credit Systems (2014-2020) https://tinyurl.com/kg2mnzd

http://www.gov.cn/zhengce/content/2014-06/27/content_8913.htm:

索引号:	000014349/2014-00072	主题分类:	财政、金融、审计\社会信用体系建设
发文机关:	国务院	成文日期:	2014年06月14日
标题:	国务院关于印发社会信用体系建设规划纲要（2014—2020年）的通知		
发文字号:	国发〔2014〕21号	发布日期:	2014年06月27日
主题词:			

国务院关于印发社会信用体系建设
规划纲要（2014—2020年）的通知
国发〔2014〕21号

各省、自治区、直辖市人民政府，国务院各部委、各直属机构：

现将《社会信用体系建设规划纲要（2014—2020年）》印发给你们，请认真贯彻执行。

国务院
2014年6月14日

（此件公开发布）

社会信用体系建设规划纲要
（2014—2020年）

社会信用体系是社会主义市场经济体制和社会治理体制的重要组成部分。它以法律、法规、标准和契约为依据，以健全覆盖社会成员的信用记录和信用基础设施网络为基础，以信用信息合规应用和信用服务体系为支撑，以树立诚信文化理念、弘扬诚信传统美德为内在要求，以守信激励和失信约束为奖惩机制，目的是提高全社会的诚信意识和信用水平。

加快社会信用体系建设是全面落实科学发展观、构建社会主义和谐社会的重要基础，是完善社会主义市场经济体制、加强和创新社会治理的重要手段，对增强社会成员诚信意识，营造优良信用环境，提升国家整体竞争力，促进社会发展与文明进步具有重要意义。

根据党的十八大提出的“加强政务诚信、商务诚信、社会诚信和司法公信建设”，党的十八届三中全会提出的“建立健全社会征信体系，褒扬诚信，惩戒失信”，《中共中央 国务院关于加强和创新社会管理的意见》提出的“建立健全社会诚信制度”，以及《中华人民共和国国民经济和社会发展第十二个五年规划纲要》（以下简称“十二五”规划纲要）提出的“加快社会信用体系建设”的总体要求，制定本规划纲要。规划期为2014—2020年。

一、社会信用体系建设总体思路

（一）发展现状。

党中央、国务院高度重视社会信用体系建设。有关地区、部门和单位探索推进，社会信用体系建设取得积极进展。国务院建立社会信用体系建设部际联席会议制度统筹推进信用体系建设，公布实施《征信业管理条例》，一批信用体系建设的规章和标准相继出台。全国集中统一的金融信用信息基础数据库建成，小微企业和农村信用体系建设积极推进；各部门推动信用信息公开，开展行业信用评价，实施信用分类监管；各行业积极开展诚信宣传教育和诚信自律活动；各地区探索建立综合性信用信息共享平台，促进本地区各部门、各单位的信用信息整合应用；社会对信用服务产品的需求日益上升，信用服务市场规模不断扩大。

我国社会信用体系建设虽然取得一定进展，但与经济发展水平和社会发展阶段不匹配、不协调、不适应的矛盾仍然突出。存在的主要问题包括：覆盖全社会的征信系统尚未形成，社会成员信用记录严重缺失，守信激励和失信惩戒机制尚不健全，守信激励不足，失信成本偏低；信用服务市场不发达，服务体系不成熟，服务行为不规范，服务机构公信力不足，信用信息主体权益保护机制缺失；社会诚信意识和信用水平偏低，履约践诺、诚实守信的社会氛围尚未形成，重特大生产安全事故、食品药品安全事件时有发生，商业欺诈、制假售假、偷逃骗税、虚报冒领、学术不端等现象屡禁不止，政务诚信度、司法公信度离人民群众的期待还有一定差距等。

（二）形势和要求。

我国正处于深化经济体制改革和完善社会主义市场经济体制的攻坚期。现代市场经济是信用经济，建立健全社会信用体系，是整顿和规范市场经济秩序、改善市场信用环境、降低交易成本、防范经济风险的重要举措，是减少政府对经济的行政干预、完善社会主义市场经济体制的迫切要求。

我国正处于加快转变发展方式、实现科学发展的战略机遇期。加快推进社会信用体系建设，是促进资源优化配置、扩大内需、促进产业结构优化升级的重要前提，是完善科学发展机制的迫切要求。

我国正处于经济社会转型的关键期。利益主体更加多元化，各种社会矛盾凸显，社会组织形式及管理方式也在发生深刻变化。全面推进社会信用体系建设，是增强社会诚信、促进社会互信、减少社会矛盾的有效手段，是加强和创新社会治理、构建社会主义和谐社会的迫切要求。

我国正处于在更大范围、更宽领域、更深层次上提高开放型经济水平的拓展期。经济全球化使我国对外开放程度不断提高，与其他国家和地区的经济社会交流更加密切。完善社会信用体系，是深化国际合作与交往，树立国际品牌和声誉，降低对外交易成本，提升国家软实力和国际影响力的必要条件，是推动建立客观、公正、合理、平衡的国际信用评级体系，适应全球化新形势，驾驭全球化新格局的迫切要求。

（三）指导思想和目标原则。

全面推动社会信用体系建设，必须坚持以邓小平理论、“

三个代表”重要思想、科学发展观为指导，按照党的十八大、十八届三中全会和“十二五”规划纲要精神，以健全信用法律法规和标准体系、形成覆盖全社会的征信系统为基础，以推进政务诚信、商务诚信、社会诚信和司法公信建设为主要内容，以推进诚信文化建设、建立守信激励和失信惩戒机制为重点，以推进行业信用建设、地方信用建设和信用服务市场发展为支撑，以提高全社会诚信意识和信用水平、改善经济社会运行环境为目的，以人为本，在全社会广泛形成守信光荣、失信可耻的浓厚氛围，使诚实守信成为全民的自觉行为规范。

社会信用体系建设的主要目标是：到2020年，社会信用基础性法律法规和标准体系基本建立，以信用信息资源共享为基础的覆盖全社会的征信系统基本建成，信用监管体制基本健全，信用服务市场体系比较完善，守信激励和失信惩戒机制全面发挥作用。政务诚信、商务诚信、社会诚信和司法公信建设取得明显进展，市场和社会满意度大幅提高。全社会诚信意识普遍增强，经济社会发展信用环境明显改善，经济社会秩序显著好转。

社会信用体系建设的主要原则是：

政府推动，社会共建。充分发挥政府的组织、引导、推动和示范作用。政府负责制定实施发展规划，健全法规和标准，培育和监管信用服务市场。注重发挥市场机制作用，协调并优化资源配置，鼓励和调动社会力量，广泛参与，共同推进，形成社会信用体系建设合力。

健全法制，规范发展。逐步建立健全信用法律法规体系和信用标准体系，加强信用信息管理，规范信用服务体系发展，维护信用信息安全和信息主体权益。

统筹规划，分步实施。针对社会信用体系建设的长期性、系统性和复杂性，强化顶层设计，立足当前，着眼长远，统筹全局，系统规划，有计划、分步骤地组织实施。

重点突破，强化应用。选择重点领域和典型地区开展信用建设示范。积极推广信用产品的社会化应用，促进信用信息互联互通、协同共享，健全社会信用奖惩联动机制，营造诚实、自律、守信、互信的社会信用环境。

二、推进重点领域诚信建设

（一）加快推进政务诚信建设。

政务诚信是社会信用体系建设的关键，各类政务行为主体的诚信水平，对其他社会主体诚信建设发挥着重要的表率和导向作用。

坚持依法行政。将依法行政贯穿于决策、执行、监督和服务的全过程，全面推进政务公开，在保护国家信息安全、商业秘密和个人隐私的前提下，依法公开在行政管理中掌握的信用信息，建立有效的信息共享机制。切实提高政府工作效率和服务水平，转变政府职能。健全权力运行制约和监督体系，确保决策权、执行权、监督权既相互制约又相互协调。完善政府决策机制和程序，提高决策透明度。进一步推广重大决策事项公示和听证制度，拓宽公众参与政府决策的渠道，加强对权力运行的社会监督和约束，提升政府公信力，树立政府公开、公平、清廉的诚信形象。

发挥政府诚信建设示范作用。各级人民政府首先要加强自身诚信建设，以政府的诚信施政，带动全社会诚信意识的树立和诚信水平的提高。在行政许可、政府采购、招标投标、劳动就业、社会保障、科研管理、干部选拔任用和管理监督、申请政府资金支持等领域，率先使用信用信息和信用产品，培育信用服务市场发展。

加快政府守信践诺机制建设。严格履行政府向社会作出的承诺，把政务履约和守诺服务纳入政府绩效评价体系，把发展规划和政府工作报告关于经济社会发展目标落实情况以及为百姓办实事的践诺情况作为评价政府诚信水平的重要内容，推动各地区、各部门逐步建立健全政务和行政承诺考核制度。各级人民政府对依法作出的政策承诺和签订的各类合同要认真履约和兑现。要积极营造公平竞争、统一高效的市场环境，不得施行地方保护主义措施，如滥用行政权力封锁市场、包庇纵容行政区域内社会主体的违法违规和失信行为等。要支持统计部门依法统计、真实统计。政府举债要依法依规、规模适度、风险可控、程序透明。政府收支必须强化预算约束，提高透明度。加强和完善群众监督和舆论监督机制。完善政务诚信约束和问责机制。各级人民政府要自觉接受本级人大的法律监督和政协的民主监督。加大监察、审计等部门对行政行为的监督和审计力度。

加强公务员诚信管理和教育。建立公务员诚信档案，依法依规将公务员个人有关事项报告、廉政记录、年度考核结果、相关违法违纪违约行为等信用信息纳入档案，将公务员诚信记录作为干部考核、任用和奖惩的重要依据。深入开展公务员诚信、守法和道德教育，加强法律知识和信用知识学习，编制公务员诚信手册，增强公务员法律和诚信意识，建立一支守法守信、高效廉洁的公务员队伍。

（二）深入推进商务诚信建设。

提高商务诚信水平是社会信用体系建设的重点，是商务关系有效维护、商务运行成本有效降低、营商环境有效改善的基本条件，是各类商务主体可持续发展的生存之本，也是各类经济活动高效开展的基础保障。

生产领域信用建设。建立安全生产信用公告制度，完善安全生产承诺和安全生产不良信用记录及安全生产失信行为惩戒制度。以煤矿、非煤矿山、危险化学品、烟花爆竹、特种设备生产企业以及民用爆炸物品生产、销售企业和爆破企业或单位为重点，健全安全生产准入和退出信用审核机制，促进企业落实安全生产主体责任。以食品、药品、日用消费品、农产品和农业投入品为重点，加强各类生产经营主体生产和加工环节的信用管理，建立产品质量信用信息异地和部门间共享制度。推动建立质量信用征信系统，加快完善12365产品质量投诉举报咨询服务平台，建立质量诚信报告、失信黑名单披露、市场禁入和退出制度。

流通领域信用建设。研究制定商贸流通领域企业信用信息征集共享制度，完善商贸流通企业信用评价基本规则和指标体系。推进批发零售、商贸物流、住宿餐饮及居民服务行业信用建设，开展企业信用分类管理。完善零售商与供应商信用合作模式。强化反垄断与反不正当竞争执法，加大对市场混淆行为、虚假宣传、商业欺诈、商业诋毁、商业贿赂等违法行为的查处力度，对典型案件、重大案件予以曝光，增加企业失信成本，促进诚信经营和公平竞争。逐步建立以商品条形码等标识为基础的全国商品流通追溯体系。加强检验检疫质量诚信体系建设。支持商贸服务企业信用融资，发展商业保理，规范预付消费行为。鼓励企业扩大信用销售，促进个人信用消费。推进对外经济贸易信用建设，进一步加强对外贸易、对外援助、对外投资合作等领域的信用信息管理、信用风险监测预警和企业信用等级分类管理。借助电子口岸管理平台，建立完善进出口企业信用评价体系、信用分类管理和联合监管制度。

金融领域信用建设。创新金融信用产品，改善金融服务，维护金融消费者个人信息安全，保护金融消费者合法权益。加大对金融欺诈、恶意逃废银行债务、内幕交易、制售假保单、骗保骗赔、披露虚假信息、非法集资、逃套骗汇等金融失信行为的惩戒力度，规范金融市场秩序。加强金融信用信息基础设施建设，进一步扩大信用记录的覆盖面，强化金融业对守信者的激励作用和对失信者的约束作用。

税务领域信用建设。建立跨部门信用信息共享机制。开展纳税人基础信息、各类交易信息、财产保有和转让信息以及纳税记录等涉税信息的交换、比对和应用工作。进一步完善纳税信用等级评定和发布制度，加强税务领域信用分类管理，发挥信用评定差异对纳税人的奖惩作用。建立税收违法黑名单制度。推进纳税信用与其他社会信用联动管理，提升纳税人税法遵从度。

价格领域信用建设。指导企业和经营者加强价格自律，规范和引导经营者价格行为，实行经营者明码标价和收费公示制度，着力推行“明码实价”。督促经营者加强内部价格管理，根据经营者条件建立健全内部价格管理制度。完善经营者价格诚信制度，做好信息披露工作，推动实施奖惩制度。强化价格执法检查与反垄断执法，依法查处捏造和散布涨价信息、价格欺诈、价格垄断等价格失信行为，对典型案例予以公开曝光，规范市场价格秩序。

工程建设领域信用建设。推进工程建设市场信用体系建设。加快工程建设市场信用法规制度建设，制定工程建设市场各方主体和从业人员信用标准。推进工程建设领域项目信息公开和诚信体系建设，依托政府网站，全面设立项目信息和信用信息公开共享专栏，集中公开工程建设项目信息和信用信息，推动建设全国性的综合检索平台，实现工程建设项目信息和信用信息公开共享的“一站式”综合检索服务。深入开展工程质量诚信建设。完善工程建设市场准入退出制度，加大对发生重大工程质量、安全责任事故或有其他重大失信行为的企业及负有责任的从业人员的惩戒力度。建立企业和从业人员信用评价结果与资质审批、执业资格注册、资质资格取消等审批审核事项的关联管理机制。建立科学、有效的建设领域从业人员信用评价机制和失信责任追溯制度，将肢解发包、转包、违法分包、拖欠工程款和农民工工资等列入失信责任追究范围。

政府采购领域信用建设。加强政府采购信用管理，强化联动惩戒，保护政府采购当事人的合法权益。制定供应商、评审专家、政府采购代理机构以及相关从业人员的信用记录标准。依法建立政府采购供应商不良行为记录名单，对列入不良行为记录名单的供应商，在一定期限内禁止参加政府采购活动。完善政府采购市场的准入和退出机制，充分利用工商、税务、金融、检察等其他部门提供的信用信息，加强对政府采购当事人和相关人员的信用管理。加快建设全国统一的政府采购管理交易系统，提高政府采购活动透明度，实现信用信息的统一发布和共享。

招标投标领域信用建设。扩大招标投标信用信息公开和共享范围，建立涵盖招标投标情况的信用评价指标和评价标准体系，健全招标投标信用信息公开和共享制度。进一步贯彻落实招标投标违法行为记录公告制度，推动完善奖惩联动机制。依托电子招标投标系统及其公共服务平台，实现招标投标和合同履行等信用信息的互联互通、实时交换和整合共享。鼓励市场主体运用基本信用信息和第三方信用评价结果，并将其作为投标人资格审查、评标、定标和合同签订的重要依据。

交通运输领域信用建设。形成部门规章制度和地方性法规、地方政府规章相结合的交通运输信用法规体系。完善信用考核标准，实施分类考核监管。针对公路、铁路、水路、民航、管道等运输市场不同经营门类分别制定考核指标，加强信用考核评价监督管理，积极引导第三方机构参与信用考核评价，逐步建立交通运输管理机构与社会信用评价机构相结合，具有监督、申诉和复核机制的综合考核评价体系。将各类交通运输违法行为列入失信记录。鼓励和支持各单位在采购交通运输服务、招标投标、人员招聘等方面优先选择信用考核等级高的交通运输企业和从业人员。对失信企业和从业人员，要加强监管和惩戒，逐步建立跨地区、跨行业信用奖惩联动机制。

电子商务领域信用建设。建立健全电子商务企业客户信用管理和交易信用评估制度，加强电子商务企业自身开发和销售信用产品的质量监督。推行电子商务主体身份标识制度，完善网店实名制。加强网店产品质量检查，严厉查处电子商务领域制假售假、传销活动、虚假广告、以次充好、服务违约等欺诈行为。打击内外勾结、伪造流量和商业信誉的行为，对失信主体建立行业限期禁入制度。促进电子商务信用信息与社会其他领域相关信息的交换和共享，推动电子商务与线下交易信用评价。完善电子商务信用服务保障制度，推动信用调查、信用评估、信用担保、信用保险、信用支付、商账管理等第三方信用服务和产品在电子商务中的推广应用。开展电子商务网站可信认证服务工作，推广应用网站可信标识，为电子商务用户识别假冒、钓鱼网站提供手段。

统计领域信用建设。开展企业诚信统计承诺活动，营造诚实报数光荣、失信造假可耻的良好风气。完善统计诚信评价标准体系。建立健全企业统计诚信评价制度和统计从业人员诚信档案。加强执法检查，严厉查处统计领域的弄虚作假行为，建立统计失信行为通报和公开曝光制度。加大对统计失信企业的联合惩戒力度。将统计失信企业名单档案及其违法违规信息纳入金融、工商等行业和部门信用信息系统，将统计信用记录与企业融资、政府补贴、工商注册登记等直接挂钩，切实强化对统计失信行为的惩戒和制约。

中介服务业信用建设。建立完善中介服务机构及其从业人员的信用记录和披露制度，并作为市场行政执法部门实施信用分类管理的重要依据。重点加强公证仲裁类、律师类、会计类、担保类、鉴证类、检验检测类、评估类、认证类、代理类、经纪类、职业介绍类、咨询类、交易类等机构信用分类管理，探索建立科学合理的评估指标体系、评估制度和工作机制。

会展、广告领域信用建设。推动展会主办机构诚信办展，践行诚信服务公约，建立信用档案和违法违规单位信息披露制度，推广信用服务和产品的应用。加强广告业诚信建设，建立健全广告业信用分类管理制度，打击各类虚假广告，突出广告制作、传播环节各参与者责任，完善广告活动主体失信惩戒机制和严重失信淘汰机制。

企业诚信管理制度建设。开展各行业企业诚信承诺活动，加大诚信企业示范宣传和典型失信案件曝光力度，引导企业增强社会责任感，在生产经营、财务管理和劳动用工管理等各环节中强化信用自律，改善商务信用生态环境。鼓励企业建立客户档案、开展客户诚信评价，将客户诚信交易记录纳入应收账款管理、信用销售授信额度计量，建立科学的企业信用管理流程，防范信用风险，提升企业综合竞争力。强化企业在发债、借款、担保等债权债务信用交易及生产经营活动中诚信履约。鼓励和支持有条件的企业设立信用管理师。鼓励企业建立内部职工诚信考核与评价制度。加强供水、供电、供热、燃气、电信、铁路、航空等关系人民群众日常生活行业企业的自身信用建设。

（三）全面推进社会诚信建设。

社会诚信是社会信用体系建设的基础，社会成员之间只有以诚相待、以信为本，才会形成和谐友爱的人际关系，才能促进社会文明进步，实现社会和谐稳定和长治久安。

医药卫生和计划生育领域信用建设。加强医疗卫生机构信用管理和行业诚信作风建设。树立大医精诚的价值理念，坚持仁心仁术的执业操守。培育诚信执业、诚信采购、诚信诊疗、诚信收费、诚信医保理念，坚持合理检查、合理用药、合理治疗、合理收费等诚信医疗服务准则，全面建立药品价格、医疗服务价格公示制度，开展诚信医院、诚信药店创建活动，制定医疗机构和执业医师、药师、护士等医务人员信用评价指标标准，推进医院评审评价和医师定期考核，开展医务人员医德综合评价，惩戒收受贿赂、过度诊疗等违法和失信行为，建立诚信医疗服务体系。加快完善药品安全领域信用制度，建立药品研发、生产和流通企业信用档案。积极开展以“诚信至上，以质取胜”为主题的药品安全诚信承诺活动，切实提高药品安全信用监管水平，严厉打击制假贩假行为，保障人民群众用药安全有效。加强人口计生领域信用建设，开展人口和计划生育信用信息共享工作。

社会保障领域信用建设。在救灾、救助、养老、社会保险、慈善、彩票等方面，建立全面的诚信制度，打击各类诈捐骗捐等失信行为。建立健全社会救助、保障性住房等民生政策实施中的申请、审核、退出等各环节的诚信制度，加强对申请相关民生政策的条件审核，强化对社会救助动态管理及保障房使用的监管，将失信和违规的个人纳入信用黑名单。构建居民家庭经济状况核对信息系统，建立和完善低收入家庭认定机制，确保社会救助、保障性住房等民生政策公平、公正和健康运行。建立健全社会保险诚信管理制度，加强社会保险经办管理，加强社会保险领域的劳动保障监督执法，规范参保缴费行为，加大对医保定点医院、定点药店、工伤保险协议医疗机构等社会保险协议服务机构及其工作人员、各类参保人员的违规、欺诈、骗保等行为的惩戒力度，防止和打击各种骗保行为。进一步完善社会保险基金管理制度，提高基金征收、管理、支付等各环节的透明度，推动社会保险诚信制度建设，规范参保缴费行为，确保社会保险基金的安全运行。

劳动用工领域信用建设。进一步落实和完善企业劳动保障守法诚信制度，制定重大劳动保障违法行为社会公示办法。建立用人单位拖欠工资违法行为公示制度，健全用人单位劳动保障诚信等级评价办法。规范用工行为，加强对劳动合同履行和仲裁的管理，推动企业积极开展和谐劳动关系创建活动。加强劳动保障监督执法，加大对违法行为的打击力度。加强人力资源市场诚信建设，规范职业中介行为，打击各种黑中介、黑用工等违法失信行为。

教育、科研领域信用建设。加强教师和科研人员诚信教育。开展教师诚信承诺活动，自觉接受广大学生、家长和社会各界的监督。发挥教师诚信执教、为人师表的影响作用。加强学生诚信教育，培养诚实守信良好习惯，为提高全民族诚信素质奠定基础。探索建立教育机构及其从业人员、教师和学生、科研机构和科技社团及科研人员的信用评价制度，将信用评价与考试招生、学籍管理、学历学位授予、科研项目立项、专业技术职务评聘、岗位聘用、评选表彰等挂钩，努力解决学历造假、论文抄袭、学术不端、考试招生作弊等问题。

文化、体育、旅游领域信用建设。依托全国文化市场技术监管与公共服务平台，建立健全娱乐、演出、艺术品、网络文化等领域文化企业主体、从业人员以及文化产品的信用信息数据库；依法制定文化市场诚信管理措施，加强文化市场动态监管。制定职业体育从业人员诚信从业准则，建立职业体育从业人员、职业体育俱乐部和中介企业信用等级的第三方评估制度，推进相关信用信息记录和信用评级在参加或举办职业体育赛事、职业体育准入、转会等方面广泛运用。制定旅游从业人员诚信服务准则，建立旅游业消费者意见反馈和投诉记录与公开制度，建立旅行社、旅游景区和宾馆饭店信用等级第三方评估制度。

知识产权领域信用建设。建立健全知识产权诚信管理制度，出台知识产权保护信用评价办法。重点打击侵犯知识产权和制售假冒伪劣商品行为，将知识产权侵权行为信息纳入失信记录，强化对盗版侵权等知识产权侵权失信行为的联合惩戒，提升全社会的知识产权保护意识。开展知识产权服务机构信用建设，探索建立各类知识产权服务标准化体系和诚信评价制度。

环境保护和能源节约领域信用建设。推进国家环境监测、信息与统计能力建设，加强环保信用数据的采集和整理，实现环境保护工作业务协同和信息共享，完善环境信息公开目录。建立环境管理、监测信息公开制度。完善环评文件责任追究机制，建立环评机构及其从业人员、评估专家诚信档案数据库，强化对环评机构及其从业人员、评估专家的信用考核分类监管。建立企业对所排放污染物开展自行监测并公布污染物排放情况以及突发环境事件发生和处理情况制度。建立企业环境行为信用评价制度，定期发布评价结果，并组织开展动态分类管理，根据企业的信用等级予以相应的鼓励、警示或惩戒。完善企业环境行为信用信息共享机制，加强与银行、证券、保险、商务等部门的联动。加强国家能源利用数据统计、分析与信息上报能力建设。加强重点用能单位节能目标责任考核，定期公布考核结果，研究建立重点用能单位信用评价机制。强化对能源审计、节能评估和审查机构及其从业人员的信用评级和监管。研究开展节能服务公司信用评价工作，并逐步向全社会定期发布信用评级结果。加强对环资项目评审专家从业情况的信用考核管理。

社会组织诚信建设。依托法人单位信息资源库，加快完善社会组织登记管理信息。健全社会组织信息公开制度，引导社会组织提升运作的公开性和透明度，规范社会组织信息公开行为。把诚信建设内容纳入各类社会组织章程，强化社会组织诚信自律，提高社会组织公信力。发挥行业协会（商会）在行业信用建设中的作用，加强会员诚信宣传教育和培训。

自然人信用建设。突出自然人信用建设在社会信用体系建设中的基础性作用，依托国家人口信息资源库，建立完善自然人在经济社会活动中的信用记录，实现全国范围内自然人信用记录全覆盖。加强重点人群职业信用建设，建立公务员、企业法定代表人、律师、会计从业人员、注册会计师、统计从业人员、注册税务师、审计师、评估师、认证和检验检测从业人员、证券期货从业人员、上市公司高管人员、保险经纪人、医务人员、教师、科研人员、专利服务从业人员、项目经理、新闻媒体从业人员、导游、执业兽医等人员信用记录，推广使用职业信用报告，引导职业道德建设与行为规范。

互联网应用及服务领域信用建设。大力推进网络诚信建设，培育依法办网、诚信用网理念，逐步落实网络实名制，完善网络信用建设的法律保障，大力推进网络信用监管机制建设。建立网络信用评价体系，对互联网企业的服务经营行为、上网人员的网上行为进行信用评估，记录信用等级。建立涵盖互联网企业、上网个人的网络信用档案，积极推进建立网络信用信息与社会其他领域相关信用信息的交换共享机制，大力推动网络信用信息在社会各领域推广应用。建立网络信用黑名单制度，将实施网络欺诈、造谣传谣、侵害他人合法权益等严重网络失信行为的企业、个人列入黑名单，对列入黑名单的主体采取网上行为限制、行业禁入等措施，通报相关部门并进行公开曝光。

(四) 大力推进司法公信建设。

司法公信是社会信用体系建设的重要内容，是树立司法权威的前提，是社会公平正义的底线。

法院公信建设。提升司法审判信息化水平，实现覆盖审判工作全过程的全国四级法院审判信息互联互通。推进强制执行案件信息公开，完善执行联动机制，提高生效法律文书执行率。发挥审判职能作用，鼓励诚信交易、倡导互信合作，制裁商业欺诈和恣意违约毁约等失信行为，引导诚实守信风尚。

检察公信建设。进一步深化检务公开，创新检务公开的手段和途径，广泛听取群众意见，保障人民群众对检察工作的知情权、参与权、表达权和监督权。继续推行“阳光办案”，严格管理制度，强化内外部监督，建立健全专项检查、同步监督、责任追究机制。充分发挥法律监督职能作用，加大查办和预防职务犯罪力度，促进诚信建设。完善行贿犯罪档案查询制度，规范和加强查询工作管理，建立健全行贿犯罪档案查询与应用的社会联动机制。

公共安全领域公信建设。全面推行“阳光执法”，依法及时公开执法办案的制度规范、程序时限等信息，对于办案进展等不宜向社会公开，但涉及特定权利义务、需要特定对象知悉的信息，应当告知特定对象，或者为特定对象提供查询服务。进一步加强人口信息同各地区、各部门信息资源的交换和共享，完善国家人口信息资源库建设。将公民交通安全违法情况纳入诚信档案，促进全社会成员提高交通安全意识。定期向社会公开火灾高危单位消防安全评估结果，并作为单位信用等级的重要参考依据。将社会单位遵守消防安全法律法规情况纳入诚信管理，强化社会单位消防安全主体责任。

司法行政系统公信建设。进一步提高监狱、戒毒场所、社区矫正机构管理的规范化、制度化水平，维护服刑人员、戒毒人员、社区矫正人员合法权益。大力推进司法行政信息公开，进一步规范和创新律师、公证、基层法律服务、法律援助、司法考试、司法鉴定等信息管理和披露手段，保障人民群众的知情权。

司法执法和从业人员信用建设。建立各级公安、司法行政等工作人员信用档案，依法依规将徇私枉法以及不作为等不良记录纳入档案，并作为考核评价和奖惩依据。推进律师、公证员、基层法律服务工作者、法律援助人员、司法鉴定人员等诚信规范执业。建立司法从业人员诚信承诺制度。

健全促进司法公信的制度基础。深化司法体制和工作机制改革，推进执法规范化建设，严密执法程序，坚持有法必依、违法必究和法律面前人人平等，提高司法工作的科学化、制度化和规范化水平。充分发挥人大、政协和社会公众对司法工作的监督作用，完善司法机关之间的相互监督制约机制，强化司法机关的内部监督，实现以监督促公平、促公正、促公信。

三、加强诚信教育与诚信文化建设

诚信教育与诚信文化建设是引领社会成员诚信自律、提升社会成员道德素养的重要途径，是社会主义核心价值体系建设的重要内容。

（一）普及诚信教育。

以建设社会主义核心价值体系、培育和践行社会主义核心价值观为根本，将诚信教育贯穿公民道德建设和精神文明创建全过程。推进公民道德建设工程，加强社会公德、职业道德、家庭美德和个人品德教育，传承中华传统美德，弘扬时代新风，在全社会形成“以诚实守信为荣、以见利忘义为耻”的良好风尚。

在各级各类教育和培训中进一步充实诚信教育内容。大力开展信用宣传普及教育进机关、进企业、进学校、进社区、进村屯、进家庭活动。

建好用好道德讲堂，倡导爱国、敬业、诚信、友善等价值理念和道德规范。开展群众道德评议活动，对诚信缺失、不讲信用现象进行分析评议，引导人们诚实守信、遵德守礼。

(二) 加强诚信文化建设。

弘扬诚信文化。以社会成员为对象，以诚信宣传为手段，以诚信教育为载体，大力倡导诚信道德规范，弘扬中华民族积极向善、诚实守信的传统文化和现代市场经济的契约精神，形成崇尚诚信、践行诚信的社会风尚。

树立诚信典型。充分发挥电视、广播、报纸、网络等媒体的宣传引导作用，结合道德模范评选和各行业诚信创建活动，树立社会诚信典范，使社会成员学有榜样、赶有目标，使诚实守信成为全社会的自觉追求。

深入开展诚信主题活动。有步骤、有重点地组织开展"诚信活动周"、"质量月"、"安全生产月"、"诚信兴商宣传月"、"3·5"学雷锋活动日、"3·15"国际消费者权益保护日、"6·14"信用记录关爱日、"12·4"全国法制宣传日等公益活动，突出诚信主题，营造诚信和谐的社会氛围。

大力开展重点行业领域诚信问题专项治理。深入开展道德领域突出问题专项教育和治理活动，针对诚信缺失问题突出、诚信建设需求迫切的行业领域开展专项治理，坚决纠正以权谋私、造假欺诈、见利忘义、损人利己的歪风邪气，树立行业诚信风尚。

(三) 加快信用专业人才培养。

加强信用管理学科专业建设。把信用管理列为国家经济体制改革与社会治理发展急需的新兴、重点学科，支持有条件的高校设置信用管理专业或开设相关课程，在研究生培养中开设信用管理研究方向。开展信用理论、信用管理、信用技术、信用标准、信用政策等方面研究。

加强信用管理职业培训与专业考评。建立健全信用管理职业培训与专业考评制度。推广信用管理职业资格培训，培养信用管理专业化队伍。促进和加强信用从业人员、信用管理人员的交流与培训，为社会信用体系建设提供人力资源支撑。

四、加快推进信用信息系统建设和应用

健全社会成员信用记录是社会信用体系建设的基本要求。发挥行业、地方、市场的力量和作用，加快推进信用信息系统建设，完善信用信息的记录、整合和应用，是形成守信激励和失信惩戒机制的基础和前提。

（一）行业信用信息系统建设。

加强重点领域信用记录建设。以工商、纳税、价格、进出口、安全生产、产品质量、环境保护、食品药品、医疗卫生、知识产权、流通服务、工程建设、电子商务、交通运输、合同履约、人力资源和社会保障、教育科研等领域为重点，完善行业信用记录和从业人员信用档案。

建立行业信用信息数据库。各部门要以数据标准化和应用标准化为原则，依托国家各项重大信息化工程，整合行业内的信用信息资源，实现信用记录的电子化存储，加快建设信用信息系统，加快推进行业间信用信息互联互通。各行业分别负责本行业信用信息的组织与发布。

（二）地方信用信息系统建设。

加快推进政务信用信息整合。各地区要对本地区各部门、各单位履行公共管理职能过程中产生的信用信息进行记录、完善、整合，形成统一的信用信息共享平台，为企业、个人和社会征信机构等查询政务信用信息提供便利。

加强地区内信用信息的应用。各地区要制定政务信用信息公开目录，形成信息公开的监督机制。大力推进本地区各部门、各单位政务信用信息的交换与共享，在公共管理中加强信用信息应用，提高履职效率。

（三）征信系统建设。

加快征信系统建设。征信机构开展征信业务，应建立以企事业单位及其他社会组织、个人为对象的征信系统，依法采集、整理、保存、加工企事业单位及其他社会组织、个人的信用信息，并采取合理措施保障信用信息的准确性。各地区、各行业要支持征信机构建立征信系统。

对外提供专业化征信服务。征信机构要根据市场需求，对外提供专业化的征信服务，有序推进信用服务产品创新。建立健全并严格执行内部风险防范、避免利益冲突和保障信息安全的规章制度，依法向客户提供方便、快捷、高效的征信服务，进一步扩大信用报告在银行业、证券业、保险业及政府部门行政执法等多种领域中的应用。

(四) 金融业统一征信平台建设。

完善金融信用信息基础数据库。继续推进金融信用信息基础数据库建设，提升数据质量，完善系统功能，加强系统安全运行管理，进一步扩大信用报告的覆盖范围，提升系统对外服务水平。

推动金融业统一征信平台建设。继续推动银行、证券、保险、外汇等金融管理部门之间信用信息系统的链接，推动金融业统一征信平台建设，推进金融监管部门信用信息的交换与共享。

(五) 推进信用信息的交换与共享。

逐步推进政务信用信息的交换与共享。各地区、各行业要以需求为导向，在保护隐私、责任明确、数据及时准确的前提下，按照风险分散的原则，建立信用信息交换共享机制，统筹利用现有信用信息系统基础设施，依法推进各信用信息系统的互联互通和信用信息的交换共享，逐步形成覆盖全部信用主体、所有信用信息类别、全国所有区域的信用信息网络。各行业主管部门要对信用信息进行分类分级管理，确定查询权限，特殊查询需求特殊申请。

依法推进政务信用信息系统与征信系统间的信息交换与共享。发挥市场激励机制的作用，鼓励社会征信机构加强对已公开政务信用信息和非政务信用信息的整合，建立面向不同对象的征信服务产品体系，满足社会多层次、多样化和专业化的征信服务需求。

五、完善以奖惩制度为重点的社会信用体系运行机制

运行机制是保障社会信用体系各系统协调运行的制度基础。其中，守信激励和失信惩戒机制直接作用于各个社会主体信用行为，是社会信用体系运行的核心机制。

(一) 构建守信激励和失信惩戒机制。

加强对守信主体的奖励和激励。加大对守信行为的表彰和宣传力度。按规定对诚信企业和模范个人给予表彰，通过新闻媒体广泛宣传，营造守信光荣的舆论氛围。发展改革、财政、金融、环境保护、住房城乡建设、交通运输、商务、工商、税务、质检、安全监管、海关、知识产权等部门，在市场监管和

公共服务过程中，要深化信用信息和信用产品的应用，对诚实守信者实行优先办理、简化程序等“绿色通道”支持激励政策。

加强对失信主体的约束和惩戒。强化行政监管性约束和惩戒。在现有行政处罚措施的基础上，健全失信惩戒制度，建立各行业黑名单制度和市场退出机制。推动各级人民政府在市场监管和公共服务的市场准入、资质认定、行政审批、政策扶持等方面实施信用分类监管，结合监管对象的失信类别和程度，使失信者受到惩戒。逐步建立行政许可申请人信用承诺制度，并开展申请人信用审查，确保申请人在政府推荐的征信机构中有信用记录，配合征信机构开展信用信息采集工作。推动形成市场性约束和惩戒。制定信用基准性评价指标体系和评价方法，完善失信信息记录和披露制度，使失信者在市场交易中受到制约。推动形成行业性约束和惩戒。通过行业协会制定行业自律规则并监督会员遵守。对违规的失信者，按照情节轻重，对机构会员和个人会员实行警告、行业内通报批评、公开谴责等惩戒措施。推动形成社会性约束和惩戒。完善社会舆论监督机制，加强对失信行为的披露和曝光，发挥群众评议讨论、批评报道等作用，通过社会的道德谴责，形成社会震慑力，约束社会成员的失信行为。

建立失信行为有奖举报制度。切实落实对举报人的奖励，保护举报人的合法权益。

建立多部门、跨地区信用联合奖惩机制。通过信用信息交换共享，实现多部门、跨地区信用奖惩联动，使守信者处处受益、失信者寸步难行。

（二）建立健全信用法律法规和标准体系。

完善信用法律法规体系。推进信用立法工作，使信用信息征集、查询、应用、互联互通、信用信息安全和主体权益保护等有法可依。出台《征信业管理条例》相关配套制度和实施细则，建立异议处理、投诉办理和侵权责任追究制度。

推进行业、部门和地方信用制度建设。各地区、各部门分别根据本地区、相关行业信用体系建设的需要，制定地区或行业信用建设的规章制度，明确信用信息记录主体的责任，保证信用信息的客观、真实、准确和及时更新，完善信用信息共享公开制度，推动信用信息资源的有序开发利用。

建立信用信息分类管理制度。制定信用信息目录，明确信用信息分类，按照信用信息的属性，结合保护个人隐私和商业秘密，依法推进信用信息在采集、共享、使用、公开等环节的分类管理。加大对贩卖个人隐私和商业秘密行为的查处力度。

加快信用信息标准体系建设。制定全国统一的信用信息采集和分类管理标准，统一信用指标目录和建设规范。

建立统一社会信用代码制度。建立自然人、法人和其他组织统一社会信用代码制度。完善相关制度标准，推动在经济社会活动中广泛使用统一社会信用代码。

（三）培育和规范信用服务市场。

发展各类信用服务机构。逐步建立公共信用服务机构和社会信用服务机构互为补充、信用信息基础服务和增值服务相辅相成的多层次、全方位的信用服务组织体系。

推进并规范信用评级行业发展。培育发展本土评级机构，增强我国评级机构的国际影响力。规范发展信用评级市场，提高信用评级行业的整体公信力。探索创新双评级、再评级制度。鼓励我国评级机构参与国际竞争和制定国际标准，加强与其他国家信用评级机构的协调和合作。

推动信用服务产品广泛运用。拓展信用服务产品应用范围，加大信用服务产品在社会治理和市场交易中的应用。鼓励信用服务产品开发和创新，推动信用保险、信用担保、商业保理、履约担保、信用管理咨询及培训等信用服务业务发展。

建立政务信用信息有序开放制度。明确政务信用信息的开放分类和基本目录，有序扩大政务信用信息对社会的开放，优化信用调查、信用评级和信用管理等行业的发展环境。

完善信用服务市场监管体制。根据信用服务市场、机构业务的不同特点，依法实施分类监管，完善监管制度，明确监管职责，切实维护市场秩序。推动制定信用服务相关法律制度，建立信用服务机构准入与退出机制，实现从业资格认定的公开透明，进一步完善信用服务业务规范，促进信用服务业健康发展。

推动信用服务机构完善法人治理。强化信用服务机构内部控制，完善约束机制，提升信用服务质量。

加强信用服务机构自身信用建设。信用服务机构要确立行为准则，加强规范管理，提高服务质量，坚持公正性和独立性，提升公信力。鼓励各类信用服务机构设立首席信用监督官，加强自身信用管理。

加强信用服务行业自律。推动建立信用服务行业自律组织，在组织内建立信用服务机构和从业人员基本行为准则和业务规范，强化自律约束，全面提升信用服务机构诚信水平。

（四）保护信用信息主体权益。

健全信用信息主体权益保护机制。充分发挥行政监管、行业自律和社会监督在信用信息主体权益保护中的作用，综合运用法律、经济和行政等手段，切实保护信用信息主体权益。加强对信用信息主体的引导教育，不断增强其维护自身合法权益的意识。

建立自我纠错、主动自新的社会鼓励与关爱机制。以建立针对未成年人失信行为的教育机制为重点，通过对已悔过改正旧有轻微失信行为的社会成员予以适当保护，形成守信正向激励机制。

建立信用信息侵权责任追究机制。制定信用信息异议处理、投诉办理、诉讼管理制度及操作细则。进一步加大执法力度，对信用服务机构泄露国家秘密、商业秘密和侵犯个人隐私等违法行为，依法予以严厉处罚。通过各类媒体披露各种侵害信息主体权益的行为，强化社会监督作用。

（五）强化信用信息安全管理。

健全信用信息安全管理体制。完善信用信息保护和网络信任体系，建立健全信用信息安全监控体系。加大信用信息安全监督检查力度，开展信用信息安全风险评估，实行信用信息安全等级保护。开展信用信息系统安全认证，加强信用信息服务系统安全管理。建立和完善信用信息安全应急处理机制。加强信用信息安全基础设施建设。

加强信用服务机构信用信息安全内部管理。强化信用服务机构信息安全防护能力，加大安全保障、技术研发和资金投入，高起点、高标准建设信用信息安全保障系统。依法制定和实施信用信息采集、整理、加工、保存、使用等方面的规章制度。

六、建立实施支撑体系

（一）强化责任落实。

各地区、各部门要统一思想，按照本规划纲要总体要求，成立规划纲要推进小组，根据职责分工和工作实际，制定具体落实方案。

各地区、各部门要定期对本地区、相关行业社会信用体系建设情况进行总结和评估，及时发现问题并提出改进措施。

对社会信用体系建设成效突出的地区、部门和单位，按规定予以表彰。对推进不力、失信现象多发地区、部门和单位的负责人，按规定实施行政问责。

(二) 加大政策支持。

各级人民政府要根据社会信用体系建设需要，将应由政府负担的经费纳入财政预算予以保障。加大对信用基础设施建设、重点领域创新示范工程等方面的资金支持。

鼓励各地区、各部门结合规划纲要部署和自身工作实际，在社会信用体系建设创新示范领域先行先试，并在政府投资、融资安排等方面给予支持。

(三) 实施专项工程。

政务信息公开工程。深入贯彻实施《中华人民共和国政府信息公开条例》，按照主动公开、依申请公开进行分类管理，切实加大政务信息公开力度，树立公开、透明的政府形象。

农村信用体系建设工程。为农户、农场、农民合作社、休闲农业和农产品生产、加工企业等农村社会成员建立信用档案，夯实农村信用体系建设的基础。开展信用户、信用村、信用乡(镇)创建活动，深入推进青年信用示范户工作，发挥典型示范作用，使农民在参与中受到教育，得到实惠，在实践中提高信用意识。推进农产品生产、加工、流通企业和休闲农业等涉农企业信用建设。建立健全农民信用联保制度，推进和发展农业保险，完善农村信用担保体系。

小微企业信用体系建设工程。建立健全适合小微企业特点的信用记录和评价体系，完善小微企业信用信息查询、共享服务网络及区域性小微企业信用记录。引导各类信用服务机构为小微企业提供信用服务，创新小微企业集合信用服务方式，鼓励开展形式多样的小微企业诚信宣传和培训活动，为小微企业便利融资和健康发展营造良好的信用环境。

(四) 推动创新示范。

地方信用建设综合示范。示范地区率先对本地区各部门、各单位的信用信息进行整合，形成统一的信用信息共享平台，依法向社会有序开放。示范地区各部门在开展经济社会管理和提供公共服务过程中，强化使用信用信息和信用产品，并作为政府管理和服务的必备要件。建立健全社会信用奖惩联动机制，使守信者得到激励和奖励，失信者受到制约和惩戒。对违法违规等典型失信行为予以公开，对严重失信行为加大打击力度。探索建立地方政府信用评价标准和方法，在发行地方政府债券等符合法律法规规定的信用融资活动中试行开展地方政府综合信用评价。

区域信用建设合作示范。探索建立区域信用联动机制，开展区域信用体系建设创新示范，推进信用信息交换共享，实现跨地区信用奖惩联动，优化区域信用环境。

重点领域和行业信用信息应用示范。在食品药品安全、环境保护、安全生产、产品质量、工程建设、电子商务、证券期货、融资担保、政府采购、招标投标等领域，试点推行信用报告制度。

（五）健全组织保障。

完善组织协调机制。完善社会信用体系建设部际联席会议制度，充分发挥其统筹协调作用，加强对各地区、各部门社会信用体系建设工作的指导、督促和检查。健全组织机构，各地区、各部门要设立专门机构负责推动社会信用体系建设。成立全国性信用协会，加强行业自律，充分发挥各类社会组织在推进社会信用体系建设中的作用。

建立地方政府推进机制。地方各级人民政府要将社会信用体系建设纳入重要工作日程，推进政务诚信、商务诚信、社会诚信和司法公信建设，加强督查，强化考核，把社会信用体系建设工作作为目标责任考核和政绩考核的重要内容。

建立工作通报和协调制度。社会信用体系建设部际联席会议定期召开工作协调会议，通报工作进展情况，及时研究解决社会信用体系建设中的重大问题。

TEXT 7

http://www.gov.cn/xinwen/2014-07/08/content_2714212.htm

税务总局推进信用体系建设 “两个办法”奖惩联动

中央政府门户网站 www.gov.cn 2014-07-08 19:24 来源：税务总局网站

前不久，国务院发布《社会信用体系建设规划纲要（2014—2020年）》，部署加快建设社会信用体系、构筑诚实守信的经济社会环境。这是我国首部国家级社会信用体系建设专项规划，税收信用是其中的重要内容。近日，税务总局发布了《纳税信用管理办法》和《重大税收违法案件信息公布办法》，建立税收守信激励和失信惩戒机制，打造税务领域信用体系建设的升级版。

北京大学教授、财税法研究中心主任刘剑文表示，税收信用是社会信用、经济信用的重要标尺，税务总局及时出台“两个办法”，实行“两手抓两手硬”，体现了积极作为抓落实的姿态，通过改进评价指标、缩短评价期间、应用评价结果、及时公开税案、实行奖惩联动，税收信用体系将更加科学，在全社会信用体系建设中发挥更大作用。

守信激励：税收服务管理与纳税信用直接挂钩

据税务总局纳税服务司有关负责人介绍，纳税信用管理包括纳税信用信息的采集、评价、确定、发布和应用等活动，税务机关将广泛采集指标，评价纳税人的信用级别，并根据实际变化予以升级或降级。

该负责人说，2003年7月17日，税务总局就制定了《纳税信用等级评定管理试行办法》，到2013年底全国已经评定出A级信用纳税人68448户。新出台的纳税信用管理办法结合近10年来纳税信用管理情况，调整了评价指标和定级分数，并将两年一评改为一年一评，增强了纳税信用评价指标的全面性、科学性和评定的及时性。

据了解，作为纳税信用评级的主要信息有三项：一是纳税人信用历史信息，包括从税务管理系统采集的基本信息和纳税申报信息、历年纳税信用记录、纳税人在相关部门以往的信用记录；二是税务内部信息，包括涉税申报信息、税（费）款缴纳信息、发票与税控器具信息、登记与账簿信息、税务检查信息等；三是外部信息，包括评价当年纳税人在相关部门的信用记录、影响其纳税信用评价的其他信息，比如从国家统一信用信息平台、相关部门官方网站、新闻媒体或者媒介等渠道采集的信息。

纳税信用按百分制分为四级，90分以上、70分至90分、40分至70分、40分以下的，分别为A、B、C、D级，D级纳税信用还可以根据税收违法行为直接判级确定。每年4月，税务机关确定上一年度纳税信用评价结果，纳税人对其信用评价结果有异议的，可以申请复评。

新办法还确定了10种直接判定为D级纳税信用的情形，比如存在逃避缴纳税款、逃避追缴欠税、骗取出口退税、虚开增值税专用发票等行为，经判决构成涉税犯罪的；在规定期限内未按税务机关处理结论缴纳或者足额缴纳税款、滞纳金和罚款的；以暴力、威胁方法拒不缴纳税款或者拒绝、阻挠税务机关依法实施税务稽查执法行为的；提供虚假申报材料享受税收优惠政策的，等等。

该负责人说，纳税信用管理重在运用，信用级别直接与税收服务管理挂钩，对于A级信用纳税人，税务机关将主动公告名单，增加专用发票用量、普通发票按需领用，企业连续三年获A级信用的，将获得绿色通道或专人协办税事。评为B级信用的纳税人，对其实行正常管理，对C级信用纳税人从严管理。

若被确定为D级纳税信用，将在发票使用、出口退税审核、纳税评估等方面受到严格审核监督，违法处罚幅度将高于其他纳税人。税务机关还会将其名单通报相关部门，建议在经营、投融资、取得政府供应土地、进出口、出入境、注册新公司、工程招投标、政府采购、获得荣誉、安全许可、生产许可、从业任职资格、资质审核等方面予以限制或禁止，使诚实守信者一路绿灯，违法失信者寸步难行！

据了解，《纳税信用管理办法》适用于已办理税务登记，从事生产、经营并实行查账征收的企业纳税人，今后税务总局还将逐步规定扣缴义务人、自然人纳税信用管理办法，省税务机关将制定个体工商户和其他类型纳税人的纳税信用管理办法。

失信约束：重大税收违法案件纳入“黑名单”

如果说《纳税信用管理办法》是在积极探索基础上逐步完善分类管理制度，它偏重于建立守信激励制度，作为纳税信用“黑名单”制度的《重大税收违法案件信息出布办法》则是新推行的失信约束措施。去年底，税务总局就将建立纳税信用“黑名单”制度作为今年的工作重点。

2013年12月26日召开的全国税务工作会议上，税务总局局长王军提出：“探索将偷税、骗税、虚开发票税款超过一定数额的重大税收违法案件，纳入总局网站公告的‘黑名单’，让不法分子畏惧战栗，让心存侥幸者引以为戒，促进社会信用体系建设。”

《重大税收违法案件信息公布办法》是在借鉴政府有关部门的成功做法，同时研究借鉴了美国、日本等国税务机关在这方面的做法经验，在广泛征求各方面意见的基础上形成的。《办法》明确了重大税收违法案件公布原则、公布机关、公布标准、公布内容、惩戒措施、公布期限、异议处理等，并确定了7项税务总局直接公布的“黑名单”标准，如纳税人采取虚假纳税申报、逃避追缴欠税、骗取出口退税等方法，被查补税款金额500万元以上的；虚开增值税专用发票或其他用于骗取出口退税、抵扣税款发票，虚开税款数额1000万元以上，虚开普通发票票面额累计5000万元以上的；以暴力、威胁方法拒不缴纳税款的，违法情节严重、有较大社会影响的税收违法案件。

最令人瞩目的是，“黑名单”不仅公开企业名称、纳税人识别号、组织机构代码、注册地址，主要违法事实，处罚法律依据，行政处理、行政处罚情况，而且将违法企业法定代表人（负责人）、财务人员的姓名、性别、身份号码，以及对重大税收违法案件负有直接责任的中介机构及从业人员的信息一并公布。

《办法》规定，每季度终了30日内，地市级以上税务机关在其门户网站向社会公布重大税收违法案件“黑名单”，并通过报纸、广播、电视、网络媒体和税务公告栏等途径及新闻发布会等形式向社会公布，如果上了“黑名单”，需要自公布之日起满2年了才能从公布栏撤出。纳税信用“黑名单”制度通过向社会公布重大税收违法案件信息，切实发挥群众监督和舆论监督的重要作用，惩戒严重涉税违法行为，提高纳税人依法纳税意识。

为了切实保护纳税人的合法权益，《办法》要求按谁检查、谁负责的原则，由作出行政处理、行政处罚的税务机关对被公布重大税收违法案件的真实性和准确性负责。当事人若对公布内容产生异议，由作出行政处理、行政处罚决定的税务机关负责复核和处理。

中国社科院财经战略研究院税收研究室主任张斌表示，“黑名单”制度把企业纳税信用与法人、财务人员信息“捆绑”起来，既能督促企业建立完善的管理机制，培育诚信企业文化，又以个人诚信推动企业诚信，从而形成了“荣辱与共”的约束机制，是推动社会信用体系建设的创新之举、务实之举。

奖惩联动：科学构建税务领域信用体系

守信激励和失信惩戒机制是社会信用体系运行的核心机制。税务总局“两个办法”明确主动公开A级纳税信用企业，及时曝光典型案件，实现了对守信纳税人的奖励激励与加强对失信纳税人的约束惩戒联动。

刘剑文认为，建立全面、完整、科学的指标评定纳税信用等级，是激励守信企业的重要措施，及时公开税收违法信息惩处失信，同样可以更好地发挥警示和震慑作用，提高纳税人的依法纳税意识和税法遵从度，维护社会公平和法制公平的税收经济秩序，让A级信用纳税人扬眉吐气，让B、C级纳税人自我约束、诚信升级，让D级纳税信用和有重大税收违法行为的企业处处受限、坐卧不安、心惊胆战！

据税务总局稽查局局长马毅民介绍，目前税务机关已建立了信用管理、征收管理、税务稽查互动机制，由征收管理、税务稽查部门及时向信用管理部门提供纳税人信用信息，信用管理部门按月将纳税人月度积分变化送征收管理、税务稽查部门，作为税收风险管理的有效补充。

税务机关还与工商、海关、国土等部门建立多部门、跨地区信用奖惩联动机制，充分运用第三方涉税信息佐证纳税信用。同时将重大税收违法案件信息通报给相关部门实行联合惩戒。使守信者处处受益，让D级信用纳税人和重大税收违法案件的当事人“一处失信，处处受限！”

比如出入境管理对欠缴查补税款未结清或未提供纳税担保的企业有关人员将阻止出境；对于税收违法行为触犯刑律被判处刑罚执行期满没超过五年的人员，工商行政管理部门将限制其担任企业法定代表人、董事、监事、高级管理人员；人民法院对其强制执行的税收行政处罚案件当事人，将纳入失信被执行人名单，采取限制高消费等惩戒措施。

税务总局税收科学研究所所长李万甫表示，税务部门建立健全内部奖惩联动和社会信用奖惩联动机制，使守信者得到激励和奖励，失信者受到制约和惩戒，不仅能够促进纳税人自律，还有助于降低税收成本和社会管理成本。

责任编辑：司徒宇乾

TEXT 8

2017 The responsible persons of the two departments talked about the hot issues in the construction of the Social Credit System https://tinyurl.com/y32dka4t http://www.gov.cn/xinwen/2014-07/09/content_2714861.htm

两部门有关负责人谈社会信用体系建设热点问题
中央政府门户网站　www.gov.cn 2014-07-09 19:14 来源：新华社
【字体: 大 中 小】打印本页
分享

新华社北京7月9日电　(记者 安蓓、赵超) 国务院日前印发《社会信用体系建设规划纲要（2014－2020年）》，这是我国首部国家级的社会信用体系建设专项规划。

发展改革委及人民银行相关负责人9日就加快社会信用体系建设有关热点问题回答了记者提问。

信用立法已列入国家立法规划

根据《纲要》，我国将重点推进政务诚信、商务诚信、社会诚信和司法公信四个领域的信用建设。

发展改革委财政金融司司长田锦尘说，为推进社会信用体系建设，国家成立了社会信用体系建设部际联席会议机制，由发展改革委和中国人民银行共同牵头。

他说，在部际联席会议机制的推动下，十二届全国人大已将社会信用立法项目列入立法规划。此外，为推动建立统一社会信用代码制度，公安部牵头提出以身份证号为基础的公民统一代码方案，发展改革委和有关部门正研究制定法人和其他组织统一代码方案。

他说，在部际联席会议框架下，已建立有25个部门参与的信用信息共建共享机制，成立了规章研究、标准化、需求协调、共享技术和联合惩戒5个工作小组。为推动国家统一的信用信息平台建设，正研究组建信用中国网站，网站域名申请工作已经完成。

建立社会信用黑名单制度和市场退出机制

守信激励和失信惩戒机制是社会信用体系建设的关键。田锦尘说，加大对守信行为的奖励表彰，通过新闻媒体广泛宣传，营造守信光荣的舆论氛围。各级政府在市场监管和公共服务中要深化信用信息和信用产品应用，对诚实守信的自然人和市场主体给予一定奖励，包括优先办理、简化程序、绿色通道等激励政策。

他说，惩戒措施主要分四个方面：一是行政监管性的约束和惩戒。建立各行业黑名单制度和市场退出机制。推动各级政府在市场准入、资质认定、行政审批、政策扶持等方面实施信用分类监管，结合监管对象的失信类别和程度施以惩戒。逐步建立行政许可申请人的信用承诺制度，并开展申请人信用审查，确保申请人在政府推荐的征信机构中有信用记录，配合征信机构开展信用信息采集工作。

二是市场化的惩戒和约束。制定信用基准的评价指标体系和评价方法，完善失信信用记录和披露制度，使失信者在市场交易中受到制约和限制。

三是行业性的约束和惩戒。通过行业协会制定行业自律规则并监督会员遵守，对违规失信者，按照情节轻重，实行行业内警告、通报批评、公开谴责等惩戒措施。

四是社会性的约束和惩戒。完善社会舆论监督机制，加强对失信行为的披露和曝光，通过社会道德谴责形成震慑力，约束社会成员失信行为。

"通过建立守信激励和失信惩戒机制，营造守信者处处受益、失信者寸步难行的良好社会氛围，提高全社会的诚信水平。"田锦尘说。

依法依规保护信息主体权益

信息主体的权益保护，是社会信用体系建设的重要问题。田锦尘说，信息的使用一定要建立在依法依规基础上，要对个人信用信息严格保护，并建立信用信息分类分级管理制度，在确保每个主体合法权益的基础上，共享信用信息。

中国人民银行征信管理局副局长张子红说，要健全信用信息主体权益保护机制，发挥行政监管、行业自律和社会监督各方面作用，综合运用法律、经济和行政手段加强保护。

他指出，要建立自我纠错、自动更新的社会鼓励和关爱机制，以建立针对未成年人失信行为的教育机制为重点，通过对悔过改正旧有轻微失信行为的社会成员给予适当保护，形成守信正向激励机制。
此外，建立信用信息侵权责任追究机制，制定信息的异议处理、投诉办理、诉讼管理制度及操作细则，并加大执法力度。

责任编辑： 司徒宇乾

TEXT 9

20160612 State Council Guiding Opinions concerning Establishing and Perfecting Incentives for Promise-keeping and Joint Punishment Systems for Trust-Breaking, and Accelerating the Construction of Social Sincerity

国务院关于建立完善守信联合激励和失信联合惩戒制度加快推进社会诚信建设的指导意见

http://www.gov.cn/zhengce/content/2016-06/12/content_5081222.htm

索引号:	000014349/2016-00117	主题分类:	财政、金融、审计\社会信用体系建设
发文机关:	国务院	成文日期:	2016年05月30日
标题:	国务院关于建立完善守信联合激励和失信联合惩戒制度加快推进社会诚信建设的指导意见		
发文字号:	国发〔2016〕33号	发布日期:	2016年06月12日
主题词:			

国务院关于建立完善
守信联合激励和失信联合惩戒制度
加快推进社会诚信建设的指导意见
国发〔2016〕33号

各省、自治区、直辖市人民政府,国务院各部委、各直属机构:

健全社会信用体系,加快构建以信用为核心的新型市场监管体制,有利于进一步推动简政放权和政府职能转变,营造公平诚信的市场环境。为建立完善守信联合激励和失信联合惩戒制度,加快推进社会诚信建设,现提出如下意见。

一、总体要求

(一)指导思想。

全面贯彻党的十八大和十八届三中、四中、五中全会精神,深入贯彻习近平总书记系列重要讲话精神,按照党中央、国务院决策部署,紧紧围绕"四个全面"战略布局,牢固树立创新、协调、绿色、开放、共享发展理念,落实加强和创新社会治理要求，加快推进社会信用体系建设，加强信用信息公开和共享，依法依规运用信用激励和约束手段，构建政府、社会共同参与的跨地区、跨部门、跨领域的守信联合激励和失信联合惩戒机制，促进市场主体依法诚信经营，维护市场正常秩序，营造诚信社会环境。

（二）基本原则。

——褒扬诚信，惩戒失信。充分运用信用激励和约束手段，加大对诚信主体激励和对严重失信主体惩戒力度，让守信者受益、失信者受限，形成褒扬诚信、惩戒失信的制度机制。

——部门联动，社会协同。通过信用信息公开和共享，建立跨地区、跨部门、跨领域的联合激励与惩戒机制，形成政府部门协同联动、行业组织自律管理、信用服务机构积极参与、社会舆论广泛监督的共同治理格局。

——依法依规，保护权益。严格依照法律法规和政策规定，科学界定守信和失信行为，开展守信联合激励和失信联合惩戒。建立健全信用修复、异议申诉等机制，保护当事人合法权益。

——突出重点，统筹推进。坚持问题导向，着力解决当前危害公共利益和公共安全、人民群众反映强烈、对经济社会发展造成重大负面影响的重点领域失信问题。鼓励支持地方人民政府和有关部门创新示范，逐步将守信激励和失信惩戒机制推广到经济社会各领域。

二、健全褒扬和激励诚信行为机制

（三）多渠道选树诚信典型。将有关部门和社会组织实施信用分类监管确定的信用状况良好的行政相对人、诚信道德模范、优秀青年志愿者，行业协会商会推荐的诚信会员，新闻媒体挖掘的诚信主体等树立为诚信典型。鼓励有关部门和社会组织在监管和服务中建立各类主体信用记录，向社会推介无不良信用记录者和有关诚信典型，联合其他部门和社会组织实施守信激励。鼓励行业协会商会完善会员企业信用评价机制。引导企业主动发布综合信用承诺或产品服务质量等专项承诺，开展产品服务标准等自我声明公开，接受社会监督，形成企业争做诚信模范的良好氛围。

（四）探索建立行政审批“绿色通道”。在办理行政许可过程中，对诚信典型和连续三年无不良信用记录的行政相对人，可根据实际情况实施“绿色通道”和“容缺受理”等便利服务措施。对符合条件的行政相对人，除法律法规要求提供的材料外，部分申报材料不齐备的，如其书面承诺在规定期限内提供，应先行受理，加快办理进度。

（五）优先提供公共服务便利。在实施财政性资金项目安排、招商引资配套优惠政策等各类政府优惠政策中，优先考虑诚信市场主体，加大扶持力度。在教育、就业、创业、社会保障等领域对诚信个人给予重点支持和优先便利。在有关公共资源交易活动中，提倡依法依约对诚信市场主体采取信用加分等措施。

（六）优化诚信企业行政监管安排。各级市场监管部门应根据监管对象的信用记录和信用评价分类，注重运用大数据手段，完善事中事后监管措施，为市场主体提供便利化服务。对符合一定条件的诚信企业，在日常检查、专项检查中优化检查频次。

（七）降低市场交易成本。鼓励有关部门和单位开发“税易贷”、“信易贷”、“信易债”等守信激励产品，引导金融机构和商业销售机构等市场服务机构参考使用市场主体信用信息、信用积分和信用评价结果，对诚信市场主体给予优惠和便利，使守信者在市场中获得更多机会和实惠。

（八）大力推介诚信市场主体。各级人民政府有关部门应将诚信市场主体优良信用信息及时在政府网站和“信用中国”网站进行公示，在会展、银企对接等活动中重点推介诚信企业，让信用成为市场配置资源的重要考量因素。引导征信机构加强对市场主体正面信息的采集，在诚信问题反映较为集中的行业领域，对守信者加大激励性评分比重。推动行业协会商会加强诚信建设和行业自律，表彰诚信会员，讲好行业“诚信故事”。

三、健全约束和惩戒失信行为机制

（九）对重点领域和严重失信行为实施联合惩戒。在有关部门和社会组织依法依规对本领域失信行为作出处理和评价基础上，通过信息共享，推动其他部门和社会组织依法依规对严重失信行为采取联合惩戒措施。重点包括：一是严重危害人民群众身体健康和生命安全的行为，包括食品药品、生态环境、工程质量、安全生产、消防安全、强制性产品认证等领域的严重失信行为。二是严重破坏市场公平竞争秩序和社会正常秩序的行为，包括贿赂、逃税骗税、恶意逃废债务、恶意拖欠货款或服务费、恶意欠薪、非法集资、合同欺诈、传销、无证照经营、制售假冒伪劣产品和故意侵犯知识产权、出借和借用资质投标、围标串标、虚假广告、侵害消费者或证券期货投资者合法权益、严重破坏网络空间传播秩序、聚众扰乱社会秩序等严重失信行为。三是拒不履行法定义务，严重影响司法机关、行政机关公信力的行为，包括当事人在司法机关、行政机关作出判决或决定后，有履行能力但拒不履行、逃避执行等严重失信行为。四是拒不履行国防义务，拒绝、逃避兵役，拒绝、拖延民用资源征用或者阻碍对被征用的民用资源进行改造，危害国防利益，破坏国防设施等行为。

（十）依法依规加强对失信行为的行政性约束和惩戒。对严重失信主体，各地区、各有关部门应将其列为重点监管对象，依法依规采取行政性约束和惩戒措施。从严审核行政许可审批项目，从严控制生产许可证发放，限制新增项目审批、核准，限制股票发行上市融资或发行债券，限制在全国股份转让系统挂牌、融资，限制发起设立或参股金融机构以及小额贷款公司、融资担保公司、创业投资公司、互联网融资平台等机构，限制从事互联网信息服务等。严格限制申请财政性资金项目，限制参与有关公共资源交易活动，限制参与基础设施和公用事业特许经营。对严重失信企业及其法定代表人、主要负责人和对失信行为负有直接责任的注册执业人员等实施市场和行业禁入措施。及时撤销严重失信企业及其法定代表人、负责人、高级管理人员和对失信行为负有直接责任的董事、股东等人员的荣誉称号，取消参加评先评优资格。

（十一）加强对失信行为的市场性约束和惩戒。对严重失信主体，有关部门和机构应以统一社会信用代码为索引，及时公开披露相关信息，便于市场识别失信行为，防范信用风险。督促有关企业和个人履行法定义务，对有履行能力但拒不履行的严重失信主体实施限制出境和限制购买不动产、乘坐飞机、乘坐高等级列车和席次、旅游度假、入住星级以上宾馆及其他高消费行为等措施。支持征信机构采集严重失信行为信息，纳入信用记录和信用报告。引导商业银行、证券期货经营机构、保险公司等金融机构按照风险定价原则，对严重失信主体提高贷款利率和财产保险费率，或者限制向其提供贷款、保荐、承销、保险等服务。

（十二）加强对失信行为的行业性约束和惩戒。建立健全行业自律公约和职业道德准则，推动行业信用建设。引导行业协会商会完善行业内部信用信息采集、共享机制，将严重失信行为记入会员信用档案。鼓励行业协会商会与有资质的第三方信用服务机构合作，开展会员企业信用等级评价。支持行业协会商会按照行业标准、行规、行约等，视情节轻重对失信会员实行警告、行业内通报批评、公开谴责、不予接纳、劝退等惩戒措施。

（十三）加强对失信行为的社会性约束和惩戒。充分发挥各类社会组织作用，引导社会力量广泛参与失信联合惩戒。建立完善失信举报制度，鼓励公众举报企业严重失信行为，对举报人信息严格保密。支持有关社会组织依法对污染环境、侵害消费者或公众投资者合法权益等群体性侵权行为提起公益诉讼。鼓励公正、独立、有条件的社会机构开展失信行为大数据舆情监测，编制发布地区、行业信用分析报告。

（十四）完善个人信用记录，推动联合惩戒措施落实到人。对企事业单位严重失信行为，在记入企事业单位信用记录的同时，记入其法定代表人、主要负责人和其他负有直接责任人员的个人信用记录。在对失信企事业单位进行联合惩戒的同时，依照法律法规和政策规定对相关责任人员采取相应的联合惩戒措施。通过建立完整的个人信用记录数据库及联合惩戒机制，使失信惩戒措施落实到人。

四、构建守信联合激励和失信联合惩戒协同机制

（十五）建立触发反馈机制。在社会信用体系建设部际联席会议制度下，建立守信联合激励和失信联合惩戒的发起与响应机制。各领域守信联合激励和失信联合惩戒的发起部门负责确定激励和惩戒对象，实施部门负责对有关主体采取相应的联合激励和联合惩戒措施。

（十六）实施部省协同和跨区域联动。鼓励各地区对本行政区域内确定的诚信典型和严重失信主体，发起部省协同和跨区域联合激励与惩戒。充分发挥社会信用体系建设部际联席会议制度的指导作用，建立健全跨地区、跨部门、跨领域的信用体系建设合作机制，加强信用信息共享和信用评价结

果互认。

(十七) 建立健全信用信息公示机制。推动政务信用信息公开, 全面落实行政许可和行政处罚信息上网公开制度。除法律法规另有规定外, 县级以上人民政府及其部门要将各类自然人、法人和其他组织的行政许可、行政处罚等信息在7个工作日内通过政府网站公开, 并及时归集至"信用中国"网站, 为社会提供"一站式"查询服务。涉及企业的相关信息按照企业信息公示暂行条例规定在企业信用信息公示系统公示。推动司法机关在"信用中国"网站公示司法判决、失信被执行人名单等信用信息。

(十八) 建立健全信用信息归集共享和使用机制。依托国家电子政务外网, 建立全国信用信息共享平台, 发挥信用信息归集共享枢纽作用。加快建立健全各省 (区、市) 信用信息共享平台和各行业信用信息系统, 推动青年志愿者信用信息系统等项目建设, 归集整合本地区、本行业信用信息, 与全国信用信息共享平台实现互联互通和信息共享。依托全国信用信息共享平台, 根据有关部门签署的合作备忘录, 建立守信联合激励和失信联合惩戒的信用信息管理系统, 实现发起响应、信息推送、执行反馈、信用修复、异议处理等动态协同功能。各级人民政府及其部门应将全国信用信息共享平台信用信息查询使用嵌入审批、监管工作流程中, 确保"应查必查"、"奖惩到位"。健全政府与征信机构、金融机构、行业协会商会等组织的信息共享机制, 促进政务信用信息与社会信用信息互动融合, 最大限度发挥守信联合激励和失信联合惩戒作用。

(十九) 规范信用红黑名单制度。不断完善诚信典型"红名单"制度和严重失信主体"黑名单"制度, 依法依规规范各领域红黑名单产生和发布行为, 建立健全退出机制。在保证独立、公正、客观前提下, 鼓励有关群众团体、金融机构、征信机构、评级机构、行业协会商会等将产生的"红名单"和"黑名单"信息提供给政府部门参考使用。

(二十) 建立激励和惩戒措施清单制度。在有关领域合作备忘录基础上, 梳理法律法规和政策规定明确的联合激励和惩戒事项, 建立守信联合激励和失信联合惩戒措施清单, 主要分为两类: 一类是强制性措施, 即依法必须联合执行的激励和惩戒措施; 另一类是推荐性措施, 即由参与各方推荐的, 符合褒扬诚信、惩戒失信政策导向，各地区、各部门可根据实际情况实施的措施。社会信用体系建设部际联席会议应总结经验，不断完善两类措施清单，并推动相关法律法规建设。

（二十一）建立健全信用修复机制。联合惩戒措施的发起部门和实施部门应按照法律法规和政策规定明确各类失信行为的联合惩戒期限。在规定期限内纠正失信行为、消除不良影响的，不再作为联合惩戒对象。建立有利于自我纠错、主动自新的社会鼓励与关爱机制，支持有失信行为的个人通过社会公益服务等方式修复个人信用。

（二十二）建立健全信用主体权益保护机制。建立健全信用信息异议、投诉制度。有关部门和单位在执行失信联合惩戒措施时主动发现、经市场主体提出异议申请或投诉发现信息不实的，应及时告知信息提供单位核实，信息提供单位应尽快核实并反馈。联合惩戒措施在信息核实期间暂不执行。经核实有误的信息应及时更正或撤销。因错误采取联合惩戒措施损害有关主体合法权益的，有关部门和单位应积极采取措施恢复其信誉、消除不良影响。支持有关主体通过行政复议、行政诉讼等方式维护自身合法权益。

（二十三）建立跟踪问效机制。各地区、各有关部门要建立完善信用联合激励惩戒工作的各项制度，充分利用全国信用信息共享平台的相关信用信息管理系统，建立健全信用联合激励惩戒的跟踪、监测、统计、评估机制并建立相应的督查、考核制度。对信用信息归集、共享和激励惩戒措施落实不力的部门和单位，进行通报和督促整改，切实把各项联合激励和联合惩戒措施落到实处。

五、加强法规制度和诚信文化建设

（二十四）完善相关法律法规。继续研究论证社会信用领域立法。加快研究推进信用信息归集、共享、公开和使用，以及失信行为联合惩戒等方面的立法工作。按照强化信用约束和协同监管要求，各地区、各部门应对现行法律、法规、规章和规范性文件有关规定提出修订建议或进行有针对性的修改。

（二十五）建立健全标准规范。制定信用信息采集、存储、共享、公开、使用和信用评价、信用分类管理等标准。确定各级信用信息共享平台建设规范，统一数据格式、数据接口等技术要求。各地区、各部门要结合实际，制定信用信息归集、共享、公开、使用和守信联合激励、失信联合惩戒的工作流程和操作规范。

（二十六）加强诚信教育和诚信文化建设。组织社会各方面力量，引导广大市场主体依法诚信经营，树立"诚信兴商"理念，组织新闻媒体多渠道宣传诚信企业和个人，营造浓厚社会氛围。加强对失信行为的道德约束，完善社会舆论监督机制，通过报刊、广播、电视、网络等媒体加大对失信主体的监督力度，依法曝光社会影响恶劣、情节严重的失信案件，开展群众评议、讨论、批评等活动，形成对严重失信行为的舆论压力和道德约束。通过学校、单位、社区、家庭等，加强对失信个人的教育和帮助，引导其及时纠正失信行为。加强对企业负责人、学生和青年群体的诚信宣传教育，加强会计审计人员、导游、保险经纪人、公职人员等重点人群以诚信为重要内容的职业道德建设。加大对守信联合激励和失信联合惩戒的宣传报道和案例剖析力度，弘扬社会主义核心价值观。

（二十七）加强组织实施和督促检查。各地区、各有关部门要把实施守信联合激励和失信联合惩戒作为推进社会信用体系建设的重要举措，认真贯彻落实本意见并制定具体实施方案，切实加强组织领导，落实工作机构、人员编制、项目经费等必要保障，确保各项联合激励和联合惩戒措施落实到位。鼓励有关地区和部门先行先试，通过签署合作备忘录或出台规范性文件等多种方式，建立长效机制，不断丰富信用激励内容，强化信用约束措施。国家发展改革委要加强统筹协调，及时跟踪掌握工作进展，督促检查任务落实情况并报告国务院。

国务院

2016年5月30日

（此件公开发布）

TEXT 10

20230614 www.ndrc.gov.cn/zcfb/zcfbtz/201803/t20180316_879618.html

关于在一定期限内适当限制特定严重失信人
乘坐火车 推动社会信用体系建设的意见

发改财金〔2018〕384号

各省、自治区、直辖市、新疆生产建设兵团社会信用体系建设牵头单位、文明办、高级人民法院、财政厅（局）、人力资源社会保障厅（局）、国家税务局、地方税务局，中国证监会各派出机构，铁路运输企业、铁科院、各铁路公安局：

为深入学习贯彻习近平新时代中国特色社会主义思想和党的十九大精神，落实习近平总书记关于构建"一处失信、处处受限"信用惩戒大格局的重要指示，按照《国务院关于建立完善守信联合激励和失信联合惩戒制度加快推进社会诚信建设的指导意见》（国发〔2016〕33号）要求，防范部分旅客违法失信行为对铁路运行安全的不利影响，进一步加大对其他领域严重违法失信行为的惩戒力度，现就限制特定严重失信人乘坐火车提出以下意见。

一、限制范围

（一）严重影响铁路运行安全和生产安全有关的行为责任人被公安机关处罚或铁路站车单位认定的

1.扰乱铁路站车运输秩序且危及铁路安全、造成严重社会不良影响的；

2.在动车组列车上吸烟或者在其他列车的禁烟区域吸烟的；

3.查处的倒卖车票、制贩假票的；

4.冒用优惠（待）身份证件、使用伪造或无效优惠（待）身份证件购票乘车的；

5.持伪造、过期等无效车票或冒用挂失补车票乘车的；

6.无票乘车、越站（席）乘车且拒不补票的；

7.依据相关法律法规应予以行政处罚的。

对上述行为责任人限制乘坐火车。

（二）其他领域的严重违法失信行为有关责任人

1.有履行能力但拒不履行的重大税收违法案件当事人；

2.在财政性资金管理使用领域中存在弄虚作假、虚报冒领、骗取套取、截留挪用、拖欠国际金融组织和外国政府到期债务的严重失信行为责任人；

3.在社会保险领域中存在以下情形的严重失信行为责任人：用人单位未按相关规定参加社会保险且拒不整改的；用人单位未如实申报社会保险缴费基数且拒不整改的；应缴纳社会保险费且具备缴纳能力但拒不缴纳的；隐匿、转移、侵占、挪用社会保险基金或者违规投资运营的；以欺诈、伪造证明材料或者其他手段骗取社会保险待遇的；社会保险服务机构违反服务协议或相关规定的；拒绝协助社会保险行政部门对事故和问题进行调查核实的；

4.证券、期货违法被处以罚没款，逾期未缴纳的；上市公司相关责任主体逾期不履行公开承诺的；

5.被人民法院按照有关规定依法采取限制消费措施，或依法纳入失信被执行名单的；

6.相关部门认定的其他限制乘坐火车高级别席位的严重失信行为责任人，相关部门加入本文件的，应当通过修改本文件的方式予以明确。

对上述行为责任人限制乘坐火车高级别席位，包括列车软卧、G字头动车组列车全部座位、其他动车组列车一等座以上座位。

二、信息采集

（一）铁路旅客相关失信信息采集

在铁路站车发生上述行为，被公安机关予以行政处罚或立为刑事案件的，由相关铁路公安局通报相关铁路局集团有限公司，并纳入惩戒名单。未被公安机关处理的上述行为，由铁路站车工作人员收集有关音视频证据或2名旅客以上的证人证言或行为责任人本人书面证明，报铁路运输企业审核、认定后，纳入惩戒名单。

（二）其他领域相关失信信息采集

国家发展改革委、最高人民法院、财政部、人力资源社会保障部、税务总局、证监会将本部门确定的因发生严重失信行为需要纳入限制乘火车高级别席位的名单归集至全国信用信息共享平台，由平台推送给铁路总公司，由其按国家规定程序纳入限制乘火车高级别席位名单。如果之前已和铁路总公司建立数据传输通道的、实现名单信息共享的，可以保持原数据传统通道和信息共享方式，全国信用信息共享平台不再重复推送名单信息。

向铁路总公司提供的名单信息应当包括：被列入限制乘火车高级别席位名单人员的姓名、旅行证件号码、列入原因，有作为依据的法律文书的，还应当提供该法律文书的名称与编号。有关部门应当确定名单异议处理人，并通报铁路总公司。

三、发布执行和权利救济

各铁路运输企业每月第一个工作日在中国铁路客户服务中心（12306）网站、“信用中国”网站发布限制购买车票人员名单的完整信息，有关部门的异议处理人联系方式应当同时公布。名单自发布之日起7个工作日为公示期，公示期内，被公示人可通过铁路“12306”客服电话或向有关部门提出异议，公示期满，被公示人未提出异议或者提出异议经审查未予支持的，各铁路运输企业开始按照公示名单执行惩戒措施。被纳入限制购买车票名单的人员认为纳入错误的，可以向有关机关、单位提起复核。

四、移除机制

对特定严重失信人在一定期限内适当限制乘坐火车。相关主体从限制乘火车人员名单中移除后，不再对其采取限制乘火车措施，具体移除办法如下：

（一）行为责任人发生严重影响铁路运行安全和生产安全有关行为第1～3、7条的，各铁路运输企业限制其购买车票，有效期为180天，自公布期满无有效异议之日起计算，180天期满自动移除，铁路运输企业对其恢复发售车票。

（二）行为责任人发生严重影响铁路运行安全和生产安全有关的行为第4～6条的，各铁路运输企业限制其购买车票。行为责任人补齐所欠票款后（自补票次日算起），铁路运输企业恢复发售车票；行为责任人补齐第一次所欠票款一年内，三次发生上述4～6条行为的，行为责任人补齐所欠票款90天后（含90天），铁路运输企业恢复发售车票，不补齐所欠票款，铁路运输企业不对其恢复发售车票。

（三）其他领域产生的限制乘坐火车高级别席位的相关人

员名单，有效期为一年，自公示期满之日起计算，一年期满自动移除；在有效期内，其法定义务履行完毕的，有关部门应当在7个工作日内通知铁路总公司移除名单。

五、诉讼指导

最高人民法院加强对各级人民法院指导，依法处理因执行限制乘坐火车名单而引发的有关民事诉讼和行政诉讼，明确审理标准，公正司法，维护各方合法权益。

六、宣传工作

各相关部门及各铁路运输企业应当借助各类媒体平台，发挥舆论的宣传引导作用，大力开展铁路信用宣传普及教育活动。利用“诚信活动周”“安全生产月”“诚信兴商宣传月”“3·15国际消费者权益保护日”“6·14信用记录关爱日”“12·4全国法制宣传日”等公益活动，有步骤、有重点地介绍宣传限制乘坐火车制度的内容和实施情况，帮助广大社会公众熟悉并监督这一制度的实施。

本通知自2018年5月1日起实施。

国家发展改革委
中 央 文 明 办
最高人民法院
财　　政　　部
人力资源社会保障部
税　务　总　局
证　　监　　会
铁 路 总 公 司
2018年3月2日

TEXT 11

20180601 First list of flight bans on the CreditChina website (2018)

http://www.gov.cn/xinwen/2018-06/01/content_5295292.htm

首批限制乘坐火车飞机名单在“信用中国”网站公示

2018-06-01 10:54 来源: 信用中国

【字体: 大 中 小】打印

6月1日，首批限制乘坐火车飞机名单在“信用中国”网站公示。公示名单共包含169人，其中国家税务总局提供21人，主要涉及不缴或少缴应纳税款、非法取得增值税进项发票等；证监会提供31人，涉及逾期不履行证券期货行政罚没款缴纳义务和上市公司相关责任主体逾期不履行公开承诺；民航局提供86人，主要涉及因在飞机上寻衅滋事、在机场安检中堵塞、强占、冲击安检通道以及殴打他人、在机场安检中查出随身携带国家法律、法规规定的危险品（藏匿打火机）等被处以行政处罚；铁路总公司提供31人，主要涉及在动车组列车上吸烟或者在其他列车的禁烟区域吸烟，无票乘车、越站（席）乘车且拒不补票等。公众可点击https://hmd.creditchina.gov.cn/查看。

据悉，今年3月，国家发改委、铁路总公司、民航局等部门联合发布的《关于在一定期限内适当限制特定严重失信人乘坐火车推动社会信用体系建设的意见》和《关于在一定期限内适当限制特定严重失信人乘坐民用航空器 推动社会信用体系建设的意见》从5月1日起开始实施。文件明确，名单自发布之日起7个工作日为公示期，公示期内，被公示人可向有关部门提出异议，公示期满，被公示人未提出异议或者提出异议经审查未予支持的，相关部门按照公示名单执行惩戒措施。今后将在每月第一个工作日公布限制名单。

【我要纠错】 责任编辑: 宋岩

TEXT 12

http://www.xinhuanet.com/2018-06/04/c_1122931164.htm

20180604 Das Social Credit System unter der Lupe: Bist du bereit für den Beginn der SCS-Gesellschaft?

观察社会信用体系: 信用社会来临, 你准备好了吗

2018-06-04 08:06:09 来源: 人民日报

统一社会信用代码制度全面实施, 全国信用信息共享平台实现了与44个部委、全国31个省区市和65家市场机构互联互通, 守信联合激励和失信联合惩戒机制初步形成……当前, 社会信用体系建设迎来了全面发力、全面渗透、全面提升、组合推动的新阶段。我国信用社会建设经历了怎样的过程? 发挥了什么作用? 未来如何完善?

近日, 证监会将第一批特定严重失信人名单报送铁路和民航部门, 对"逾期不履行公开承诺的上市公司相关责任主体"和"逾期不履行证券期货行政罚没款缴纳义务当事人"这两类资本市场"老赖"进行联合惩戒。相关名单已于6月1日在"信用中国"网站发布, 公示期满后将由铁路和民航部门对名单主体采取惩戒措施, 在1年内限制其乘坐火车高级别席位和民用航空器。

信用代码、黑名单、联合惩戒……近年来, 这样的词汇和人们日常生活联系越来越多, 信用逐渐跟每一个人息息相关。不久前, 信用体系建设又有新举措, 国家发改委会同相关部门联合印发了三个信用惩戒文件, 扩大了限制乘坐火车、民用航空器的失信人的范围, 新增限制不动产交易等措施扩大对失信人的惩戒力度。一个"守信者处处便利, 失信者处处难行"信用大格局正在逐步构建成形。

99.8%

全国法人和非法人组织存量代码转换率

信用"身份证"基本全覆盖

“统一社会信用代码制度全面实施。已实现存量代码转换基本到位，新增主体赋码全覆盖。”国家发改委新闻发言人严鹏程日前表示，截至今年3月底，全国法人和非法人组织存量代码转换率为99.8%，存量证照换发率82%；全国个体工商户存量换码率95%。

统一社会信用代码，相当于法人和其他组织的“身份证号”，是推动社会信用体系建设的基础。据国家发改委财金司司长陈洪宛介绍，统一社会信用代码制度改革前，我国原有的机构代码不统一，分散在多个部门，缺乏有效协调管理和信息共享的工作机制，大多数代码仅应用于各部门内部管理，一些部门信息数据共享不畅。“通过统一社会信用代码，可以将分散在各地区、各部门、各领域的信用记录归集整合到当事主体的名下，形成完整统一的市场主体信用档案，政府部门、社会公众通过代码可以有效识别主体身份，并对信息进行关联比对分析，为褒扬诚信、惩戒失信创造了条件。” 陈洪宛表示。

统一社会信用代码还有利于进一步推动“放管服”改革。陈洪宛表示，统一社会信用代码是推动商事制度改革，实现“三证合一”“一照一码”的基础和前提。改革后，多码改为一码、多次办理改为一次办理，简化了办事手续，节省了时间和费用，将进一步激发市场创新创业动力。同时，通过统一社会信用代码，推动各地区、各部门信息共享，并与社会和市场各方面信息交换整合，形成可供利用的大数据资源，为政府监管和服务提供支撑保障。

存量代码转换率99.8%之外，增量市场主体也实现了全覆盖，目前市场主体从注册登记源头就被赋予统一的社会信用代码。同时，代码应用也正在顺利推进，自2018年6月30日起，机关事业单位、社会团体、基金会等组织机构代码证和未加载统一社会信用代码的登记证照停止使用，改为使用由相关登记管理部门制发的加载统一社会信用代码的等级证照。

165亿条

全国信用信息共享平台归集信用信息量

打破政务信用信息孤岛

信用代码基本实现全覆盖，那么如何整理集纳这些信用信息呢？早在2015年，信用信息的载体——全国信用信息共享平台启动建设，目前平台实现了与44个部委、全国31个省区市和65家市场机构互联互通，归集信用信息超过165亿条。

据介绍，平台实现了三项功能：一是共享交换功能。平台与各部门和地区，通过目录清单按照授权查找、浏览、批量获取信用信息实现共享。二是信息档案查询和系统嵌入功能。将归集的各部门、各地区信用信息进行清洗比对，通过已经实施的统一社会信用代码制度记录于同一个主体名下，生成关于某一主体的全景式信用信息报告，各接入单位可进行信息查询，或打印和下载信用报告。此外，也可通过接口方式将信用档案查询功能嵌入到部门行政审批系统或业务系统中，实施逢办必查、逢报必查，为审批和监管提供信息化支撑。三是守信联合激励和失信联合惩戒功能。设计了主体信息共享、信息比对、数据推送、守信和失信“红黑名单”信息联动、奖惩措施效果统计和反馈等功能。

“平台有效打破了政务信用信息孤岛，提高事中事后协同监管效率，并且为联合奖惩工作提供了发起、响应、效果反馈等功能，有力支撑了守信联合激励和失信联合惩戒措施的落实。”陈洪宛说。

信用信息平台不仅为政府部门工作提供便利，也为老百姓生活提供服务。依托全国信用信息共享平台，“信用中国”网站同步建设，推动了信用信息的公开。社会公众可以在网站上或者手机上查询企业及相关组织的基础信息，查询有过失信记录和受到多部门联合惩戒的失信‘黑名单’信息以及行政许可、行政处罚等信息，了解不同城市的信用状况，查看信用工作相关动态和行业资讯等。

自2015年6月1日上线以来，全国信用信息共享平台已通过"信用中国"网站信息公示栏目上线27类公示信息，其中行政许可和行政处罚信息数量超过7200万。

平台建设越来越完善，应用场景也越来越丰富。比如信用状况良好的小微企业，可以参与平台与工商银行合作的"信易贷"项目。目前"信易贷"已经为18家企业提供1.5亿元贷款，还将不断拓展与金融机构的合作面，提供更多普惠金融产品。未来，守信主体还能享受更加高效便捷的出行服务。目前平台正在依托滴滴出行开展首批"信易行"试点，未来将逐步将"信易行"拓展至摩拜、神州租车等共享经济出行企业业务范围。

目前全国信用信息共享平台已与63家市场机构签订信用信息共享协议，包括工商银行、建设银行、阿里巴巴、京东、滴滴出行、美团点评等。

100多项

联合奖惩措施

完善信用体系顶层设计

随着信用代码、信用信息平台的建设完善，守信联合激励和失信联合惩戒这一社会信用体系建设的核心机制逐步发挥越来越强的效用。

截至目前，国家发改委联合有关部门已签署联合奖惩合作备忘录36个，制定联合奖惩措施100多项，初步建立起"发起—响应—反馈"机制。比如在守信联合激励方面，2017年，税务部门向85万户次A级纳税人提供了绿色通道或专门人员帮助办理涉税事项；在失信联合惩戒方面，截至2018年4月，限制失信被执行人购买机票1088.8万人次，限制购买软卧、动车组列车票416.4万人次，200多万失信被执行人慑于信用惩戒主动履行义务。

“未来要健全覆盖全社会的联合奖惩大格局。” 陈洪宛介绍, 今后守信联合激励和失信联合惩戒将推进重点领域全覆盖, 各地方各行业要出台红黑名单管理办法, 规范各领域红黑名单的认定、奖惩、修复和退出。同时, 开展重点职业人群的个人信息采集, 完善个人诚信记录形成机制。

社会信用体系建设迎来了全面发力、全面渗透、全面提升、组合推动的新阶段。陈洪宛透露, 下一步将加快推进信用立法和标准体系建设, 完善社会信用体系建设顶层设计, 鼓励各地方各部门制定地方性、行业性信用法律法规, 健全国家和地方层面的信用标准体系。

+1
社会信用体系信用信息
【纠错】 责任编辑: 李海韵

观察社会信用体系: 信用社会来临, 你准备好了吗

TEXT 13

20171205 Differences and Connections between the Credit Information System and the Social Credit System (2017) www.creditchina.gov.cn/xinyongyanjiu/yanjiuxinyongzhishi/201712/t20171205_98395.html

征信体系是指采集、加工、分析和对外提供社会主体信用信息服务的相关制度与措施的总称，包括征信制度、信息采集、征信机构和信息市场、征信产品与服务、征信监管等方面，其目的是在保护信息主体权益的基础上，构建完善的制度与安排，促进征信业健康发展。

社会信用体系是指为促进社会各方信用承诺而进行的一系列安排的总称，包括制度安排，信用信息的记录、采集和披露机制，采集和发布信用信息的机构和市场安排，监管体制、宣传教育安排等各个方面或各个小体系，其最终目标是形成良好的社会信用环境。社会信用体系是一种社会机制，以法律和道德为基础，通过对失信行为的记录披露、传播、预警等功能，解决经济和社会生活中信用信息不对称的矛盾，从而惩戒失信行为，褒扬诚实守信，维护经济活动和社会生活的正常秩序，促进经济和社会的健康发展。

征信体系建设是社会信用体系建设的重要内容和核心环节。社会信用体系是目的，征信体系是手段。征信体系建设的主要作用是通过提供信用信息产品，使金融交易中的授信方或金融产品购买方能够了解信用申请人或产品出售方的资信状况，从而防范信用风险。同时，通过准确识别企业、个人身份，保存其信用记录，有助于形成促使企业、个人保持良好信用记录的约束力。社会信用体系建设的内容更广泛，除征信体系建设外，其他部门如质检、税务等对本行业内部的市场行为进行惩戒和表彰奖励等都属于社会信用体系的建设内容。

TEXT 14

20190518 Entry »Social Credit System« in Baidu Baike, the PRC pendant to Wikipedia

https://baike.baidu.com/item/%E7%A4%BE%E4%BC%9A%E4%BF%A1%E7%94%A8%E4%BD%93%E7%B3%BB/1057379 [Accessed May 18, 2019]

社会信用体系

社会信用体系也称国家信用管理体系或国家信用体系。社会信用体系的建立和完善是我国社会主义市场经济不断走向成熟的重要标志之一。社会信用体系是以相对完善的法律、法规体系为基础; 以建立和完善信用信息共享机制为核心; 以信用服务市场的培育和形成为动力; 以信用服务行业主体竞争力的不断提高为支撑; 以政府强有力的监管体系作保障的国家社会治理机制。

它的核心作用在于, 记录社会主体信用状况, 揭示社会主体信用优劣, 警示社会主体信用风险, 并整合全社会力量褒扬诚信, 惩戒失信。可以充分调动市场自身的力量净化环境, 降低发展成本, 降低发展风险, 弘扬诚信文化。

它是一种社会机制, 具体作用于一国的市场规范, 它旨在建立一个适合信用交易发展的市场环境, 保证一国的市场经济向信用经济方向转变, 即从以原始支付手段为主流的市场交易方式向以信用交易为主流的市场交易方式的健康转变。这种机制会建立一种新的市场规则, 使社会资本得以形成, 直接地保证一国的市场经济走向成熟, 扩大一国的市场规模。

2019年4月, 《医疗保障基金使用监管条例 (征求意见稿) 》指出, 国务院医疗保障行政部门负责全国医疗保障领域信用管理工作, 纳入社会信用体系, 对于违反相关规定的单位和个人, 可以给予公开曝光、纳入失信联合惩戒对象名单等惩戒措施 [1] 。

中文名 社会信用体系 也 称国家信用管理体系 基 础 相对完善的法律、法规体系 特 点 数据具有全面性

基本概括

对于现代的市场交易环境而言, 信用是一种建立在信任基础上

的能力，不用立即付款就可获取资金、物资、服务的能力。接受信任的一方在其应允的时间期限内为所获得的资金、物资、服务而付款，而上述时间期限也必须同时被授予信任的一方认可。没有信用，就没有秩序，市场经济就不能健康发展。

当前，信用状况差是我国社会主义市场经济发展的一个薄弱环节，已成为影响和制约经济发展的突出因素。由于缺乏足够的信用，直接导致不少企业陷入危机。面对这种情况，建立和健全国民经济的信用体系就成为一项当务之急。

如果一个国家的社会信用体系比较健全，公正、权威的信用产品和信用服务已在全国普及，信用交易已成为其市场经济的主要交易手段，这样的国家通常被称为征信国家。在征信国家，信用管理行业的产品和服务深入到社会的方方面面，企业和个人的信用意识强烈，注重维护信用，有着明确的信用市场需求。因此，征信国家的对外信誉较好，信用交易的范围和规模很大，可以获得更高的经济福利。

由北京大学经济学院、北京大学中国信用研究中心和全国信用教育联盟(筹)举办的“第12届 (2016) 中国信用4.16高峰论坛”2016年4月16日在北京举办。

同时发布的《2015年度中国信用体系建设回顾和2016年展望》报告认为，当前我国社会信用建设中存在的问题一是信用理论和人才相对短缺，二是信用法律法规尚不健全，三是信用服务市场亟待规范，四是信用管理和信用监管滞后。针对上述问题，在2016年社会信用建设中建议，一要进一步推进信用信息开放共享，二要加快培育信用服务市场，三要切实提高司法制度效力，四是努力探索信用制度创新应用。 [2]

功能

完善的社会信用体系是信用发挥作用的前提，它保证授信人和受信人之间遵循一定的规则达成交易，保证经济运行的公平和效率。功能有三种：

1. 社会信用体系具有记忆功能，能够保存失信者的记录；

2. 社会信用体系具有揭示功能，能够扬善惩恶，提高经济效率；

3. 社会信用体系具有预警功能，能对失信行为进行防范。

企业信用档案应当五个特点：

信息全面性：数据具有全面性，所形成的信用档案才有更高的社会价值。一个企业的信用包含资质许可、质检、奖惩、诉讼等各区域各级别政府职能部门的公共监管信息，还银行信贷信用信息，还有来自于市场的消费者、交易对方、合作伙伴、员工等角色的评价信息。任何全一个方面的信用缺失都可能会引发企业的信用危机，因此，只有全面性的信息才能比较真实的反映出企业的信用状况，只有这样全面的信用信息才有较高的参考价值。

跨区域性：随着经济全球化，跨区域、跨国界的社会经济活动日益频繁，单个省、市区域性的信用体系已经失去意义，只有全国统一标准并与世界接轨的信用档案体系，才具有流通性、可比性的社会价值。本系统正具备全国覆盖、全球联网的机制和特点。

跨行业性：随着经济的发展和社会分工日趋细化，跨行业交易成为一种必然，因此，单一行业信用体系限定了其自身存在的价值和意义。该系统解决了行业信用体系的缺陷。统一性：该系统在全国范围内采用统一征信标准、统一数学模型下的信用分值（信用评级）计算方法，统一数据库、统一查询平台，从而保证了所有企业信用档案信用分值具有可比性、通用性和实用性。

权威性：真实、客观、公平是权威的根源。11315征信系统信息采集渠道，直接来源于政府相关职能部门，信息主体提供信息全部经过征信工作人的见证、核实，消费者提供信息全部实名制，从信息采集渠道保证了信息的真实性；动态、适时、延续的信用记录，准确反映着每个企业的动态信用状况；独立第三方公众征平台，保证了信用记录、信用分值的客观性和公正性。只有真实、客观和公平，才是权威的。

社会信用体系的概念

社会信用体系的概念

指导思想

《国务院关于印发社会信用体系建设规划纲要（2014—2020年）的通知》 [3] （国发〔2014〕21号）：全面推动社会信用体系建设，必须坚持以邓小平理论、“三个代表”重要思想、科学发展观为指导，按照党的十八大、十八届三中全会和“十二五”规划纲要精神，以健全信用法律法规和标准体系、形成覆盖全社会的征信系统为基础，以推进政务诚信、商务诚信、社会诚信和司法公信建设为主要内容，以推进诚信文化建设、建立守信激励和失信惩戒机制为重点，以推进行业信用建设、地方信用建设和信用服务市场发展为支撑，以提高全社会诚信意识和信用水平、改善经济社会运行环境为目的，以人为本，在全社会广泛形成守信光荣、失信可耻的浓厚氛围，使诚实守信成为全民的自觉行为规范。 [4]

结构组成

一个完整的信用体系是由一系列必不可少的部分或要素构成。这些部分或要素相互分工，相互协作，共同守护市场经济的信用圣地，促进社会信用体系的完善和发展，制约和惩罚失信行为，从而保障社会秩序和市场经济的正常运行。

纵向延伸角度

社会信用体系能够正常运转，必须包括以下要素：信用管理行业和信用法律体系。信用管理机构和信用法律体系有机结合，维护社会信用体系的正常运转。

信用管理行业

信用管理行业是社会信用体系的“硬件“，它拥有覆盖市场参与主体的信用信息数据库和训练有素的信用管理人员，为市场参与者提供各种信用信息产品和服务。广义的信用管理行业包括以下几个分支：企业资信调查、消费者个人信用调查、资产调查和评估、市场调查、资信评级、商帐追收、信用保险、国际保理、信用管理咨询、电话查证票据。

信用法律体系

信用法律法规是社会信用体系的“软件“，它为信用管理行业的商业行为提供“游戏规则“。

横向分割角度

社会信用体系包括公共信用体系、企业信用体系和个人信用体系。三者共同作用，构成了完整的社会信用体系。

公共信用体系

公共信用体系就是政府信用体系。从社会信用体系的全局来看，公共信用体系是影响社会全局的信用体系。建立公众对政府的信任是建立企业和个人信用的前提条件。公共信用体系的作用在于规范政府的行政行为和经济行为，避免政府朝令夕改、倒债等失信行为，提高政府行政和司法的公信力。

企业信用体系

企业是市场经济活动的主体，所以企业信用体系是社会信用体系的重要组成部分。企业信用体系的作用在于约束企业的失信行为，督促企业在市场上进行公平竞争。企业信用体系的关键环节是企业信用数据库，它动态地记录了企业在经济交往中的信用信息。

个人信用体系

个人是社会的基本单位，也是信用的提供者和接受者，因此个人信用体系也是社会信用体系的必不可少的组成部分。从某种意义上说，个人信用体系也是社会信用体系的基础。它至少从两个方面对社会信用体系发挥作用：首先，它为授信者的个人授信提供信用信息；其次，它弥补了公共信用体系和企业信用体系的疏漏。

个人信用体系的关键环节是个人信用数据库，数据库的信息采集与营运模式和企业数据库基本相同，不同的是个人信用信息采集和查询受到更多的法律保护。

欧美模式

发达国家社会信用体系建设主要有两种模式：一是以美国为代表的信用中介机构为主导的模式；二是以欧洲为代表的以政府和中央银行为主导的模式。

美国模式

以美国为代表的"信用中介机构为主导"的模式，完全依靠市场经济的法则和信用管理行业的自我管理来运作，政府仅负责提供立法支持和监管信用管理体系的运转。在这种运作模式中，信用中介机构发挥主要的作用，其运作的核心是经济利益。

欧洲模式

以欧洲为代表的"政府和中央银行为主导"的模式，是政府通过建立公共的征信机构，强制性地要求企业和个人向这些机构提供信用数据，并通过立法保证这些数据的真实性。在这种模式中政府起主导作用，其建设的效率比较高，它同美国模式存在一定的差别，主要表现在三个方面：

(1) 信用信息服务机构是被作为中央银行的一个部门建立，而

不是由私人部门发起设立;
(2) 银行需要依法向信用信息局提供相关信用信息;
(3) 中央银行承担主要的监管职能。

重要性
建立社会信用体系是发展社会主义市场经济
社会信用体系基本框架与运行机制
社会信用体系基本框架与运行机制
的需要
(1) 信用是市场经济运行的前提和基础
在市场经济条件下,日益扩展和复杂化的市场关系逐步构建起彼此相联、互相制约的信用关系。这种信用关系作为一种独立的经济关系得到充分发展,并维系着错综复杂的市场交换关系,支持并促成规范的市场秩序。可见,没有信用,就没有市场存在的基础。
(2) 信用是市场经济健康发展的基本保障
西方发达国家顺应市场经济发展的趋势,建立了信用管理体系,形成了信用环境与信用秩序,有力地促进了经济的发展。社会信用体系的完善与否已成为市场经济成熟与否的显著标志。在我国,符合市场经济要求的社会信用体系建设刚刚起步。随着我国经济的快速发展和市场化程度的提高,客观上对社会信用体系的建立提出了紧迫要求。
(3) 信用是重要的宏观调控手段
信用具有货币属性,能够实现一定的经济政策功能,成为国家宏观调控的重要工具。
建立社会信用体系是保持国民经济持续、稳定增长的需要
(1) 企业的经济活动需要信用来保障
企业是社会信用活动中最活跃的层次,是巨大的信用需求者和供给者。企业进行转产改制和科技创新,需要通过银行信贷、证券市场操作和债券的发行等方式筹集大量的生产发展和技术改造资金。但由于信用缺失行为大量存在,使银行不敢轻易放贷,企业难以通过正常的信用渠道获取生产发展资金。
(2) 扩大消费市场需要信用来启动
在买方市场条件下,依靠扩大本国信用交易总额来扩大市场规模、拉动经济增长是许多发达国家的成功经验。在良好的市场

信用环境下，一国的市场规模会因信用交易的增长而成倍增长，从而拉动经济、增加就业。因此，要扩大市场消费需求，拉动经济增长，就必须加快建立社会信用体系。

建立社会信用体系是防范金融风险和深化金融改革的需要

(1) 防范金融风险，必须加强信用制度建设

金融安全是国家经济安全的核心，金融风险危及金融安全，而信用风险是目前我国最大金融风险。

我国的金融风险主要是在经济转型过程中，银行信用规模快速扩张，信用制度不规范、不健全造成的。加强信用制度建设，通过增强借款人偿还能力和提高偿还意愿，促进借款人提高履约水平，能够降低银行业信用风险，从而维护金融安全，保证国家经济安全。

(2) 深化金融改革，促进金融发展，必须加强信用制度建设

金融是现代经济的核心，深化金融改革是经济发展的必由之路。当前，国际金融形势出现新的变化，国内改革开放和经济建设面临新的任务，都要求进一步深化金融改革，提高我国金融竞争力。

挑战

建立社会信用体系是应对全球经济一体化和我国加入WTO后所面临的挑战的需要

进入21世纪，全球经济一体化日益展示为一种新的世界经济新秩序，对世界各国经济、政治、文化等各方面都造成越来越大的冲击。全球化时代的各经济主体都必须按统一的国际市场规则进行经济活动，这就需要有全球统一的信用体系来约束和支撑。

在我国，信用服务业发展缓慢，加入WTO后，我国信用服务市场对外开放的国民待遇，可能使国外信用服务公司依托其国际知名度、全球化的市场、完备的人才及成熟的技术等优势，对我国的信用服务机构产生巨大威胁，甚至垄断某个领域、某个地域的信用服务市场。因此，需要大力加强我国信用服务行业的建设，以应对国外信用服务公司的挑战。

建立社会信用体系是培育新的信用文化，改变当前信用秩序紊乱状况的需要。发展市场经济必须培育新的、与市场经济相适应的信用文化，使信用不仅仅是一种美德，更是一种实际的管

理手段，与企业的发展和个人的创业、生活、工作、就业等直接挂钩，让守信者获得种种收益，让失信者遭到市场的淘汰。这样一种意识和文化的形成与确立，不能仅靠简单的教化来解决，而必须要依靠规范的信用制度来实现。

建设意见

为加快推进我国社会信用体系建设，进一步完善社会主义市场经济体制，构建社会主义和谐社会，经国务院同意，现提出如下意见：

重要性

加快推进社会信用体系建设的重要性和紧迫性

市场经济是信用经济。社会信用体系是市场经济体制中的重要制度安排。党中央、国务院高度重视社会信用体系建设工作。党的十六大、十六届三中全会明确了社会信用体系建设的方向和目标。我国“十一五”规划提出，以完善信贷、纳税、合同履约、产品质量的信用记录为重点，加快建设社会信用体系。2007年召开的全国金融工作会议进一步提出，以信贷征信体系建设为重点，全面推进社会信用体系建设，加快建立与我国经济社会发展水平相适应的社会信用体系基本框架和运行机制。

建设社会信用体系，是完善我国社会主义市场经济体制的客观需要，是整顿和规范市场经济秩序的治本之策。当前，恶意拖欠和逃废银行债务、逃骗偷税、商业欺诈、制假售假、非法集资等现象屡禁不止，加快建设社会信用体系，对于打击失信行为，防范和化解金融风险，促进金融稳定和发展，维护正常的社会经济秩序，保护群众权益，推进政府更好地履行经济调节、市场监管、社会管理和公共服务的职能，具有重要的现实意义。

近几年，一些部门和地区相继开展了多种形式的社会信用体系建设试点工作。总体看，我国社会信用体系建设取得了一定进展，但还存在许多亟待解决的问题。面对新的形势，社会信用体系建设任务艰巨，时间紧迫，必须进一步统一思想，明确任务，加强协调，确保社会信用体系建设顺利进行。

指导思想和目标原则

社会信用体系建设的指导思想、目标和基本原则

社会信用体系建设要以邓小平理论和“三个代表”重要思想为

指导，牢固树立和全面落实科学发展观，以法制为基础，信用制度为核心，以健全信贷、纳税、合同履约、产品质量的信用记录为重点，坚持“统筹规划、分类指导，政府推动、培育市场，完善法规、严格监管，有序开放、维护安全”的原则，建立全国范围信贷征信机构与社会征信机构并存、服务各具特色的征信机构体系，最终形成体系完整、分工明确、运行高效、监管有力的社会信用体系基本框架和运行机制。

结合我国实际，明确长远目标、阶段性目标和工作重点，区别不同情况，采取不同政策，有计划、分步骤地推进社会信用体系建设工作。要加大组织协调力度，促进信用信息共享，整合信用服务资源，加快建设企业和个人信用服务体系。要坚持从市场需求出发，积极培育和发展信用服务市场，改善外部环境，促进竞争和创新。要抓紧健全法律法规，理顺监管体制，明确监管责任，依法规范信用服务行为和市场秩序，保护当事人的合法权益。要按照循序渐进的原则扩大对外开放，积极引进先进的管理经验和技术，促进信用服务行业发展，满足市场需要，维护国家信息安全。

行业信用建设

社会信用体系建设涉及经济社会生活的各个方面。商品的生产、交换、分配和消费是社会信用关系发展的基础，社会信用体系的发展要与生产力发展水平和市场化程度相适应。根据我国的国情和现阶段经济社会发展的需要，针对我国市场经济秩序中存在的突出矛盾和问题，借鉴国际经验，进一步完善信贷、纳税、合同履约、产品质量的信用记录，推进行业信用建设。

行业信用建设是社会信用体系建设的重要组成部分，对于促进企业和个人自律，形成有效的市场约束，具有重要作用。要依托“金税”、“金关”等管理系统，完善纳税人信用数据库，建立健全企业、个人偷逃骗税记录。要实行合同履约备案和重大合同鉴证制度，探索建立合同履约信用记录，依法打击合同欺诈行为。要依托“金质”管理系统，推动企业产品质量记录电子化，定期发布产品质量信息，加强产品质量信用分类管理。要继续推进中小企业信用制度建设和价格信用建设。要发挥商会、协会的作用，促进行业信用建设和行业守信自律。国务院有关部门要根据职责分工和实际工作需要，抓紧研究建立市场主体信用记录，实行内部信用分类管理，健全负面信息披露制度和守信激励制度，提高公共服务和市场监管水平。各部门要积极配合，及时沟通情况，建立信用信息共享制度，逐步建设和完善以组织机构代码和身份证号码等为基础的实名制信息共享平台体系，形成失信行为联合惩戒机制，真正使失信者“一处失信，寸步难行”。

信贷征信建设

加快信贷征信体系建设，建立金融业统一征信平台

金融是现代经济的核心。金融业特别是银行业是社会信用信息的主要提供者和使用者。要以信贷征信体系建设为切入点，进一步健全证券业、保险业及外汇管理的信用管理系统，加强金融部门的协调和合作，逐步建立金融业统一征信平台，促进金融业信用信息整合和共享，稳步推进我国金融业信用体系建设。各地区、各部门要积极支持信贷征信体系的建设和发展，充分利用其信用信息资源，加强信用建设和管理。信贷征信机构要依法采集企业和个人信息，依法向政府部门、金融监管机构、金融机构、企业和个人提供方便、快捷、高效的征信服务。

信用服务市场

要加大诚实守信的宣传教育力度，培育全社会的信用意识，树立良好的社会信用风尚。要鼓励扩大信用产品使用范围，培育信用服务市场需求，支持信用服务市场发展。要坚持以市场为导向，培育和发展种类齐全、功能互补、依法经营、有市场公信力的信用服务机构，依法自主收集、整理、加工、提供信用信息，鼓励信用产品的开发和创新，满足全社会多层次、多样化、专业化的信用服务需求。

政府信息公开是信用服务市场发展的基础。各部门、各地区在保护国家机密、商业秘密和个人隐私的前提下，要依法公开在行政管理中掌握的信用信息。地方人民政府要进一步推进本地区社会信用体系建设，充分利用信贷、纳税、合同履约、产品质量的信用记录，改善地方信用环境，减少重复建设和资源浪费。具备条件的地区，可以本着节约高效、量力而行的原则，积极探索社会信用体系建设的有效方式和途径。

在严格监管、完善制度、维护信息安全的前提下，循序渐进、稳步适度地开放信用服务市场，引进国外先进的管理经验和技术。根据世界贸易组织关于一般例外及安全例外的原则，基础信用信息数据库建设、信用服务中涉及信息保护要求高的领域

不予开放。

完善法律法规

完备的法律法规和国家标准体系，是信用行业健康发展的保障。要按照信息共享，公平竞争，有利于公共服务和监管，维护国家信息安全的要求，制定有关法律法规。要坚持规范与发展并重的原则，促进信用服务行业健康发展。要严格区分公共信息和企业、个人的信用信息，妥善处理好信息公开与依法保护个人隐私、商业秘密和国家信息安全的关系，切实保护当事人合法权益。要加快信用服务行业国家标准化建设，形成完整、科学的信用标准体系。

加强组织领导

透明高效的监管体制是信用行业健康发展的重要保障。为加强统筹协调，由国务院办公厅牵头建立国务院社会信用体系建设部际联席会议制度，指导推进有关工作。按照统一领导、综合监管的原则，根据具体业务范围和各部门的职责分工，分别指定有关部门具体负责日常监管，落实监管责任。有关部门要依法严格市场准入，监督和管理信用服务机构，查处违法违规行为，完善市场退出机制，维护市场秩序，防止非法采集和滥用信用信息，促进社会信用体系和信用服务市场健康发展。

建设规划

2011年10月20日，国务院总理温家宝主持召开国务院常务会议，部署制订社会信用体系建设规划。

欺诈制假引民愤

会议指出，刚刚闭幕的党的十七届六中全会提出，“把诚信建设摆在突出位置，大力推进政务诚信、商务诚信、社会诚信和司法公信建设，抓紧建立健全覆盖全社会的征信系统，加大对失信行为惩戒力度，在全社会广泛形成守信光荣、失信可耻的氛围”。

会议对制订社会信用体系建设规划作了重点部署，指出良好的社会信用是经济社会健康发展的前提，是每个企业、事业单位和社会成员立足于社会的必要条件。诚信缺失、不讲信用，不仅危害经济社会发展，破坏市场和社会秩序，而且损害社会公正，损害群众利益，妨碍民族和社会文明进步。当前社会诚信缺失问题依然相当突出，商业欺诈、制假售假、虚报冒领、学术不端等现象屡禁不止，人民群众十分不满。各级人民政府要通过完善制度、加强教育，努力营造诚实、自律、守信、互信的社会信用环境，使诚实守信者得到保护、作假失信者受到惩戒。

全面采集信用信息

会议强调，“十二五”期间要以社会成员信用信息的记录、整合和应用为重点，建立健全覆盖全社会的征信系统，全面推进社会信用体系建设。主要任务是：加快征信立法和制度建设。抓紧制定《征信管理条例》及相关配套制度和实施细则，制定信用信息标准和技术规范。

推进行业、部门和地方信用建设。有关行业、部门和地方管理部门要通过建立信用信息系统，依法依规有效采集、整合和应用个人、企业、事业单位及其他社会组织的信用信息。各地区要对本地区各部门、各单位的信用信息进行整合，形成统一平台，实现对失信行为的协同监管。尤其要结合市场主体准入、纳税、合同履行、产品质量、食品药品安全和社会保障、科研管理、人事管理等方面的工作，有针对性地加强各领域的信用信息系统建设，建立健全信用档案。

建设覆盖全国的征信系统。在实现行业内、地区内信用信息互联互通的基础上，大力推动信用信息在全国范围的互联互通，充分发挥信用信息对失信行为的监督和约束作用。

加强监管，完善信用服务市场体系。规范发展信用服务机构和评级机构，制定信用服务机构基本行为准则，严格征信机构及其从业人员准入标准。

加强政务诚信建设。政府及其部门要起示范带头作用，坚持依法行政，推进政务公开，不断提升公信力。

2014年1月15日，国务院总理李克强主持召开国务院常务会议，部署加快建设社会信用体系、构筑诚实守信的经济社会环境，会议原则通过《社会信用体系建设规划纲要(2014—2020年)》。 [5]

国家框架

规划

在国家发改委和中国人民银行的牵头下，由国家信用体系建设联席会议各成员单位编制完成的《社会信用体系建设规划纲要(2014-2020)(送审稿)》已上报国务院，国务院常务会议已原则通过。《纲要》提出，下一步，全国社会信用体系建设将按照"一套组织体系、两个顶层设计、三大关键举措、四大重点领域、五大推进载体"全面展开。其中四大重点领域是指加快推进政务诚信、商务诚信、社会诚信、司法公信建设。 [6] 2014年6月14日，国家公布了国务院关于印发社会信用体系建设规划纲要(2014—2020年) 的通知 [3] 。

阶段完成

国家层面的社会信用体系建设的相关工作分解为三个阶段完成，即2014年6月前、2015年和2017年，每一项工作都明确了牵头与配合的中央部委，权责清晰。其中，2014年6月底前要完成的任务包括：推动部署建立统一的信用信息平台，逐步纳入金融、工商登记、税收缴纳、社保缴费、交通违章等信用信息；提出加强政务诚信制度建设的方案；提出建立以公民身份证为基础的公民统一社会代码制度的方案；建立以组织机构代码为基础的法人和其他组织统一社会信用代码制度。

2015年要完成的任务包括下列项目：推进商务诚信建设；出台并实施政务诚信制度；出台并实施以公民身份证号码为基础的公民统一社会信用代码制度；出台并实施以组织机构代码为基础的法人和其他组织统一社会信用代码制度。2017年要完成的任务是基本建成集合金融、工商登记、税收缴纳、社保缴费、交通违章等信用信息的统一平台，实现资源共享。 [7]

2018年10月，有关社会信用立法已经纳入全国人大立法规划，进入快车道，如果进展顺利，两到三年内，我国社会信用基础性法律法规有望颁布实施。 [8]

2019年4月，国家医疗保障局公布《医疗保障基金使用监管条例(征求意见稿) 》，《征求意见稿》指出，国务院医疗保障行政部门负责全国医疗保障领域信用管理工作，纳入社会信用体系，对于违反相关规定的单位和个人，可以给予公开曝光、纳入失信联合惩戒对象名单等惩戒措施 [1] 。

参考资料

1. 医保监管拟纳入社会信用体系 . 中国政府网[引用日期2019-04-14]

2. 2016中国信用4.16高峰论坛成功举办 探讨信用体系建设 . 中

国经济网. 2016-04-16[引用日期2016-04-16]
3. 国务院关于印发社会信用体系建设规划纲要（2014—2020年）的通知．中国政府网. 2014-6-14[引用日期2017-05-31]
4. 国务院关于印发社会信用体系建设规划纲要（2014—2020年）的通知．中国政府网. 2014-06-27[引用日期2014-06-28]
5. 国务院常务会议释放加快推进社会信用建设积极信号．.[引用日期2014-01-22]
6. 国家信用体系建设框架即将公布 规划已上报国务院．新华网[引用日期2014-05-05]
7. 发改委: 国家信用体系将建立 公民将有信用代码．新华网[引用日期2014-04-30]
8. 我国社会信用立法纳入立法规划_．央广网[引用日期2018-10-16]

TEXT 15

20190518 »Social Credit System« – Taiwan Wikipedia Entry

https://zh.wikipedia.org/zh-hans/%E7%A4%BE%E4%BC%9A%E4%BF%A1%E7%94%A8%E4%BD%93%E7%B3%BB

Wikipedia

社会信用体系
维基百科，自由的百科全书
跳到导航跳到搜索

本条目存在以下问题，请协助改善本条目或在讨论页针对议题发表看法。
本条目可能包含原创研究或未查证内容。(2019年4月16日)
请协助添加参考资料以改善这篇条目。详细情况请参见讨论页。
本条目翻译品质不佳。(2016年10月25日)
翻译者可能不熟悉中文或原文语言，也可能使用了机器翻译，请协助翻译本条目或重新编写，并注意避免翻译腔的问题。明显拙劣的机器翻译请改挂{{d|G13}}提交删除。
本条目需要精通或熟悉相关主题的编者参与及协助编辑。
请邀请适合的人士改善本条目。更多的细节与详情请参见讨论页。
本条目需要扩充。(2018年4月16日)
请协助改善这篇条目，更进一步的信息可能会在讨论页或扩充请求中找到。请在扩充条目后将此模板移除。
中华人民共和国社会系列
Flag of the People’s Republic of China.svg
人口
人口普查 分布 密度 计划生育 生育率 户籍制度 流动人口 民工 残疾人
社会
语言 民族 宗教 教育 人权 法治 卫生保健 住房 环境 社会结构 生活水平 社会信用体系 (老赖)
文化

文学 艺术 电影 音乐 媒体 电视广播 互联网 节日 习俗 体育 旅游
查论编
社会信用系统是一项中华人民共和国政府为了建立国家信誉系统而提出倡议[1][2][3]。其认为每个公民都应当被授予根据有关其经济和社会地位的数据得出的社会信用评分[3][4]。[查证请求]

目录

内容

新华社报道，该系统的计划重点在信用的四个方面，包括行政事务，商业活动，社会行为和司法制度。[3]

各级人民政府、发改委和地方社会信用体系建设小组一起，通过收集公民的银行和社交媒体信息之后，针对个人的行为打分。而民众日常行为都有机会成为系统的评分项目，扣分事项一部分是牵涉与政府部门互动中的行为，评分结果最后会影响个人出行出游，升职，置业，子女就学等[5]。

实现方式

目前，部分技术由阿里巴巴旗下蚂蚁金服运营的芝麻信用所实现。[6]阿里巴巴运营了中国最大的在线服务平台，如网络购物和电子支付。[7]

阿里巴巴为了评估一个人的信用分数而通过其监管体系自由地收集来自社交网络[7]，公共和私有机构等平台的数据，而这些数据皆来自于个人在这些平台自有的账户，以及网络活动。[8]平台运营方可以挖掘个人留下的的数据轨迹从而获得完整的社交档案，包括：位置信息、好友、健康记录、保险、私人消息、财务状况、游戏时间、智能家居统计、首选报纸、购物记录以及约会行为。[7]

除了芝麻信用这类商业性质机制外，中国政府部门也落实相应措施，通过收集银行的信用评估信息和行政部门的处罚记录，对满足要求的组织或个人给予便利，或者限制或惩罚不满足要求的组织或个人，例如针对失信被执行人乘坐高铁、飞机等高消费行为，或宣传他们等。[9][10]

评价

德国之声认为其评估指标与国家评估体系非常不透明，而大量私人数据搜集有机会侵害隐私权，可能成为国家全面监控、侵犯公民权利的工具[11]。人权观察认为，这是中国大陆当局的大规模监控计划中的一部分。[12][13]台湾《自由时报》认为，这些纪录存在社会信用体系等，如果有相关言论如批评当局领导人或是议论政治等行为，将会扣除个人的信用评等，导致个人无法使用购票、坐车等基本服务，被批评是用来控制社会如审查制度的工具而非增进民众福祉而设计的。[14]英国广播公司认为，中国大陆当局正在监测芝麻信用等第三方中国信用评级系统。[4]。牛津大学比较媒体法和政策项目博士后Rogier Creemers[15]翻译了《国务院关于发布社会信用体系建设规划纲要 (2014-2020) 的通知》[16][17]，此大纲成为西方国家检视此议题使用的参考文件。有西方学者认为，截止2016年9月，这一系统尚未完全公开建立，且较少有关于该系统如何具体实践的公开信息[18]。一些报告指出，评级可能会收集使用中国大陆公民在线行为信息[1]。

但也有观点不认为这套体系具有对公民日常言行的监控行为，例如认为阿里巴巴的芝麻信用系统等只是对阿里巴巴平台下用户日常消费行为的信用评价以提供更好的平台下服务，与政府主导的社会信用体系有所差异，[19]而且2018年中国政府已经不允许私人企业开展个人征信评估业务，使其失去作为信用评级业务的功能。[20]柏林自由大学在2018年8月发表了一篇研究，根据受访群体的意见，认为中国国内对该体系有着高度认同，尤其是具有更大社会优势的民众 (富裕的、受过良好教育的和城市的居民) 和老年人, 而且认为这些知识丰富的公民虽然也有该体系对个人隐私的影响, 但不认为是一种监视手段, 而是"一种提高生活质量、缩小 (政府和企业/市民间) 体制和监管差距的工具, 从而引导人们更加注重诚实守法的社会行为。" [21][22]

参见

维基文库标志

维基文库中相关的原始文献:

社会信用体系建设规划纲要

大数据

信用评分系统

信誉系统

大规模监控

老大哥 (一九八四)

失信被执行人、中国执行信息公开网

引用

引用

[1] China rates its own citizens – including online behaviour. 25 April 2015 [2015-12-26].

[2] SAT Boosted the Construction of Credit System and Practiced Reward and Punishment Based on »Two Measures«: Honest Taxpayer on Honor List and Illegal Taxpayers on Blacklist. General Office of the State Administration of Taxation. July 8, 2014 [2015-12-26]. （原始内容存档于2015年12月27日）.

[3] China outlines its first social credit system. 2014-06-27 [2015-12-26].

[4] Hatton, Celia. China ›social credit‹: Beijing sets up huge system. [2015-12-23].

[5] 时事大家谈: 中国社会信用制度, 国家全面监控的新时代来临? VOA 2018-04-03

[6] Hornby, Lucy. China changes tack on ›social credit‹ scheme plan. Financial Times. 2017-07-05 [2017-07-14].

[7] Botsman, Rachel. Who Can You Trust? How Technology Brought Us Together – and Why It Could Drive Us Apart. London, UK: Portfolio Penguin. 2017.
[8] Ant Financial Unveils China's First Credit-Scoring System Using Online Data. Ant Financial. 28 January 2015 [30 May 2018].
[9] 从档案袋到信用评分 中国是否正走向"奥威尔式"监控社会. 2018-10-17 （英国英语）.
[10] Kuo, Lily. China bans 23m from buying travel tickets as part of ›social credit‹ system. The Guardian. 2019-03-01. ISSN 0261-3077 （英国英语）.
[11] 专访: 社会信用体系成"国家全面监控"？ 德国之声 2017-12-26
[12] 中国大规模监控. Human Rights Watch （中文 (简体) ☒）.
[13] Xu, Vicky Xiuzhong. 【聚焦】中国社会信用系统致力于为公民打分并改造社会行为. abc.net.au. 2018-03-31 （中文 (中国大陆) ☒）.
[14]箝制反政府人士 分享中国推"社会信用"评等 2018-01-08 评分涵盖政治立场、朋友圈
China Copyright and Media, About. [2016-01-08].
[15] 国务院关于印发社会信用体系建设规划纲要 (2014—2020年) 的通知_政府信息公开专栏. www.gov.cn. [2017-06-27].
[16] 2015-04-25, 2014-06-14. Planning Outline for the Construction of a Social Credit System (2014-2020). [2016-01-08].
[17] Hsu, Sara. China's New Social Credit System. May 10, 2015 [2015-12-26].
[18] 中国正在形成"社会信用"体系, 人民达成五点共识, 态度倾于积极. baijiahao.baidu.com. [2019-05-08].
[19] 芝麻信用评分有用吗?. www.or123.top. 2019-05-08 [2019-05-08] （中文 (中国大陆) ☒）.
[20] 源点credit | 中国的社会信用体系与公众舆论-征信宝. www.zhengxinbao.com. [2019-05-10].
[21] Kostka, Genia. China's Social Credit Systems and Public Opinion: Explaining High Levels of Approval (ID 3215138). Rochester, NY. 2018-07-23 （英语）.

TEXT 16

Interview mit Lin Junyue (2019)

Quelle: Arte, online unter: www.arte.tv/de/videos/083310-000-A/ueberwacht-sieben-milliarden-im-visier}, letzter Zugriff: 14. Juni 2023.

Ausgestrahlt am 21. April 2020 und am 15. April 2020 (Arte)

Es gibt keinen chinesischen Ausgangstext.

Fachtermini des Sozialkreditsystems

失信 Vertrauensverlust
失信行为 Vertrauensbruch
严重失信人 Besonders schwerwiegender Vertrauensbrecher
社会信用代码 Sozialkredit-Identnummer (bei Personen identisch mit Personalausweisnummer)

Kategorisierungen:
- Rote Liste (Privilegien); keine Liste; schwarze Liste (Beschränkungen), einsehbar auf creditchina.gov.cn.
- In Steuersachen: Einstufung in »A« (Privilegien), »B«, »C«, »D« (Problem: Auch unverschuldete Zahlungsausfälle und nicht gezahlte Gebühren führen direkt zur Einstufung in »D«).
- Beim privaten Sesame-Credit- oder Tencent-Credit-System: Punkte.

Der chinesische Begriff »信用« wurde im Kontext des »Systems« mit »Kreditsystem« wiedergegeben (entspricht »Glaubwürdigkeit« von Institutionen [oft auch speziell *gongxin* »公信«], »Vertrauenswürdigkeit« von Institutionen [oft auch speziell *zhengxin* »征信«] und für Konsumenten »Verlässlichkeit« bzw. »Kreditwürdigkeit«/»Bonität« im Speziellen *xinren* 信任). Bei größeren Organisationen und abstrakt wird im Chinesischen stattdessen der Begriff »Integrität« *chengxin* 诚信 verwendet. Die Übersetzung Sozialkreditsystem für *shehui xinyong tixi* 社會信用體系 ist eingebürgert und ist deshalb auch hier verwendet worden. Es könnte auch wörtlicher mit »gesellschaftliches Vertrauenssystem« wiedergegeben werden.

Bei »vereinheitlichter Belohnung und Bestrafung« heißt es ursprünglich »gekoppelte Belohnung und Bestrafung«, da gemeint ist, dass auch Vertrauensverlust in diesem Bereich mit Strafen in anderen Bereichen verbunden ist und umgekehrt. Zur Verbesserung der Verständlichkeit wurde hier »vereinheitlicht« übersetzt.

Literatur der Autoren zum Thema Sozialkreditsystem:
Martin Warnke. »Himmel und Erde. Das Territorium des Internets.« in: Internet und Staat, Isabelle Schünemann Borucki, Wolf Jürgen (Hrsg.) , 231–44. Baden-Baden: Nomos Verlag, 2019.

Martin Warnke. »Heaven and Earth – Cloud and Territory in the Internet.« in: Human-Centric Computing in a Data-Driven Society: IFIP Advances in Information and Communication Technology, 117–29. Cham: Springer International Publishing, 2020.

Martin Woesler, Martin Warnke, Matthias Kettner, Jens Lanfer, »The Chinese Social Credit System Origin, political design, exoskeletal morality and comparisons to Western systems«, in: *European Journal of Chinese Studies* 2:7–35 (2019), Volltext online unter: {universitypress.eu/9783865152992_002.pdf}, letzter Zugriff: 14. Juni 2023.

Martin Woesler, »Digitalisierung und Kybernetik in China: Das Sozialkredit-System«, in: Tanja Klenk, Frank Nullmeier, Göttrik Wewer (Hrsg.), *Handbuch Digitalisierung in Staat und Verwaltung*, Wiesbaden 2022.

Martin Woesler, »The Social Credit System in China«, in: Sam B. Edwards III., James R. Masterson (Hrsg.), *Government Response to Disruptive Innovation: Perspectives and Examinations*, Hershey 2023, S. 275–292.

Martin Woesler ist Assistant Professor für Chinesiche Literatur an der Adam Mickiewicz Universität Posen, wissenschaftlicher Mitarbeiter an der Universität Witten/Herdecke sowie Distinguished Professor und Jean Monnet-Lehrstuhlinhaber an der Hunan Normal Universität Changsha.

Martin Warnke ist Direktor der DFG-Kollegforschergruppe Medienkulturen der Computersimulation (MECS) an der Leuphana Universität Lüneburg.

Diese Publikation wurde unterstützt aus Mitteln
der DFG-Kolleg-Forschergruppe MECS Medienkulturen
der Computersimulation, Leuphana Universität Lüneburg
(KFOR 1927).

Erste Auflage Berlin 2024

MSB Matthes & Seitz Berlin Verlagsgesellschaft mbH
Großbeerenstraße 57A, 10965 Berlin
info@matthes-seitz-berlin.de
Satz: psb, Berlin
Schrift: ITC Legacy Serif
Druck und Bindung: GGP Media GmbH, Pößneck
ISBN 978-3-7518-0345-8
www.matthes-seitz-berlin.de